Massimo Poggini

LIGA

LA BIOGRAFIA

Rizzoli

ISBN 978-88-17-03196-7

Prima edizione: maggio 2009

Per l'inserto fotografico

A Berenice,
che mi ha ridato la voglia di vivere

1

EROI DI LATTA

Il Liga l'ho conosciuto nel gennaio del 1991. L'occasione, un servizio per «Max» che sarebbe stato pubblicato sul numero di marzo. Eravamo a Milano, in zona Navigli. Luca Trovato scattò le sue foto in parte al Superstudio e in parte sul ponte che collega via Tortona con Porta Genova. Il ricordo che ho impresso nella memoria è quello di un ragazzone dai lineamenti molto marcati, una via di mezzo tra un Charles Bronson della bassa padana e un indiano metropolitano. Davanti all'obiettivo del fotografo era un po' impacciato. Non rammento un solo gesto di scortesia, ma era evidente che non gli piaceva farsi ritrarre. Non gli è mai piaciuto, ancora oggi non ci si è abituato, e quando deve farlo soffre.

Ma torniamo a quel giorno. Mi ritrovai di fronte a una persona volitiva, passionale, determinata. Il suo primo album aveva imboccato imperiosamente la via maestra del successo e stava avvicinandosi alle centomila copie vendute; per un esordiente un risultato straordinario anche allora, quando ancora i dischi si vendevano e l'orribile definizione «musica liquida» doveva essere coniata. Chiaramente era contento, ma teneva i piedi ben saldi per terra. Del resto, pur essendo un esordiente, non era un ragazzino sprovveduto: il primo concerto lo aveva fatto a ventisette anni, l'album d'esordio lo aveva pubblicato a trenta. Parlammo a lungo quel giorno, durante e dopo il servizio fotografico. Tra gli argomenti affrontati: Correggio, gli indiani d'America, la politica, i tanti mestieri che aveva fatto fino a quel momento («Sono stato metalmeccanico, ragioniere, disc jockey, bracciante, commerciante, promoter»), i suoi gusti personali in fatto di musica, cinema e letteratura. Mi disse che il suo unico obiettivo era «cercare di vivere una vita che sia il più possibile eccitante, divertente e svincolata da qualsiasi schema». A questo proposito citò nonna Ermelina, che quando era bambino gli ripeteva in continuazione: «*L'è d'mei aver avu che aver da aver*» (È meglio aver avuto che aver da avere). Parlammo un po' di tutto, dunque, ma già allora era gelosissimo del suo privato e, pur essendosi sposato pochi giorni prima, si guardò bene dal dirmelo.

Riguardo la sua passione per gli indiani, invece, precisò che – non essendo mai stato in America – non ne aveva mai visto uno da vicino e neppure ne aveva studiato la storia sui libri: per lui erano un'idea, un simbolo di ribellione e libertà i cui contorni erano andati delineandosi grazie alla visione di parecchi film. E proprio il cinema, aggiunse, era un altro elemento che aveva contribuito in maniera determinante alla sua formazione: «Ho visto tanti film, di ogni genere, mi hanno dato forti emozioni, oltre a motivi di riflessione. Ho sempre giudicato il cinema un'importante valvola di sfogo per la fantasia e, pur avendo le mie preferenze (Robert Altman su tutti), ritengo che qualsiasi tipo di pellicola abbia una sua ragione di esistere... Ultimamente, avendo sempre meno tempo per andare al cinema, ma non volendo rinunciare ai film, li vedo soprattutto in video; infatti i primissimi soldi che ho guadagnato con la musica li ho spesi per regalarmi un buon videoregistratore: quello che avevo prima non ne poteva davvero più».

Parlò con identico entusiasmo di letteratura, specificando di essere un «lettore molto ingordo ma assolutamente disordinato: mi piace entrare in libreria e perdermi tra le migliaia di volumi esposti. Poi scelgo basandomi soprattutto sull'intuito o su particolari minimi che variano di volta in volta. Naturalmente ho avuto i miei periodi. C'è stato il periodo russo, poi quello degli esistenzialisti, quindi della narrativa americana. Ma in genere mi lascio guidare dagli umori del momento (non dalle recensioni) e leggo cose diverse».

Essendo stato eletto poco tempo prima consigliere comunale a Correggio come indipendente nelle liste del Pci (che proprio in quel periodo si stava trasformando in Pds), fu quasi inevitabile parlare del suo impegno politico e civile: «Sono convinto che soltanto gli sciocchi possano credere di riuscire a essere davvero felici come singoli individui infischiandosene completamente degli altri e di tutto quello che ti accade intorno. In questo periodo, per esempio, una parte del mondo è devastata da una guerra terrificante, la cosiddetta guerra del Golfo, una catastrofe che si poteva evitare se ci fosse stata un po' di autentica buona volontà. Invece no, entrambi i contendenti hanno preferito forzare la mano per dimostrare di avere le palle. E se ne sono fregati di tutte le conseguenze in termini di perdita di vite umane, per non dire del prevedibile disastro ecologico a cui stiamo assistendo. Quando ci penso, mi viene la nausea e mi domando se saremo mai capaci di amministrare e salvaguardare l'unico vero bene che abbiamo: la vita».

Parlando di musica, invece, era evidente già allora che gli dava fastidio essere paragonato ad altri. Nel mio articolo scrissi: «tutti si sprecano in lodi incondizionate, indicandolo come l'unica vera novità nel panorama musicale italiano e cercando – operazione poco simpatica ma quasi sempre inevitabile quando si ha a che fare con un debuttante – paragoni e punti di riferimento per meglio inquadrarlo. Così ecco saltar fuori i nomi di Vasco Rossi e Bruce Springsteen. Sono accostamenti decisamente lusinghieri, che ci sembrano comunque fuori luogo in quanto Ligabue ha sicuramente le doti per far diventare luminosa la propria carriera senza dover scimmiottare nessuno». Ma gli accostamenti a Vasco e al Boss erano all'ordine del giorno. Ecco alcuni esempi: *È Ligabue il degno erede di Vasco*, titolava «Il Giorno» del 10 novembre 1990, e «La Stampa» quattro giorni dopo non era da meno: *Son Ligabue, non un simil-Vasco*. Il 18 dicembre «La Repubblica» rincarava la dose: *Ligabue? Ricorda Springsteen con sentimenti e sensazioni forti*. Mentre nel numero di giugno del 1991 il mensile «Moda» tagliava corto: *L'antivasco*. Dal «Corriere della Sera» del 12 novembre: *Ed ecco Ligabue, lo Springsteen della Valle Padana* e, sempre sul «Corriere» di due giorni dopo: *Sulle orme di Vasco Rossi, ma con gli sberleffi al posto degli "sballi"*. Chiudiamo questa breve ma significativa rassegna-stampa con «L'Unità» del 19 marzo 1992, che in un occhiello decretava: *Springsteen della bassa? No, Ligabue*.

A questo proposito sarà bene notare che noi giornalisti spesso andiamo giù per luoghi comuni: Springsteen lo amava e lo ama, certo. Ha raccontato decine di volte che se ne innamorò a quindici anni ascoltando *Jungleland* a Punto Radio di Zocca e da allora è sempre stato uno dei suoi favoriti. E Vasco? Hanno tante cose in comune: provengono dalla stessa zona, tutti e due hanno iniziato con la radio, tutti e due fanno rock e hanno un gran successo. Però nessuno ha mai copiato l'altro, e soprattutto la rivalità di cui spesso si parla è più mediatica che reale: a parte un celebre scazzo dovuto a un equivoco prontamente chiarito, tutti e due hanno sempre detto di rispettarsi e stimarsi. Semmai la rivalità è tra le opposte tifoserie, ma conosco anche tanta gente che è fan sia dell'uno che dell'altro.

Ma parlavo della miopia che talvolta caratterizza la categoria cui appartengo: il Liga degli esordi non si rifaceva né al Boss né tantomeno al Blasco. Se c'era uno cui si ispirava era Bono: quando vinse un concorso chiamato Terremoto Rock, il premio consisteva nell'incisione di un 45 giri. Lui registrò *Anime in plexiglass* e *Bar Mario*. Di *Anime in plexiglass* realizzò anche un video piuttosto artigianale: cercatelo su YouTube e vi renderete conto che alcune espressioni e certi atteggiamenti erano tipici del cantante degli U2. Altro indizio: fin dalle prime uscite dal vivo si è sempre rifiutato di fare cover, anche quando il suo repertorio era piuttosto striminzito. Unica eccezione, ai tempi degli OraZero, l'inserimento di una parte di *With or without you* a metà di *Piccola stella senza cielo*... Ma in nessun titolo di giornale è mai apparso il nome di Bono!

Vabbe', torniamo alla prima intervista che gli feci per «Max». Riguardo la sua formazione musicale, mi raccontò: «Da ragazzo non perdevo mai una puntata dell'*Hit parade* radiofonica condotta da Lelio Luttazzi. Al primo posto c'era sempre Lucio Battisti, e le sue canzoni sono certamente quelle che mi hanno influenzato di più. Crescendo, ho vissuto in pieno la grande ondata dei cantautori: per tutti gli anni Settanta e anche oltre me ne sono nutrito con ingordigia. Però rimanevo ammaliato soltanto dalla parte letteraria delle canzoni, e le musiche mi emozionavano raramente. Così ho iniziato ad ascoltare anche gli stranieri, in particolare Bruce Springsteen, Tom

Waits, gli U2. Ma di questi non capivo le parole. Insomma, non c'era nessuno che mi soddisfacesse del tutto: è per questo che a un certo punto mi sono deciso a provarci, tentando di scrivere canzoni chiaramente rock con testi che significassero qualcosa».

Che da grande avrebbe fatto il musicista lo aveva deciso solo pochi anni prima. Ma come è capitato a quasi tutti, è proprio nel momento in cui si prende una decisione del genere che iniziano le vere difficoltà. A essere onesti, a lui non è andata così male: il percorso che ha seguito è stato meno tortuoso e più rapido rispetto ad altri suoi colleghi. Ma di questo parleremo più avanti. Qui voglio raccontare la serie di rifiuti che ha collezionato una volta avuta la botta di culo di trovare un produttore disposto a pagargli di tasca sua la produzione di un album. Nel 1988 Pierangelo Bertoli aveva inciso una sua canzone, *Sogni di rock'n'roll*, includendola nell'album *Tra me e me*; e l'anno dopo ne aveva scelta un'altra, *Figlio d'un cane*, per l'album *Sedia elettrica*. Fu così che Luciano entrò in contatto con Angelo Carrara, il produttore di Bertoli (e, precedentemente, di Franco Battiato, Alice, Giuni Russo e altri). «Il nostro primo incontro» racconta Carrara «lo ricordo bene: eravamo al Logic Studio di Milano per registrare le canzoni di *Sedia elettrica*, c'era anche Vince Tempera. Un giorno Luciano si presenta lì. La mia prima impressione è stata di trovarmi di fronte a un indiano, capello lungo, viso rassicurante. Mi dice semplicemente: "Ciao, sono Ligabue". Poi ci siamo messi a parlare, mi racconta cosa ha fatto fino ad allora e dice che il suo primo impatto col mondo della discografia è stato un po' deludente: tempo prima aveva conosciuto Mimmo Locasciulli, che gli aveva promesso un contratto con una grossa casa discografica, facendogli intravedere la possibilità di incidere un disco al

Cenacolo, mitica sala di registrazione romana dove avevano lavorato quasi tutti i grandi della nostra canzone d'autore. Ma rimanda rimanda, la promessa non è mai stata mantenuta.»

Carrara prosegue il suo racconto: «Siccome Bertoli aveva già inciso due suoi pezzi e ne avevo sentiti altri che mi erano piaciuti, gli chiedo se ha voglia di lavorare con me. Iniziamo così a frequentarci: è venuto almeno una decina di volte nel mio ufficio alla Target, e ogni volta aveva un libro sotto braccio, quasi sempre di un autore americano. A un certo punto gli domando se ha esperienza di sala. Lui risponde che ha un gruppo molto forte: a quei tempi non voleva fare il solista, avrebbe preferito che Ligabue fosse il nome di un gruppo, o in alternativa che a Ligabue fosse affiancato il nome di una band. Io l'ho sconsigliato, anche perché so per esperienza che se devi gestire cinque persone i problemi si moltiplicano appunto per cinque. Comunque gli do due milioni e mezzo di lire e gli dico: "Vai in sala e fai quattro provini, hai a disposizione seicentomila lire a provino"».

In realtà, Luciano stava un po' bleffando riguardo il gruppo. Infatti gli OraZero, la band con cui aveva fatto le prime esperienze, si era già sciolta. Così, quando Carrara gli offre quella possibilità, si dà subito da fare per formare un nuovo gruppo. Il primo che contatta è Gigi Cavalli Cocchi, che all'epoca era il batterista dei Pechino Politic, formazione di Reggio Emilia che in ambito locale godeva di una certa notorietà. Lui ci sta e si dà da fare per organizzare dei provini e trovare gli altri componenti: si presentano il bassista Luciano Ghezzi, il chitarrista Max Cottafavi e un altro chitarrista, che però poi ci ripensa e non entra nel gruppo. Comunque decidono che la band va bene così, tre elementi più Luciano: sono nati i ClanDestino (anche se questo nome, in realtà, inizieranno a usarlo solo un po' di tempo dopo).

Ligabue affitta il Ritmo & Blu, uno studiolo di Pegognaga (paesino in provincia di Mantova) di proprietà di Stefano Castagna (utilizzato negli anni a venire anche da Cccp, Modena City Ramblers, Nomadi, Yo Yo Mundi e altri), e con l'aiuto dei suoi nuovi compagni di viaggio realizza i provini di *Eroi di latta*, *Bambolina e barracuda*, *Angelo della nebbia* e *Piccola stella senza cielo*. «Subito dopo averli ascoltati» racconta Angelo Carrara «mi convinco in modo definitivo e decido di pagare il disco di tasca mia.»

È il 1989, a fine dicembre il disco è pronto. Siccome Luciano tiene molto ai testi e non vuole presentarli ai discografici come dei banali ciclostilati, chiede a Gigi Cavalli Cocchi, nella sua doppia veste di batterista e grafico, di studiare un modo efficace per presentarli: nasce così l'idea di accompagnarli con delle immagini, e quei disegni (un cronometro, un licantropo, la statuetta dell'Oscar, Betty Boop, diversi coleotteri, una radio a transistor, delle carte da gioco, il muso di una Cadillac, un pesce, il sole, una vite) è lo stesso Gigi a realizzarli, lavorando con un vecchio Commodore 64.

Subito dopo Carrara inizia a proporre quell'album alle case discografiche, ed è una specie di calvario: la prima che chiama è la Cgd, che ha già sotto contratto Pierangelo Bertoli. La riposta di Tino Silvestri è raggelante: «Non voglio neanche sentirlo!». Bisogna dire che alla Cgd Ligabue già lo conoscevano, perché aveva scritto un paio di pezzi per Bertoli, ma anche perché in quegli anni nel teatrino di via Quintiliano organizzava diversi concorsi per nomi nuovi, e Luciano aveva partecipato a un paio di quelle gare. Infatti Silvestri aveva caldeggiato a Carrara il suo nome, ma in veste di autore, non come cantante. A una di quelle gare era presente anche Caterina Caselli, che assiste all'esibizione del Liga e dei suoi OraZero senza mostrare il minimo interesse: molti anni dopo l'ex Casco d'Oro ammetterà che questo è stato l'errore più grande in una carriera professionale ricca di soddisfazioni.

La seconda casa discografica a dire di no è la Emi: Pierangelo Mauri, il direttore artistico, dice che sì, il disco non è male. Ma loro sono già impegnati nel lancio di Ricky Portera, quindi non se ne fa niente. Da notare che all'epoca assistente di Mauri è Fabrizio Giannini, che però non ascolta quel disco, e comunque non ha alcun potere decisionale: tra breve capiremo il suo ruolo.

Un secco no arriva anche dalla Carosello, dalla Wea (all'epoca il direttore artistico è Sergio Poggi) e dall'Universal (che ha appena inglobato la PolyGram): a quest'ultimo appuntamento partecipa personalmente anche Luciano. «Ogni tanto» racconta Carrara «mi chiedeva di partecipare agli incontri con i discografici. Io di solito lo dissauadevo, perché so come funzionano certe cose. Ma quella volta chiese di esserci e fu davvero umiliante: arriviamo puntualissimi e Bruno Tibaldi ci fa dire dalla sua segretaria che è impegnato e dobbiamo aspettare. Vediamo entrare e uscire dal suo ufficio un sacco di gente, restiamo lì due ore e mezzo, un'umiliazione pazzesca. "Mi sembra di essere qui a chiedere l'elemosina" si lamenta Luciano. Alla fine Tibaldi ci riceve e sostanzialmente dice che lui ama il rock, gli piace da matti Bruce Springsteen, che sotto l'aspetto musicale il disco del Liga non è male, ma che i testi sono da strapaese: ecco, tutti ce l'avevano con i testi.» Più che la «bocciatura» artistica, a Luciano brucia di essere stato trattato a pesci in faccia sotto l'aspetto umano: quel giorno decide che non andrà più agli appuntamenti con i discografici.

Comunque ormai le case discografiche, almeno quelle più importanti, le hanno interpellate tutte o quasi. Inizia ad affiorare un certo scoramento. Senonché un giorno imprecisato di marzo succede un mezzo miracolo: i capi della Warner Bros. convocano i massimi dirigenti della loro filiale italiana domandando ragione di un repertorio nazionale così striminzito. In pratica per la Wea italiana incidono soltanto Grazia Di Michele, Massimo Priviero e Massimo Ranieri, forse un po' poco per un gruppo che ha l'ambizione di essere uno dei più importanti a livello planetario. In fretta e furia il direttore generale Marco Bignotti offre a Fabrizio Giannini il ruolo di direttore artistico col mandato di lavorare sul catalogo italiano.

«È un venerdì» ricorda Carrara. «Il mio vecchio socio, nonché caro amico Maurizio Salvadori mi chiama per avvertirmi di quella novità. Mando immediatamente una cassetta a Giannini, per me ormai è un po' l'ultima speranza: mi ci aggrappo con tutte le mie forze. Lunedì mattina alle nove squilla il telefono: è Giannini che mi dice di andare subito nel suo ufficio. Troviamo un accordo in un attimo e le condizioni contrattuali le appuntiamo su un tovagliolo di carta. Fino a quel momento avevo speso circa cinquantadue milioni di lire, lui mi dice: "Ti do sessanta milioni e compro il master…".»

«In effetti» conferma Giannini «il primo a parlarmi di Ligabue è stato Salvadori. Quel venerdì, quando ricevo la cassetta, sono oberato dagli impegni e non ho tempo per ascoltarla. Così la porto a casa, l'ascolto durante il fine settimana mentre sto imbiancando il soggiorno. Mi colpisce fin dal primo ascolto, e più la risento, più mi piace. All'epoca i cellulari erano cosa rara, e io non avevo il numero di casa di Carrara. Così provo a chiamarlo alla Target, ma ovviamente gli uffici sono chiusi e i miei messaggi non li ascolta nessuno. Lunedì poco dopo le nove finalmente rintraccio Carrara, gli dico che la sua proposta mi interessa e di venire in ufficio da me. Mangiamo insieme e durante il pranzo scriviamo le condizioni dell'accordo su un pezzo di carta che ancora conservo come una reliquia.»

Giannini e gli altri dirigenti della Wea vogliono vedere Ligabue dal vivo, così Fabrizio chiede a Carrara di organizzare un concerto. Lui si dà da fare per organizzarne uno in fretta e furia a Correggio, in piazza. «Quel giorno» racconta Giannini «ci saranno stati sì e no trenta spettatori, uno di loro era Paolo Belli. Ma Luciano è tosto, lucido, tira via dritto come un treno. Insomma, tra il Luciano che ho visto quel giorno e quello che vedrò molti anni dopo negli stadi non c'è poi molta differenza... Tra noi l'intesa è ottima fin dai primi incontri, sarà perché siamo coetanei e tutti e due siamo nati sotto il segno dei Pesci, ma per i tre anni in cui abbiamo lavorato insieme non ci sono mai stati problemi. Poi invece, quando le nostre strade si sono divise, dopo il terzo disco, il rapporto si è interrotto all'improvviso.»

Il lavoro è praticamente finito, c'è soltanto qualche brano da ricantare e da remixare. Giannini suggerisce di mettere direttamente i testi in copertina («Un'idea di cui vado ancora molto fiero»), che viene realizzata dallo studio Lapislapis assemblando i testi con i disegni di Cavalli Cocchi e diversi aforismi o battute cinematografiche che spaziano da Tom Waits a Bob Dylan, da Charles Bukowski ad Alvaro Vitali, Zagor e Woody Allen.

Il 20 maggio il disco è nei negozi. La prima tiratura è di settemila copie, ma ben presto sarà chiaro che quell'album è destinato a ben altri numeri, diventando il disco d'esordio di maggior successo nella storia della musica italiana. In poco tempo diventa «disco d'oro», che in un periodo ancora di «vacche semi-grasse» vuol dire centomila copie vendute (nel 2009 lo si dà a trentacinquemila copie). La cerimonia di consegna avviene al ristorante Garibaldi di Milano: oltre al Liga, ai ClanDestino, a Claudio Maioli e Carrara ci sono alcuni dirigenti della Wea.

«Quella sera» ricorda Carrara «gli regalai un telefonino. In quel periodo le cose mi stavano andando piuttosto bene, mi ritrovai ad avere in classifica contemporaneamente tre artisti, Bertoli con *Spunta la luna dal monte*, Eugenio Finardi con *La forza dell'amore* e il Liga. Come piccolo gesto di riconoscenza decisi appunto di regalare un telefonino a ognuno di loro. Ma quando faccio per dare il suo a Luciano, lui un po' vergognoso mi fa: "Io veramente il cellulare non l'ho mai usato e preferirei continuare a farne a meno. Ti offendi se lo do a Maioli?".»

Ma ci sono altri due retroscena da raccontare affinché il quadro sia completo. Quando Carrara inizia il suo pellegrinaggio per far ascoltare l'album di Ligabue, la prima persona che se ne innamora è Jeanine Orrigo, all'epoca responsabile delle relazioni esterne di Rete 105. Così quando la Wea decide di pubblicarlo, quel network radiofonico comincia a programmare frequentemente *Balliamo sul mondo*. Diventa addirittura «Disco lancio», che vuol dire un passaggio ogni ora. Però a dirla tutta non è una libera scelta dei dj. All'epoca infatti era assolutamente comune una pratica certamente non illegale, ma ai margini dell'immoralità: spesso, soprattutto quando c'erano di mezzo degli esordienti, per garantire una programmazione di un certo rilievo veniva richiesto come contropartita una parte dei diritti editoriali del brano da trasmettere o addirittura di tutto l'album. Carrara lo ammette: «Ho rinunciato a qualcosa di edizioni. All'epoca andava così, prendere o lasciare». Infatti tutte le canzoni di quell'album sono in tri-edizione: una parte va alla Blue

Team Music, una alla Getar Sas (società editoriale legata alla Target, l'etichetta di Angelo Carrara) e una alla Kromaki, che sono appunto le edizioni di Rete 105. Questo vuol dire che, ancora oggi, ogni volta che viene suonato un brano dell'album *Ligabue* nelle casse della famiglia Hazan entra qualcosa.

Comunque è soprattutto grazie alla «spinta» di *Balliamo sul mondo* se l'album decolla in poche settimane. Il tema centrale di questa canzone è la fuga: lei è una ragazza alla quale la vita non ha mai sorriso, lui ha molto poco da offrirle («niente case, né futuro, né certezze, forse guai»), se non le sue speranze e la voglia di scappare lontano portandosi «le scarpe da tip tap» per ballare «un fandango» liberatorio. Poco, ma comunque qualcosa rispetto al nulla assoluto che caratterizza le loro squallide esistenze.

Qualche tempo dopo Luciano spiega così la sua idea di fuga a Patrizia De Rossi, autrice della prima biografia sul cantante di Correggio: «La fuga di cui parlo è una scelta coraggiosa e consapevole. I miei personaggi, quando fuggono, lo fanno da condizioni in cui è molto comodo adagiarsi perché quasi tutti fanno così ma che, così facendo, casomai, non ti è consentito vivere la tua vita. Io non credo nella ribellione a tutti i costi: la ribellione deve essere un fatto consapevole, la non accettazione delle cose così come stanno se non ti stanno bene. Altrimenti non è ribellione ma atteggiamento. Nella fuga è importante quello che vivi nel momento in cui lo fai, non è facile assoggettarsi all'idea di voltarsi indietro e domandarsi "ho fatto bene ad andare via o no?". Affrontare questo argomento nelle canzoni ha lo scopo di dare un segnale di speranza: in realtà tutti i miei personaggi non mollano, non cedono mai, non si spostano dalla loro scelta. Io vorrei riuscire a comunicare la consapevolezza che non c'è nessuno in giro più di te stesso che abbia serio interesse a farti vivere meglio. È sempre più difficile vedere lontano: invece se tu parti dalle cose che hai vicino è più facile vedere tutto più a fuoco» (da *Certe notti sogno Elvis*, Giorgio Lucas Editore).

La cosa davvero bizzarra è che fino a pochi giorni prima della fine delle registrazioni dell'album quel pezzo si intitolava *Eroi di latta* e aveva un testo completamente diverso: era un pesante atto di accusa alle popstar in voga in quel periodo. «Il fatto» spiegherà successivamente il Liga «è che provavo molto rancore nei confronti di chi suonava quel poppaccio elettronico che ha devastato tanta musica popolare degli anni Ottanta. Gente fintissima, tipo i Duran Duran.»

«Personalmente» dice Angelo Carrara «ho sempre avuto molti dubbi su quel testo. Glielo ripetevo in continuazione: "ma chi sei tu per pontificare in questo modo su gente che comunque ce l'ha fatta a farsi un nome". L'ultimo giorno di registrazione viene da me e mi fa: "stanotte non riuscivo a dormire e ho messo giù un testo nuovo". Lo leggo e gli dico di andare subito di là a cantarlo. A metà canzone dissi a me stesso: "adesso sì che è un pezzo della madonna!".»

Per rendersene conto, basta confrontare i due testi. Quello di *Balliamo sul mondo* è arcinoto. L'altro iniziava con una strofa che diceva: «Quanto fondotinta serve per avere un bell'eroe / che non caschi giù dai poster, non sia spettinato mai / e abbia una paresi in bocca per non stare serio mai / quanto stronzo deve essere per essere un eroe».

Poi partiva il ritornello: «Eroi di latta / eroi che arrugginiscono / eroi di latta / eroi che non si reggono / eroi di latta / eroi che si consumano / eroi di latta».

Altra strofa: «Quanta vita e passione, fiato e sesso

sprecherà / una ragazzina senza le difese dell'eroe / cercherà fra le sue righe qualche grossa verità / e anche se lì non c'è niente qualche cosa inventerà».

Ricomincia il ritornello, quindi parte la strofa finale: «E la vita che vorrà rappresentare in un messia / e la vita quella vera non sa neanche cosa sia / due o tre meeting per la pace ed un po' di filosofia / ed il prezzo è già pagato, l'eroe è tornato e così sia».

2

CORREGGIO, PICCOLA CITTÀ ETERNA

Nella canzone *Nato per me* c'è una strofa assolutamente autobiografica: «Sono nato nel giorno / dell'eclissi di luna / non me l'hanno spiegato / se era sfiga o fortuna». In effetti il 13 marzo 1960 per la famiglia Ligabue è un giorno in cui gioie e dolori si sovrappongono: Luciano viene al mondo, come si usava all'epoca, soprattutto nei paesi di provincia, nel letto di casa con l'aiuto di un'ostetrica. Sua madre Rina è molto giovane, ha soltanto ventidue anni, e il parto che all'apparenza non presenta nessuna complicazione, in realtà si rivelerà molto difficile: l'ostetrica non si accorge che il cordone ombelicale avvolge la fronte del nascituro, e per questo motivo non riesce a tirarlo fuori dal corpo della madre. Quando se ne rende conto, il bimbo è a un passo dalla morte per soffocamento. Per fortuna riesce a far scivolare il cordone dalla fronte del nascituro, mentre le ultime disperate spinte della madre gli regalano la vita: ma i primi respiri del neonato sono piuttosto affannosi, e il colorito è cianotico. Però la sua volontà di vivere è forte, quindi si riprende in fretta e inizia a respirare regolarmente.

Ma la «sfiga» per il piccolo Luciano non è ancora finita: quando ha un anno e mezzo una malattia molto comune nei bambini, la pertosse, lo colpisce in modo così violento da procurargli dei forti dolori addominali: dovrebbe essere operato d'urgenza all'appendice. Il medico di famiglia non se ne accorge e continua a sostenere che si tratta di una banale influenza. Nonostante le insistenze della mamma, che intuisce essere qualcosa di più grave, il medico continua a dirle che non è niente di preoccupante, che i bambini sono così. Casualmente un giorno la signora Rina incontra un altro medico in farmacia che, visto l'aspetto poco sano di Luciano, lo visita e capisce che deve essere ricoverato in ospedale, dove si rendono conto che l'infiammazione dell'appendice nel frattempo è degenerata in peritonite e che deve essere messo sotto i ferri con la massima urgenza.

Pensate che sia finita qui? A cinque anni Luciano deve sottoporsi a un banalissimo intervento alle tonsille. Bene, l'operazione viene eseguita in modo maldestro e crea delle complicazioni: anziché essere stato sedato, il bimbo è semplicemente stordito. Il problema è che si sviluppa una piccola emorragia interna e il bimbo in quella condizione di semi-incoscienza continua a ingurgitare sangue. Né infermieri né medici si accorgono di nulla. Per fortuna nel corso della notte la mamma, preoccupata dal pallore del figlio, prova a scuoterlo: dalla sua bocca fuoriesce un abbondante fiotto di sangue, così scatta l'emergenza e Luciano subisce un secondo intervento.

Nessuno ha mai spiegato con esattezza quale errore sia stato commesso durante la prima operazione. Resta il fatto che in quell'occasione Luciano rimane in ospedale per ben ventiquattro giorni e negli anni successivi avrà diversi problemi anche con il sistema immunitario. C'è persino chi sostiene che sia stato proprio questo intervento sbagliato a rendere così particolare la sua voce. Infatti Luciano è un baritono, un caso raro in ambito pop e rock, un mondo dove sono quasi tutti tenori. La sua è una voce peculiare, roca e scura, che in «voce piena» arriva al massimo al Sol 3. Però è estremamente riconoscibile, inconfondibile... Insomma, quel che gli è capitato è proprio un mix di «sfiga e fortuna», come dice la canzone.

È certo che questa lunga serie di esperienze non proprio felici abbiano influito sul suo carattere, contribuendo a farlo diventare timido e sensibile e a far sviluppare quella tendenza all'introspezione che lo caratterizza da sempre. «In effetti» spiegherà molti anni dopo «credo che se sono diventato quel che sono è anche a causa della mia proverbiale timidezza. Sono stato un timido cronico, però con la mia timidezza ci convivevo. Anche se avevo sempre l'impressione di vivere col freno a mano tirato. Ero consapevole dei limiti che comportava, ma in compenso vedevo crescere e arricchirsi il mio mondo interiore. Perché se sei timido non sei capace di condividere il tuo mondo con gli altri, così ti concentri sul tuo, lo nutri, lo carichi dei tuoi sentimenti, delle tue emozioni. Alla fine ho sentito il bisogno di raccontarmi, di raccontare il mio mondo con la scrittura, con le canzoni e con tutte le altre cose che ho fatto. A un certo punto ho anche scoperto che sul palco la timidezza che avevo scompariva. Questa cosa continua a sorprendermi, e non voglio nemmeno capire da cosa dipenda...»

In ogni caso, a parte i numerosi problemi di salute, la classica cicatrice sul mento provocata da una banale caduta e un po' di sbucciature sulle ginocchia dovute alla passione per il calcio, tutto sommato l'infanzia di Luciano è serena e senza grossi traumi. I suoi sono persone di umili origini, ma non gli hanno mai fatto mancar niente. «Mamma» racconta Luciano «viene da una famiglia contadina, il nonno era mezzadro, perlomeno in casa avevano da mangiare. Mio padre veniva invece da una famiglia di piccoli commercianti, ambulanti, gente che andava casa per casa a vendere riso e bigiotteria. Era la povertà più totale: loro hanno fatto la fame perché, oltretutto, il nonno non ha mai voluto prendere la tessera del partito fascista e per molto tempo gli è stato impedito di fare i mercati. Erano sei fratelli, dopo la guerra ognuno di loro continuò per conto suo nel settore del commercio. Mio padre si buttò sui tessuti e ci sono stati alti e bassi, periodi di debiti e periodi più fortunati, però in casa non c'era mai un clima di preoccupazione, anche nei momenti peggiori i miei erano certi che le cose poi si sarebbero raddrizzate.»

«Mio padre» aggiunge «è sempre stato una testa libera. Era un testosteronico, molto virile, molto decisionista, impulsivo, uno con cui dovevi avere le idee chiare da subito e non starci a pensare più di tanto. Faceva fatica ad accettare l'idea di avere un figlio timido come ero io. Lo ero a livelli patologici. Per lui questa grande paura del mondo che avevo io era un concetto estraneo e per tanti anni non ci siamo capiti proprio a causa di questa diversità. Ma quello che mi piaceva di mio padre era la sua capacità di vivere, di godersela. Appena sentiva il soffio della noia, cambiava aria.»

«Mia madre» dice Luciano «è sempre stata una persona gioiosa, la sua è una gioia contagiosa: ancora oggi è molto popolare a Correggio, parecchie donne vanno da lei a confidarsi. Lei è molto aperta verso gli altri. Era ovviamente la parte sensibile della famiglia, capace di entusiasmarsi per qualsiasi cosa. Insomma, entrambi i miei genitori, pur essendo persone semplici, che non hanno avuto modo di acculturarsi, hanno sempre avuto chiaro che cosa doveva essere la vita per loro e hanno perseguito questo obiettivo. Quindi sono stati un esempio che ha funzionato benissimo. Magari uno pensa che chi fa il rock debba avere per forza una giovinezza fatta di tensioni, di ribellioni che derivano dall'ambiente in cui è cresciuto e in particolare nei confronti dei genitori. Ecco, io quel pretesto lì non ce l'ho. Ho sempre avuto ben chiaro il fatto che era una gran fortuna avere dei genitori come i miei.»

Luciano è sempre stato a contatto con la natura: durante i primi anni di vita la sua famiglia abita nel centro di Correggio, al secondo piano di un vecchio fabbricato in via Santa Maria: è un appartamento piccolo e buio e nessuna camera ha finestre che si affacciano sulla strada. Però proprio lì di fianco c'è il cinema Politeama, dove i suoi genitori passano molte serate portando con sé il figlio, che comincia così a coltivare la sua passione per il mondo della fantasia.

Della sua infanzia si porta dietro anche un altro ricordo molto nitido: «Dentro di me conservo una visione del teatro Asioli da dietro. Andavo spesso a giocare in un campetto lì vicino, c'erano una pista dove si poteva correre e una "piscina" di sabbia. Quando l'Asioli ospitava le produzioni più importanti, aprivano il portone e si riusciva a intravedere l'interno del teatro, qualcosa di misterioso, un posto che per me era carico di magia».

Qualche anno dopo la famiglia Ligabue si trasferisce nel quartiere periferico di Cantona, là dove inizia la campagna. In quel periodo Luciano comincia ad andare a scuola: «Il primo giorno di scuola per me è stato qualcosa di traumatico, non ero pronto ad affrontare una cosa così grande. In realtà, più che il primo giorno, direi che è stato traumatico tutto il primo anno di scuola. Anche perché avevo un maestro da incubi, che ti faceva mettere le mani sul banco e le batteva con una canna di bambù. Una volta tenne un mio compagno per un'intera mattinata chiuso in un armadio. Alla fine dell'anno i genitori si ribellarono, così ci trasferirono in massa in un'altra classe; da quel momento le cose iniziarono a migliorare». Luciano ricorda anche che passava quasi tutti i fine settimana con suo cugino Gianni (quello a cui molti anni dopo dedicherà *Lettera a G*): «Tra i sei e gli otto anni» racconta Luciano «durante il weekend ci affidavano a nonna Barbara, così i miei e gli zii si prendevano un po' di libertà». Sono due bambini vispi e ogni tanto ne combinano una: amano giocare coi fiammiferi e un pomeriggio danno fuoco a una tenda. Se nonna Barbara non fosse intervenuta in fretta chissà cosa sarebbe successo. Ma a parte questo e qualche petardo fatto scoppiare per strada, rimediando un paio di scappellotti, solitamente si divertono con giochi assolutamente innocui come partitelle di calcio in piazza Padéla e gare in bicicletta.

Luciano è molto legato anche all'altra nonna, Ermelina Lotti in Ligabue, di cui parla in uno dei racconti di *Fuori e dentro il borgo*: nata l'8 febbraio 1900 a Correggio (dove morirà novantatré anni dopo), è una patita del lotto e della tombola, e nel comò di casa nasconde una buona riserva di cioccolatini, caramelle alla menta, oltre a un pezzo di pelle di biscia che è il suo portafortuna. «Era superstiziosissima» scrive il Liga nel suo racconto «però aveva anche un gran culo e vinceva molto spesso. (...) Io ho una mia teoria: quel po' di sano egoismo che si portava dietro le ha sempre fatto fare quello che voleva per la bellezza di novantatré anni. Perché anche quando viveva momenti tremendi di fame, stenti e paura durante le due guerre o il ventennio con un marito che non si piegava alle torture dei fascisti e un figlio partigiano, al lotto e alla tombola non rinunciava mai.»

Suo marito, cioè nonno Marcello, era stato un eroe della Resistenza: ecco perché molti anni dopo (nel 1997)

Luciano accetta di partecipare in veste di attore al film *Partigiani* realizzato in modo collettivo da Giulio Chiesa e altri registi. «Di nonno Marcello» racconta Luciano «conservo un'immagine indelebile: sigaro in bocca e "L'Unità" sottobraccio. Quando è morto, nel 1972, avevo dodici anni. Di lui sapevo che vendeva spagnolette e rocchetti da ricamo. Non avrei mai detto che dietro quel bancone da merciaio nascondeva un cuore intrepido e una passione civile da eroe segreto della Resistenza. A rivelarmi questa verità fu un insegnante. In prima ragioneria, durante l'appello, il professore di italiano, arrivato al mio nome, domanda: "Ligabue? Nipote di Marcello?". Sì, dico io. E lui: "Lo sai chi era tuo nonno, vero? Una figura importante della Resistenza". Io feci segno di sì, ma dentro di me annaspavo. Quella storia non la sapevo proprio, fino a quel momento mai nessuno in famiglia mi aveva detto niente. Così decisi di informarmi.»

Per farla breve, ecco venir fuori dai racconti di parenti e amici la figura di un nonno diverso, capace di azioni e slanci poco comuni. «Magari» aggiunge Luciano «non era un partigiano di quelli che imbracciavano il fucile; però è stato un vero "resistente", pronto a farsi picchiare e torturare pur di non cedere, di non aderire all'ideologia fascista. Per questo ha pagato un prezzo altissimo, e averlo pagato senza alcun clamore mi ha fatto comprendere ancor meglio la sua storia di uomo perbene, capace di un rigore morale che, nonostante i sei figli da mantenere, metteva in pratica in tutto. Compreso il rifiuto di rincarare la merce oltre il quindici per cento. Così, pur esercitando un mestiere umile, era diventato un punto di riferimento per la gente del paese, che nella sua bottega non andava solo a cercare aghi e fili, ma anche qualche saggio consiglio. E magari un po' di buon umore. Perché quei ragazzi che allora, a diciassette anni, decidevano di rischiare la vita non lo facevano solo per alti ideali, ma per difendere la propria allegria dal "nero" che avanzava.»

Ma torniamo al Ligabue bambino. Intorno ai sette, otto anni scopre che oltre al cinema esiste anche la musica. Il primo cantante che colpisce la sua fantasia è Gianni Morandi, del quale Luciano conserva un ricordo preciso: «Lui mi piaceva da matti e un giorno venni a sapere che era in programma un suo spettacolo al Pam Pam, un locale di Correggio. Ero troppo piccolo per poter entrare, così mi piazzai davanti al locale sperando di vederlo. Ricordo che c'erano due ali di folla. A un certo punto qualcuno mi disse che prima di iniziare il concerto era andato in ospedale non so a fare cosa. Poi ho saputo che un'amica di mia madre, che in quel periodo era ricoverata, ci aveva parlato insieme: la invidiai in modo pazzesco».

In quegli anni Luciano non perde una sola puntata di *Canzonissima* e fa il tifo per cantanti «giovani» come Gianni Morandi e Massimo Ranieri: ovviamente il «nemico» da battere è sempre Claudio Villa. La musica l'ascolta prevalentemente dal juke box: «Quando ero piccolo» ricorda «d'estate andavo in vacanza dalle parti di Bocca di Magra, in Liguria. Fuori dagli stabilimenti balneari c'era il juke box. Io e mio cugino Gianni ascoltavamo le canzoni che andavano di più, poi ci divertivamo a cantarle modificando i testi». Poi aggiunge: «Per me il juke box di Correggio era essenzialmente quello dei giardini pubblici, lì da Piroto, che sarebbe la gelateria Amadeus di adesso. Ricordo che stavo lì ad ascoltare "di straforo" le canzoni che gli altri gettonavano. Era una cosa che aveva a che fare con l'estate: le estati di quando ero bambino le ricordo perfettamente».

Altra memoria che ha stampato in modo indelebile nella mente è la sua frequentazione dell'oratorio della

Basilica di San Quirino. «Certo» scriverà molti anni dopo in un articolo per «Panorama» «quando a dieci anni entravi nella chiesa di San Quirino, ti sembrava proprio di varcare la soglia di Dio. Le volte, lassù, facevano la gara col Monte Cusna. E c'erano tutti quei rosoni a tenerti di qua dal cielo mentre loro, i rosoni appunto, parevano saperne qualcosa. Il sacerdote, e guai chiamarlo prete, si stagliava epocale là dietro l'altare e nemmeno quel ciuffo che se ne fregava della brillantina né quell'accento persino più pesante del nostro scalfivano il suo gigantismo. E i suoi silenzi. Quanto lavoravano i suoi silenzi. Le raffigurazioni tutt'intorno ti costringevano ad abbassare gli occhi per poi, ogni tanto, sbirciare. E in genere trovavi che stavano continuando a fissare te. Grande il dolore rappresentato. Grande l'inarrivabilità di chi era ritratto. Grande la nostra pochezza. E poi era grande la prostrazione, grande la tua colpa qualunque essa fosse, grande la melodrammaticità della funzione, grande il subbuglio emotivo, grande l'euforia da espiazione. Grande il sollievo quando riguadagnavi la luce del giorno e tutta una settimana da "pulito" o quasi.»

Insomma, se non fosse sufficientemente chiaro, è soprattutto in seguito a questa frequentazione che Luciano matura quel senso di colpa tipico di ogni cattocomunista che lo perseguiterà per anni, fino a quando non si renderà conto che è sciocco torturarsi per colpe non proprie.

Il 16 maggio 1970 nasce suo fratello Marco. In quel periodo Luciano è uno studente-modello, lo dimostra la pagella (rilasciata il 16 giugno 1971) che porta a casa alla fine della quinta elementare: otto in religione; dieci in comportamento ed educazione morale e civile; otto in educazione fisica; otto in lingua italiana; nove in aritmetica e geometria; nove in storia, geografia e scienze; otto in disegno, recitazione e canto; sette in attività materiali e pratiche.

Un anno più tardi, inizia a interessarsi di musica in modo più consapevole: «Il primo album che ho acquistato» racconta «è stato *Darwin* del Banco del Mutuo Soccorso. Era il 1972, quindi avevo 12 anni. Qualche tempo dopo ho comprato *Theorius campus* di Venditti e De Gregori: quando ho sentito questo disco per la prima volta ho provato un'emozione forte, fino ad allora avevo ascoltato soltanto canzonette, magari bellissime come quelle di Battisti, ma con testi che parlavano solo d'amore. Qui invece si andava molto oltre, specie nel caso di De Gregori: magari ero troppo piccolo per afferrarne tutta la profondità, ma a livello inconscio la botta è stata potente».

Piano piano scopre altre forme musicali, in particolare il progressive (Premiata Forneria Marconi, ma anche Genesis, Jethro Tull e King Crimson). Mentre Luciano sta affinando i suoi gusti musicali, suo padre prende in gestione un locale: si chiama Tropical ed è a Rovereto sul Secchia, in provincia di Modena. Era nato come balera con musica dal vivo, presto però viene riconvertito in discoteca. «L'esperienza in materia di gestione di locali di mio padre» racconta Luciano «era praticamente zero, ma un socio che aveva naso aveva capito il cambiamento in atto: in quegli anni infatti era esplosa la disco music e un po' in tutta l'Emila stavano iniziando a nascere le discoteche con dj. Per far capire meglio quanto fossero avanti mio padre e i suoi soci, aggiungo che quello che era considerato il locale più "figo" della zona, il Picchio Verde di Carpi, faceva ancora musica da ballo con le orchestrine. Quelli del Tropical la domenica organizzavano pure un servizio pullman da Correggio, anche grazie a questo lo frequentavano un sacco di ragazzi.»

Curioso notare che in quel periodo ogni domenica a pranzo papà Giovanni tiene una specie di sermone che termina invariabilmente con la stessa frase: «Tutti i musicisti sono dei morti di fame». Forse lo dice perché si è accorto che il suo figliolo è sempre più attratto dalla musica, però non ha mai detto di voler suonare. Per questo rimane a bocca aperta quando, a quindici anni, papà gli regala una chitarra: «Me la ricordo benissimo» racconta Luciano «era una Clarissa, una specie di sotto-sottomarca. Mi sa che da allora hanno smesso di produrle. Ma per me era bellissima».

Da qualche tempo ha iniziato anche a leggere «Ciao 2001», un settimanale di musica che in quegli anni detta legge (scusate l'autocitazione, ma proprio in quel periodo iniziai a collaborarci pure io). Ricorda il Liga: «Appena lo aprivi, in una delle primissime pagine c'era la tablatura, cioè lo spartito per chitarra di una canzone: poteva essere un pezzo di Crosby, Stills, Nash & Young o uno di Edoardo Bennato. È così che ho imparato a suonare la chitarra...».

Per dirla tutta, quando suo padre gli regala la chitarra gli fa: «Guarda, se vuoi c'è anche chi ti insegna». Si riferisce a Jules Reverberi, che in quel periodo lavora come strappabiglietti al Tropical. «Mi ricordo» dice Luciano «che Jules è venuto un giorno a casa nostra e mi ha detto: "Adesso ti insegno come si fa" e ha attaccato con un pezzo tipo *La miniera* dei New Trolls, una cosa piuttosto complicata. Sudava da matti a suonare quella canzone, ma non spiegava niente e quando gli chiesi: "Sì, va bene, ma come si fa?" rispose: "Si fa così!". Insomma, lui quel pezzo sapeva suonarlo, ma non era assolutamente in grado di insegnarmi come.»

A quel punto Luciano capisce che è meglio studiare le tablature di «Ciao 2001»; inoltre acquista un libro contenente spartiti di canzoni popolari come *Per i morti di Reggio Emilia* e *Bella ciao*, con tanto di 45 giri allegato, in modo da suonarci sopra come se fosse una base. Commenta il Liga: «In effetti le canzoni erano molto tristi, però questo mi fu molto utile per apprendere i primi rudimenti...».

Qualche tempo prima, dopo aver ottenuto il diploma di scuola media, aveva scelto di iscriversi a ragioneria. «A essere onesti» racconta «si era trattato di una "scelta" per modo di dire: a quattordici anni uno difficilmente sa cosa vuole fare da grande. Avevo deciso di fare ragioneria perché i miei amici andavano lì, perché la scuola era vicina a casa mia e infine perché almeno una volta terminata la scuola ti ritrovi in tasca il classico pezzo di carta e non devi iscriverti all'università per forza.»

Di quel periodo non è che conservi un ricordo eccezionale: «Le materie che mi piacevano di più, quelle umanistiche, erano del tutto secondarie rispetto a diritto o economia e commercio, cioè le cose che dovevi studiare per fare poi il ragioniere...».

3

SOGNI DI ROCK'N'ROLL

In una bella intervista rilasciata ad alcuni amici d'infanzia e pubblicata in *Correggio mon amour*, un corposo volume edito dal centro culturale Lucio Lombardo Radice, Luciano racconta: «Sì, tutto è cominciato da lì, da quella chitarra che mi regalò mio padre. I quindici anni per me sono stati un anno speciale. Intanto perché sono nate le radio libere... Prima, per ascoltare musica decente c'era solo *Popoff* o *Supersonic* su Radiodue, oppure si ascoltava *Alto gradimento* per altri motivi, o *Hit parade* di Lelio Luttazzi, perché a me piacevano ancora le canzonette. Ma non c'era altro. Poi a un certo punto uno mi dice: "Ma tu non ascolti le radio libere?" e io: "Le radio libere? Cosa vuoi dire?"... All'improvviso scopri che c'è l'effe-emme. Che fino a quel momento non c'era. E trovi gente che parla a ruota libera, senza passare per il dirigismo della Rai, giovani di sei o sette anni più grandi che potevano dire quello che pensavano, aprire dibattiti, spesso sulla condizione giovanile e parlarne tra amici... e noi ci ritrovavamo il giorno dopo a scuola a raccontare e discutere di quello che avevamo ascoltato la sera prima. È stato un grande momento. In quegli anni i cantautori erano al loro apice, e le radio libere trasmettevano le loro canzoni, con testi mai sentiti prima... ma semplici da suonare, tanto che con la chitarra che ti aveva regalato tuo padre potevi farle anche tu. Perché la musica dei cantautori di buono ha anche che è basica, con tre accordi puoi suonarla e cantarla: sulle spiagge, in gita, nelle case, ovunque».

Ecco, le radio libere: bisogna sapere che Correggio, pur essendo un piccolo centro di poco più di ventimila abitanti, ha avuto la sua parte nella diffusione di questo fenomeno che nel giro di pochi anni ha modificato profondamente le abitudini degli italiani, e soprattutto il loro modo di ascoltare la musica.

La prima emittente correggese nasce a cavallo tra il 1976 e il 1977: trattasi di Radio Fazzano, la cui sede è in via Argine a Fazzano, frazione di Correggio, nell'abitazione (anzi, più esattamente nella camera da letto) di Luciano Romani, un appassionato di elettronica: aveva seguito il corso via posta di Radio Elettra. L'attrezzatura è davvero minima: un trasmettitore militare da cinque watt, un'antenna da cb, un microfono, un vecchio giradischi Philips e un mixerino con due fader.

Tra i primi a farsi avanti e a dare la propria disponibilità c'è Claudio Bertolini. Poi arrivano alla spicciolata Gigi Carnevali, Gian Maria Casarini e altri ragazzi attorno ai vent'anni. Subito dopo si aggiungono al gruppo anche Pier Vittorio Tondelli, Claudio Maioli, Luciano Ligabue e giovani politicamente più impegnati come Guido «Ciupi» Pelliciardi. Racconta Maioli: «Un amico di Fazzano, che avevo conosciuto andando in corriera a scuola (avevo diciassette anni e frequentavo un istituto professionale di Reggio Emilia per diventare perito meccanico), mi fece sentire che da un trasmettitore era possibile lanciare un segnale radio. Quando andai a trovarlo, mi resi conto che l'attrezzatura era assolutamente rudimentale, un circuito tenuto dentro una morsa, due piatti e un microfono. Per noi però era il massimo: schiacciavi un tasto ed eri in onda, una figata pazzesca!».

Dopo qualche mese le persone che nel frattempo hanno iniziato a collaborare con Luciano Romani gli danno una mano a sistemare la stalla e trasferiscono lì lo studio, decidendo anche di cambiare nome: adesso si chiama Radio King e trasmette sui 95.5 megahertz.

«Proprio a Radio King» aggiunge Maioli «ho conosciuto due persone fondamentali nella mia vita: Luciano Ligabue e Patrizia Morellini, che poi sarebbe diventata mia moglie. Anche se abitavamo tutti e due a Correggio, non frequentavamo lo stesso giro, quindi Luciano lo conoscevo soltanto di vista. In quel periodo eravamo ancora un gruppetto di ragazzi che amavano la musica. A parte un paio di eccezioni, una delle quali ero proprio io, la politica interessava davvero poco. La radio era una specie di calamita, un centro di aggregazione per gli appassionati di musica. Fare radio era un modo per esprimersi ed essere ascoltati, potevi comunicare le emozioni che ricevevi dalla musica, e magari dopo incontravi per strada qualcuno che ti ringraziava per il pezzo che avevi messo. Quello ti ripagava di tutto.»

Per loro il modello da imitare era Punto Radio, l'emittente di Zocca fondata da un manipolo di ragazzi capitanati da un certo Vasco Rossi. Ogni tanto organizzavano trasferte in scooter a Zocca per spiare la sede di quella radio che per loro era mitica, cercando di carpirne i segreti. Un giorno incontrano anche Massimo Riva e Vasco Rossi, che è già un dj molto noto nelle province di Modena e Reggio. «Là» dice Maioli «vedevi il gradino in più rispetto alle radio locali, ma non c'era lo star system di adesso: erano affabilissimi e potevi conoscere tutti di persona. Anzi, erano felici che ci fosse gente che li andava a trovare su a Zocca. Andavamo lì ad attingere esperienza, ogni volta tornavamo a casa rubando un centimetro di conoscenza in più. Ricordo che una domenica pomeriggio comprai una cuffia di Punto Radio per ventimila lire, anche se mi sa che quei soldi se li mise in tasca il tipo che me l'ha venduta! Comunque era una Sennheiser, la mostravo a tutti come un trofeo: ero l'unico ad avere cuffie professionali in radio!»

Dopo qualche mese la signora Romani non ne può più di tutto quel via vai dentro casa, pertanto decidono di spostarsi a Correggio: James Sodani mette a disposizione il garage di casa sua, in via Cairoli. Nasce così Radio Attiva e il progetto diventa un po' più ambizioso: i ragazzi si autotassano per acquistare a rate un'antenna e un trasmettitore più potenti. Al gruppo si aggiungono altre persone (Luciano Taroni, Alessandro Vercesi, Daniele Roatti e la futura star del flauto Andrea Griminelli, che cura un programma di musica classica). «Per sostenere la radio» racconta Claudio Bertolini «si cercava pubblicità o si facevano quiz. Organizzammo anche le prime feste rock al Jockey di via Gambara. Per un certo periodo collaborammo con VideoCorreggio, che trasmetteva la nostra musica durante la notte. A Radio Attiva c'era attenzione per la buona musica: la programmazione spaziava dal pop al rock, l'importante è che fosse di qualità. E come in quasi tutte le radio libere dell'epoca, veniva usata anche per trasmettere contenuti culturali. Tutti eravamo liberi di esprimerci. Ricordo la frase-tormentone di Tondelli: "Bisogna sessualizzare le radio libere".»

Col duplice scopo di autopromozionarsi e cercare di raggranellare qualche quattrino, realizzano anche un cortometraggio utilizzando come attori le persone che gravitano attorno a Radio Attiva: racconta la storia di un gruppo di ragazzi che vogliono aprire un'emittente, ma non hanno né soldi né esperienza. Anche Luciano appare in quel film. La scenetta che lo riguarda è piuttosto divertente: entra in un bar, ordina da bere e pretende di non pagare perché, dice: «Io sono di Radio Attiva». Ma nella scena successiva lo vediamo mentre lava i bicchieri dall'altra parte del bancone: sotto molti aspetti quel cortometraggio è il progenitore di *Radiofreccia*.

«Non mi stancherò mai di ripetere» afferma il Liga «che per me l'esperienza della radio libera è stata fondamentale. In pratica sono stato in tutte le radio di Correggio. Non ricordo nemmeno come ci sono finito a Radio King, però ricordo che la prima trasmissione l'ho fatta in coppia con Paolo Pozzi, che adesso è assessore comunale alla sostenibilità ambientale e all'edilizia privata.»

La fase successiva a Radio Attiva è quella di Studio 6 (la trasformazione avviene nel 1984), la cui sede è in via Carlo V, al piano superiore del circolo Lucio Lombardo Radice. «Da un certo punto di vista» spiega Luciano «questa è stata la radio più importante di tutte, almeno per me. Studio 6 mi ha permesso di conoscere cose molto diverse, anche estreme e lontane dai miei gusti. Alcune dovevo faticare troppo per entrarci, quindi non le sposavo, altre invece mi appassionavano.»

Studio 6 in realtà è una radio un po' meno «libera» delle precedenti, infatti è affiliata a un circuito chiamato Radio Venere, che fa capo al Pci. Comunque quell'esperienza va avanti per ben sei anni, fino al 1990, e sono anni ricchi di soddisfazioni, anche se… «In effetti» dice Maioli «con l'entrata in campo del Pci la radio inizia a essere percepita come "di parte", e quando una radio libera diventa "di parte" non è più "libera".» A Studio 6 Claudio smette gradualmente di trasmettere per dedicarsi alla raccolta pubblicitaria e all'ideazione degli spot.

Anche per Luciano quello che all'inizio era soltanto

un passatempo ora è quasi un mestiere, certo più gratificante dei molti che ha fatto negli anni precedenti: dopo essersi diplomato in ragioneria, avrebbe voluto proseguire all'università iscrivendosi a Lettere e Filosofia, ma in quel periodo suo padre è disoccupato e lui non se la sente di pesare sulla famiglia. Così decide di togliersi dalle scatole la rogna del servizio militare per poi andare a lavorare e portare a casa un stipendio. Questo spiega anche perché lui, antimilitarista convinto, non chieda di fare il servizio civile, che all'epoca dura diciotto mesi contro i dodici della ferma di leva.

Lo spediscono a Belluno come artigliere di montagna. Quel periodo a cavallo tra i venti e i ventuno anni lo ricorda come uno dei più brutti della sua vita: in quella caserma impera il nonnismo, e i gavettoni fatti con il piscio dei muli sono all'ordine del giorno. Siccome lui si ribella alle stupide regole del nonnismo, gliene combinano di tutti i colori: gli urlano in faccia insulti d'ogni tipo e lo costringono a pattugliamenti lunghissimi e pulizie dei cessi, gli infliggono una serie infinita di punizioni. Esasperato, un giorno afferra per il collo un magazziniere e glielo stringe fin quasi a strozzarlo. È un gesto violento che non appartiene al suo carattere, e di cui oggi si vergogna molto, ma che gli fa guadagnare un po' di stima da parte dei commilitoni che fino a quel giorno lo avevano sempre chiamato «emilian-rosso-terron».

Tra l'altro, durante una delle rare licenze che ottiene, assieme ad alcuni amici di Correggio decide di trascorrere un weekend a Rimini. Ma sono costretti a interromperlo perché arriva la notizia dell'attentato alla stazione di Bologna del 2 agosto 1980 che ha causato ottantacinque vittime: questo è l'episodio da cui circa vent'anni dopo prenderà spunto per scrivere la sceneggiatura di *Da zero a dieci*.

Luciano utilizza anche un permesso di trentasei ore per andare a Roma a sostenere l'esame per iscriversi alla Siae. Questo lo fa entrare nelle grazie del furiere, che per dimostrargli la sua simpatia lo mette a lavorare in ufficio: Luciano può così esercitarsi alla chitarra nelle ore fuori servizio senza avere attorno nessuno che lo infastidisca.

Una volta trascorsi quegli interminabili dodici mesi («Un anno buttato via»), torna a Correggio e inizia a darsi da fare per trovare un lavoro. Nessuno gli offre un impiego da ragioniere, così per qualche mese lavora in una piccola fabbrica locale come addetto a una pressa per stampi di plastica. Poi svolge varie occupazioni stagionali nei campi: a seconda dei periodi raccoglie mele e pere, o fa la vendemmia.

Dopo qualche anno di lavoretti fatti così, tanto per sbarcare il lunario, gli offrono un impiego che gli permette di sfruttare il diploma che ha preso: viene assunto da un'azienda a conduzione familiare che commercia macchine e attrezzi per il giardinaggio. Luciano è uno strano ragioniere che si presenta in ufficio con jeans e stivali da cowboy e tiene la radio sempre accesa. Già, perché l'amore per le radio libere non è mai appassito. Anzi, nel frattempo ha iniziato persino a guadagnare qualche lira come conduttore radiofonico; e ancora oggi quando glielo si domanda commenta: «Mi sembrava davvero strano prendere dei soldi per fare una cosa che per me più che un lavoro era puro divertimento. E, per dirla tutta, non mi sembra che fossi così bravo da dover essere anche pagato».

Da quel famoso giorno in cui suo padre gli aveva regalato una chitarra, non ha mai smesso di esercitarsi. Intorno ai diciotto anni inizia anche a scrivere canzoni. «La prima» racconta «me la ricordo bene perché era terribile. Si intitolava *100 lampioni* ed era basata sulla storia di una puttana e del suo ipotetico riscatto sociale, dei suoi progetti per il "dopo". Credo che sia un tema molto comune per autori alle prime armi. Il ritornello diceva: "Cento lampioni, anche se tanti / non sono sufficienti a illuminare / questo vialone, queste cento persone". Il resto non me lo ricordo più.»

«In ogni caso» aggiunge «è un bene che quella canzone non sia mai stata sentita da nessuno, perché era davvero brutta. Era solo il desiderio di un ragazzino assolutamente acerbo come autore di schierarsi dalla parte di un soggetto debole, emarginato dalla società... Nemmeno le altre canzoni che ho scritto nei primi anni sono mai uscite dai cassetti perché, a parte essere oggettivamente brutte, erano moraleggianti in modo quasi fastidioso. A quei tempi non ero certo di cosa volevo raccontare, e quel che è peggio non sapevo nemmeno "se" volevo raccontare qualcosa a qualcuno. Infatti scrivevo canzoni come se fossi un componente della carboneria. Nemmeno i miei amici più intimi erano al corrente di questa cosa.»

Un bel giorno, poco tempo dopo aver finito il servizio militare, decide di provare a far sentire le sue canzoni ad altri. Il 9 luglio 1981 si esibisce in modo del tutto estemporaneo sul palco della Festa dell'Unità, nell'area ex Recordati a Correggio, in apertura del concerto di Gino Paoli: propone tre brani di sua composizione, chitarra e voce.

Successivamente si esibisce qualche altra volta in diversi locali correggesi come il Fra i Quali, la Motoratura e la Locanda delle Vigne, ma in mente non ha alcun progetto: sono concertini in stile cantautorale, sempre basati su canzoni scritte da lui. «In effetti» ricorda Luciano «in seguito a quell'esibizione alla Festa dell'Unità presentai in varie occasioni uno spettacolino più articolato, della durata di circa tre quarti d'ora. In un paio d'occasioni, invece, tra cui l'inaugurazione di una rosticceria in via Borgovecchio durante la fiera di San Quirino, ho fatto cose che sarebbe stato meglio non fare, quasi in stile demenziale: un repertorio composto di pezzi trash, piuttosto beceri, scritti apposta per far colpo sugli amici. Loro infatti morivano dal ridere: era un umorismo da compagnia, di quelle cose però che se ascoltate da un estraneo non sono più divertenti, ma diventano squallide all'ennesima potenza. Comunque il bello è che per fare queste esibizioni sono stato pure pagato. Quei soldi mi servivano per arrotondare il mio stipendio da ragioniere.»

Questo stato un po' confusionale dura fino a quando Luciano ha venticinque anni. A quel punto si compra un quattro piste e, dopo averci smanettato per un po', capisce che le canzoni possono assumere un aspetto diverso rispetto alla forma voce e chitarra che aveva prediletto fino ad allora: è la svolta verso il rock. In men che non si dica si rende conto che è quella la strada da seguire: allora inizia a scrivere in modo diverso, e soprattutto a rivestire quel che scrive con suoni diversi.

Un bel giorno entra nella saletta di Studio 6 in cui c'è Claudio Maioli che sta montando un'intervista a Mimmo Locasciulli e, superando la sua innata timidezza, gli dà una cassetta dicendogli con un filo di voce: «Senti, non so se lo sai, ma io scrivo canzoni. Qui ce ne sono alcune, mi piacerebbe che tu le ascoltassi...».

«Ci conoscevamo già da un po'» racconta Maioli «però non lo sapevo che scriveva canzoni. Lì per lì mi domandai perché fosse venuto a dirlo proprio a me. Può darsi che nei miei comportamenti un po' spicci avesse riconosciuto una sensibilità simile alla sua: in quegli anni non tutti guardavano di buon occhio chi scriveva canzoni, era più facile raccogliere critiche che non consensi. Comunque la spiegazione che mi dette fu un'altra: le voleva far ascoltare a me perché ero io quello che faceva le interviste ai cantautori, così magari avrei avuto l'occasione di farle ascoltare a qualche persona "giusta". Poi, quando ho imparato a conoscerlo bene, ho capito che in realtà era da parecchio tempo che ci stava pensando. Per lui la cosa davvero importante era farle ascoltare a qualcuno che non lo avrebbe preso in giro. Io ero orgoglioso che una persona con cui lavoravo fosse capace di scrivere canzoni: magari erano ancora piuttosto acerbe, però le aveva scritte un amico!»

All'inizio Claudio non sa bene cosa fare, né ha le idee chiare sul suo ruolo. «Ho cominciato a far sentire le sue canzoni in giro e mi sono gasato» dice. «Mi spacciavo per il suo produttore, senza avere la minima idea di cosa significasse fare il produttore.» Quando un vero produttore ascolta le canzoni di Luciano, dà un giudizio tranchant: «Fanno schifo!». Questo ovviamente causa più di un mal di stomaco, ma sia Luciano sia Claudio trovano la forza per reagire.

«Per entrambi» racconta Maioli «fu una botta forte. Tornando a casa, io imprecavo contro quel tizio, dicendo che secondo me non aveva capito un accidente. Luciano, invece, in quella delusione trovò lo stimolo per migliorarsi. Il fatto è che tutti e due eravamo più vicini ai trenta che non ai vent'anni: chi ha quell'età, ha l'urgenza di trovare in fretta la sua strada. Altrimenti è meglio che rinunci.»

Ma nessuno dei due ha voglia di rinunciare. «Non fu facile» sottolinea Maioli. «Mi licenziai dalla Coop, dove facevo il commesso, per mettermi a lavorare con mio padre che aveva un negozio di articoli da pesca: ma in realtà passavo più tempo fuori che dentro. Lui mi ripeteva continuamente: "Claudio, hai quasi trent'anni, cosa vai in giro a fare?". Ma poi capì che avevo un sogno e me lo lasciò seguire, e io non gliene sarò mai grato abbastanza.» In quel periodo si sposta in continuazione tra Milano, Roma e diverse località emiliane. Lo scopo è sempre lo stesso: far ascoltare a più gente possibile le canzoni di Luciano, che nel frattempo ha migliorato il suo stile di scrittura e compone canzoni più mature.

All'inizio del 1986 Maioli, tramite il manager Gianluca Di Furia, incontra nuovamente uno dei cantautori che aveva intervistato per Studio 6: Mimmo Locasciulli ascolta con attenzione i brani composti da Ligabue e dice che gli piacciono. Lo invita a Roma e in un pomeriggio gli fa registrare quattro provini nello studio della Rca, lui al piano, Massimo Fumanti alla chitarra.

Propone una sorta di pre-contratto promettendo che si sarebbe dato da fare per interessare una grossa casa discografica. Ingenuamente, Luciano firma. L'opzione dura un anno, ma sarà un anno perso.

4

È L'ORA ZERO

Piano piano Luciano si convince che se vuole crescere come autore deve trovare una band. «Quando ho iniziato a scrivere canzoni» racconta «avevo come modello i cantautori. Credevo molto in quello che facevo, mi piaceva l'idea di dire la mia con le canzoni. Ma erano cose troppo pretenziose, di quelle che pretendono di spiegare come gira il mondo. Poi c'è stata una fase decisamente new wave. È iniziata mentre lavoravo come ragioniere, quando mi sono potuto permettere il mio primo registratore a quattro piste, con il quale ho iniziato a fare i primi esperimenti con le tastiere elettroniche: mi intrigavano gli echi esagerati e mi piaceva avere un suono confuso. Quando ho capito che in fondo non mi rappresentava veramente, mi sono lasciato andare a una scrittura più vicina all'idea di rock'n'roll che avevo in mente, e ho subito sentito che quello ero finalmente io. Allora ho iniziato a scrivere in funzione di un gruppo.»

Così risponde a un annuncio che appare su un giornale locale: «Chitarrista cerca gruppo rock». Ovviamente non può saperlo, ma quell'annuncio è di Bruno Pederzoli detto Trico, un ragazzo di Campagnola conosciuto ai tempi della radio. Trico fa il macellaio e coinvolge in quell'avventura un altro ragazzo che lavora con lui, Roberto Pasquali detto Al Chéc («Il Piccolo»), un biondino di Correggio che suona la batteria. Danno vita a un trio, ma è una formazione sbilenca: due chitarre e una batteria. Provano due o tre volte rendendosi subito conto che la cosa non può funzionare.

Allora Luciano e Claudio Maioli cominciano a guardarsi intorno, battendo anche le località limitrofe. A un certo punto scoprono che a San Martino in Rio, paesino a un paio di chilometri da Correggio, esiste un trio alla ricerca di un autore che sappia anche cantare. «Ecco come sono andate le cose» racconta Alberto Imovilli detto Imo. «Io frequentavo una scuola di ballo. Lì ho conosciuto una ragazza; una sera siamo andati a vedere uno spettacolo di danza in piazza. Lei si presentò assieme a una certa Graziella, che mi disse che il suo fidanzato, tal Luciano Ligabue, scriveva canzoni e stava cercando qualcuno con cui suonarle.»

Qualche giorno dopo Luciano e il trio di San Martino si incontrano: «A luglio del 1986 venne a casa mia» racconta Imo. «Arrivò col suo maggiolone blu, lo stesso citato nella canzone *Marlon Brando è sempre lui* ("Lui aveva un vecchio maggiolone cabriolet"), sfoderando il tipico sorriso che oggi tutti conoscono.» Parlano a lungo e due giorni dopo si ritrovano nella sala prove, che in realtà è una vecchia stalla tra Correggio e Prato: un amico contadino gli ha concesso l'uso della «stanza del toro», ed è lì che i ragazzi fanno i loro esperimenti sonori. Luciano fa ascoltare alcune delle sue canzoni, iniziando con *Sogni di rock'n'roll*. I tre ragazzi gli fanno sentire come suonano, puntando tutto su un brano dei Rush: «All'epoca» dice Imo «se conoscevi i Rush eri un mimmone, uno togo». Fatto sta che il feeling è buono e decidono di provarci. Ma si ripropone il problema della formazione:

Imo suona la batteria, gli altri due (Paolo Signorelli detto Sisi e Roberto Bartolucci detto Bobby) sono chitarristi. Così Luciano coinvolge Bruno Pederzoli, con l'idea di fargli suonare il basso. «Ma quando provo a suonarlo» racconta Trico «mi accorgo che sono proprio negato.» Comunque per circa un mese il bassista è lui. Ma una sera devono incidere un provino con un quattro piste e lui ha un altro impegno, così ci prova Roberto Bartolucci, che invece si trova perfettamente a suo agio e diventa il bassista della nuova formazione. Che però non ha ancora un nome. «OraZero» continua Trico «nasce dal titolo di una canzone scritta dal Liga in quel periodo, una di quelle che poi non ha mai inciso ma che all'epoca era uno dei nostri cavalli di battaglia.»

Nei concerti dal vivo Luciano introduceva così quel brano: «Era una notte d'estate. L'afa impone un certo tipo di movimenti, una certa lentezza. A un certo punto però questo ordine viene sconvolto. Due tizi giù per strada fermano una ragazza e fanno dei brutti movimenti. Affacciato alla finestra c'è un nuovo eroe che ha visto tutto, ma nessuno si muove...».

Poi inizia la canzone: «Suonano i guai dal mio orologio da polso / dal momento che ho guardato giù / giù c'era lei che proteggeva la borsa / da due tipi che cercavano di più. / Uno l'aveva presa per i capelli / mentre lei chiamava chissà chi / forse eccitati o forse solo tranquilli / avevano deciso di far tutto... lì». Evidentemente il tipo è testimone oculare di uno stupro, e dopo un attimo di incertezza decide di agire: «Come posso stare fermo / io devo andare giù / nessuno che si muova / nessuno vuol sentire / ci rimetti tu tu... tu tu... tu tu tu». Ed ecco il ritornello, quello che ha ispirato il nome del gruppo: «Ora zero ora da eroi / ora di far vedere qualcosa / ora vado guardami dai ora zero. / Ora zero ora vedrai / ora non inventerò una scusa / ora vado guardami dai / ora zero... ora che non capita quasi mai...». Il tizio le prende di santa ragione dai due delinquenti: «Appena giù quello mi molla un cazzotto / che mi stende e non ci vedo più / un po' prima lui e poi l'amico rotondo / mi gonfiano che chissà se mi alzo. / Ora sì che resto fermo / avrei bisogno di una gru / hanno fatto tutto bene, se ne sono poi andati / sei rimasta sola tu tu tu tu tu...». Ripete il ritornello, quindi arriva la conclusione tragicomica: pure la ragazza, che avrebbe voluto tenere nascosto il suo dramma, anziché ringraziarlo, insulta il suo «eroe»: «Finito il buio la prima cosa che vedo / è la faccia nera che fa lei / mi sputa in faccia e ancora io non ci credo / ma poi mi grida: tu che c'entri, che cosa vuoi / che cosa vuoi... che cosa vuoi...».

Il Liga e gli OraZero iniziano a darsi appuntamento almeno due volte la settimana nella «stanza del toro»: vanno avanti per mesi, Luciano continua a scrivere canzoni, ma sembra intimorito dall'idea di farle sentire a un pubblico vero. Tanto che a un certo punto Claudio Maioli, che non ha mai rinunciato all'idea di essere il suo manager, lo incalza dicendogli che se vuole fare davvero il musicista deve far ascoltare le sue canzoni dal vivo e per provocarlo gli dice: «Il fatto è che non so se hai il coraggio di cantare davanti alla gente».

Toccato nell'orgoglio, Luciano raccoglie la sfida e organizza il suo primo, vero concerto: 8 febbraio 1987, ore sedici nella sala grande del Circolo Lucio Lombardo Radice, al numero 4 di via Carlo V di Correggio. Ad ascoltarli ci sono un centinaio di persone, tutti amici. Propongono una dozzina di canzoni, alcune che poi finiranno nei dischi (*Figlio d'un cane*, *Sogni di rock'n'roll*, *Fuori tempo*, *La ballerina del carillon*, *El gringo*, *Dove fermano i treni* e *Marlon Brando è sempre lui*, che nella sua primissima versione si intitolava *Giorgio Bubba è sempre lui*), altre che non saranno mai incise (*Hong Kong*, *Ora zero*, *Oceano*, *M'abituerò*, *Si ma tu chi sei*). Nessuna cover, a eccezione dell'inserimento di una parte di *With or without you* degli U2 a metà di *Piccola stella senza cielo*, e questo la dice lunga sulle loro ambizioni: «A Luciano» spiega Trico «non interessava semplicemente "fare musica". Voleva fare la "sua" musica».

«Una gran figata, brividi tutto il tempo» ricorda Roberto Bartolucci. «Forse in quella sala c'erano soltanto amici, ma a distanza di oltre vent'anni i brividi di quel pomeriggio scuotono ancora. Tante imperfezioni, tanti scazzi, ma una certezza: quella cosa lì era da rifare, fin che si poteva, quell'emozione era da rivivere ancora.»

Di quel concerto al Circolo Lombardo Radice il Liga ha parlato centinaia di volte, sottolineando ogni volta che è stato esattamente il momento in cui ha capito cosa avrebbe voluto fare da grande: «A salire su un palco in realtà avevo già provato, ma ogni volta era stata una delusione cocente: credo di non avere trasmesso niente, né il pubblico aveva dato niente a me. Quel giorno invece ero eccitato come un bambino, nell'aria c'era qualcosa di magico e non volevo più smettere. Se fosse stato possibile, sarei risalito sul palco subito dopo».

Uno dei più scatenati tra il pubblico è suo fratello Marco. Anche lui aveva iniziato a suonare da un paio d'anni. «I primi rudimenti» racconta «li ho appresi sulla stessa chitarra classica con corde in nylon che nostro padre aveva regalato a Luciano, la famosa Clarissa. Per il mio sedicesimo compleanno, invece, mio fratello mi aveva regalato una chitarra folk tutta nera con corde in metallo, mi sembra che fosse una Marina: pure questa una sottomarca, ma per me era bellissima... Lui, comunque, già a quei tempi per me era un mito: gli organizzavo la claque ogni volta che suonava.»

Che la favola di Ligabue nel giro di qualche anno sarebbe diventata una bella realtà è noto a tutti, meno noto invece è il fatto che il palazzo che ospitava la sede del Circolo Lombardo Radice qualche tempo dopo sarebbe stato acquistato da una società immobiliare che ne avrebbe ricavato diversi appartamenti: Luciano per un lungo periodo andrà ad abitare in uno di questi.

Ma torniamo al 1987. Prima di potersi esibire nuovamente gli tocca aspettare un paio di mesi: la volta successiva Ligabue e OraZero suonano a Campagnola, nel teatro della parrocchia. Organizza tutto Trico, ma ad ascoltarli ci sono sì e no una decina di persone. Comunque non si scoraggiano, Maioli si dà un gran da fare e d'estate saltano fuori una decina di date. Racconta Imo: «Tra noi il feeling era fantastico. Eravamo tutti convinti di avere davanti un grande futuro». Tra l'altro fin dall'inizio Luciano ha idee piuttosto chiare in testa: anche se i mezzi sono quelli che sono, cercano di imbastire uno spettacolo «vero», con immagini video e proiezione di diapositive. Per esempio, quando propongono *Dove fermano i treni*, su un telone dietro il palco appare l'immagine del binario tre della stazione di Reggio Emilia.

L'esigenza di tutti è quella di migliorare. In sala prove cercano anche di inserire altri elementi, per esempio le tastiere o un sax. Ma sono esperimenti catastrofici: «Il tastierista che trovammo» dice Trico «era un fan dei Pooh e i saxofonisti avevano esperienze da banda o da liscio. A un certo punto inizio io a suonare il banjo e l'armonica a bocca». In qualche brano inseriscono addirittura il violoncello: lo suona Damiano Puliti, un ragazzo di Firenze che fa il servizio civile a Correggio.

«Soldi non ce n'erano» aggiunge Trico. «Il più delle volte ci pagavano in commestibili e affini.» «In effetti» gli fa eco Imo «quando andava proprio bene mettevamo in tasca cinquantamila lire a testa, ma potevano essere anche venti o trentamila, o addirittura niente. Una volta, a una Festa dell'Unità a Correggio, ci hanno dato seicentomila lire e ci sembrava di stare in paradiso: quella volta ci siamo permessi addirittura un palchetto per la batteria. Ma ovviamente i soldi erano l'ultimo dei nostri pensieri, noi eravamo contenti di suonare e ogni volta fare un po' meglio di quella precedente: questi erano i nostri sogni di rock'n'roll.»

In quel periodo c'è anche un cambiamento nella vita personale di Luciano che gli regala nuovi entusiasmi: finisce la sua storia con Graziella e inizia quella con Donatella, che poi diventerà sua moglie. «Un giorno» racconta Imo «Luciano si presentò in sala prove accompagnato da Donatella: aveva un sorrisone che andava da un orecchio all'altro. Il fatto è che la sua precedente fidanzata aveva sempre un atteggiamento negativo, criticava tutto e tutti in continuazione. Donatella invece era sempre entusiasta, aveva una grande energia positiva e non ricordo di averla mai vista una sola volta col muso. Credo che il suo influsso sia stato determinante per la carriera di Luciano: lei gli ha sempre dato la carica, era allegra e solare e per niente invadente.» Curioso notare che tra Luciano e Donatella ci sono soltanto 9 giorni di differenza: lui è nato il 13 marzo, lei il 4.

In quel periodo Ligabue & OraZero partecipano anche a diversi concorsi, come Correggio Mon Amour e S.a.m.r.e.mo. («Storico Accordo Musicale Reggio Emilia-Modena»), suonando al Wienna di Modena, la cui programmazione musicale è gestita da Antonio «Rigo» Righetti. Ma il concorso più importante è Terremoto Rock, organizzato dalla provincia di Reggio Emilia e riservato a gruppi emergenti locali. Nell'87 arrivano in finale, l'anno dopo vincono: è una sfida tutta correggese, infatti prevalgono sugli En Manque d'Autre capitanati da Fabrizio Tavernelli (terzi classificati, gli Avengers guidati da Luciano Ghezzi). Il premio consiste nell'incisione di un 45 giri: vanno a registrarlo alla Maison Blanche di Umberto Maggi: lavorano nello studio piccolo, ma gli sembra di essere delle piccole rockstar. Registrano *Anime in plexiglass* e *Bar Mario*, e di quel 45 giri vengono distribuite duemila copie in ambito locale.

Quanta determinazione avesse acquisito nel frattempo Luciano, lo testimonia questo aneddoto raccontato da Trico: «Al momento della firma del contratto venne fuori il problema delle edizioni. Luciano non voleva assolutamente cederle agli organizzatori del concorso e tutti noi a dirgli: "Ma cosa te ne frega, in fin dei conti stiamo parlando di una cifra ridicola!". Ovviamente in quel momento le sue rimostranze ci sembravano eccessive, ma se riviviamo quella scena col senno di poi è chiaro che la ragione stava tutta dalla sua parte».

Riguardo il famoso bar, è bene chiarire che in realtà un Bar Mario non è mai esistito: ai tempi degli OraZero, dopo le prove finivano spesso la serata al River Bar di San Martino in Rio. «Ci andavamo» racconta Imo «per chiacchierare e mangiare gratuitamente le paste rimaste invendute: già allora uno degli argomenti preferiti di Luciano era l'ipotesi di sottoscrivere un contratto discografico.» In seguito quel locale si autoribattezzerà Bar Mario: ma in realtà per Luciano questo è sempre stato un luogo della mente e non un posto reale. «In effetti» racconta «un Bar Mario non esiste. La canzone è semplicemente una galleria di personaggi da bar, e io quello che ho frequentato di più è il Bar Tubino, che è in centro a Correggio. Era il bar in cui potevi incontrare sia i ragazzini sia i vecchi di settant'anni, con tanto di bigliardo, bigliardino e flipper. Poi è vero che ho frequentato anche il

River Bar con gli OraZero, però diciamo che il titolare un po' ci ha marciato su questa frequentazione.»

In seguito alla vittoria a Terremoto Rock, Ligabue e OraZero partecipano di diritto alla finale di Rock Ottantotto, un concorso organizzato da Anagrumba, dall'Arci e dall'Associazione Jonas: le due serate si svolgono al Marabù di Reggio Emilia il 28 e 29 novembre 1988, i finalisti sono diciotto provenienti da tutta Italia e i primi otto avranno diritto a inserire un brano in una compilation distribuita a livello nazionale. Uno dei componenti della giuria è Gigi Cavalli Cocchi, batterista molto noto in ambito locale, che a Ligabue e OraZero dà il voto più alto («Rimasi davvero molto colpito dalla carica del cantante»). Nonostante questo vincono i napoletani Almamegretta: il Liga prende la cosa con filosofia, chi invece non ci sta è Trico, che conclude la serata ubriaco e furioso contro tutti, andandosene dal Marabù bestemmiando come un turco.

Altra esperienza non del tutto positiva è un concorso organizzato dalla Cgd nel suo teatrino di via Quintiliano a Milano. Racconta Imo: «Arrivammo un po' in ritardo sull'orario stabilito. Tino Silvestri ci stava aspettando e ci accolse a braccia aperte. Io non avevo nemmeno capito che si trattava di una selezione a livello nazionale. Comunque saliamo sul palco, suoniamo *Marlon Brando*, *Piccola stella senza cielo* e *Figlio d'un cane*. Ad ascoltarci c'era Caterina Caselli, che non fa una piega, tanto che ancora oggi mi domando: dov'era quel giorno la famosa talent scout?».

Nel frattempo Luciano e Claudio Maioli continuano a darsi da fare per trovare un contratto. Un bel giorno Maio tira fuori l'idea giusta. Dice: «A Sassuolo, a trenta chilometri da qui, abita Pierangelo Bertoli. Perché non lo chiamiamo?». Detto fatto: il numero lo trovano sull'elenco del telefono. Lui li riceve, ascolta le canzoni di Luciano, dispensa consigli. Si incontrano diverse volte, e a un paio di quegli incontri è presente anche Trico, che una sera, involontariamente, ne combina una delle sue. «Siamo a casa di Bertoli» ricorda divertito «Ciano, Claudio e io. Bertoli comincia a pontificare sulla canzone d'autore italiana. Io, che in quel periodo lavoravo dodici ore al giorno, a un certo punto sprofondo in uno dei comodissimi divani del suo salotto e mi addormento alla grande, mettendomi a russare. Bertoli un po' risentito a un certo punto dice: "Ma chi mi avete portato, un cretino?". Il fatto è che nessuno aveva il coraggio di dirgli che alle volte era un po' palloso. Nemmeno io, però mi sa che gliel'ho fatto capire. Ovviamente mi è dispiaciuto, perché era un'ottima persona, con una grande crosta. Comunque tornando a casa ci siamo fatti delle grandi risate e ancora oggi ogni tanto con Luciano rievochiamo questo aneddoto.»

Evidentemente Bertoli non deve essersi offeso più di tanto, infatti qualche tempo dopo dice a Luciano che ha deciso di incidere una delle sue canzoni: nel 1988 inserisce *Sogni di rock'n'roll* nell'album *Tra me e me*, invitandolo addirittura in studio per fargli incidere il controcanto nella parte finale del pezzo.

Un anno dopo Bertoli incide un altro brano di Luciano, *Figlio d'un cane* (questa volta per l'album *Sedia elettrica*). Per il Liga è la chiave di volta perché Pierangelo gli presenta il suo produttore, Angelo Carrara. Nel frattempo Pierangelo cerca di convincere la sua casa discografica a farlo partecipare al festival di Sanremo assieme a Luciano nella sezione Giovani con il brano *Non è tempo per noi*. Ma i suoi discografici non sposano l'idea perché hanno paura che la figura professionale di Bertoli ne uscirebbe sminuita: col senno di poi, è facile dire che se fosse andata in porto un'operazione del genere, probabilmente la carriera del Liga non sarebbe decollata così facilmente.

«Quando hai del materiale che vuoi far sentire perché ti piace l'idea di far ascoltare le tue cose,» dirà qualche anno dopo Ligabue a proposito del suo incontro con Pierangelo Bertoli «perché ti piace l'idea di avere una possibilità di incidere le tue cose, hai bisogno di sapere che qualcuno ti ascolta, anche soltanto psicologicamente, hai bisogno di sapere che non ti scontrerai con un muro di gomma. Per questo chiesi aiuto a Pierangelo, e lui fu davvero gentile. Mi invitò a casa sua, andai a fargli sentire le mie cose e da lì è nata un'amicizia. Ci siamo frequentati parecchio per tutta la prima parte della mia carriera: lui era una persona di una forza morale e fisica impressionante, nonostante il suo handicap. Aveva una saldezza davvero memorabile e la capacità di elaborare i dati che gli arrivavano rispetto al mondo grazie ai pochi libri che aveva letto, grazie a un'incredibile intelligenza analitica. Abbiamo fatto lunghissime chiacchierate, finché a un certo punto decise di registrare due canzoni mie e di farmi conoscere Angelo Carrara. Da quell'incontro è nata la possibilità di fare il primo disco. A Pierangelo senz'altro devo moltissimo dal punto di vista professionale, ma gli devo moltissimo anche dal punto di vista umano perché credo che di persone con quello spessore a livello di forza, di capacità, di coerenza rispetto a quello che pensa, rispetto a quello che decide di essere fino in fondo, ce n'è davvero bisogno.»

In realtà negli anni a venire la loro frequentazione sarà alquanto diluita: le rispettive carriere fanno in modo che i loro destini non s'incrocino quasi mai. Ma nel settembre del 2002 Ligabue si presenta a Cervia, nella casa dove Pierangelo era solito passare le sue vacanze. Luciano ha in tasca una registrazione artigianale, voce e chitarra, che all'epoca non ha nemmeno un titolo: lui la chiama semplicemente *Pierangelo Bertoli*, ed è un sentito omaggio a chi lo ha incoraggiato concretamente a non mollare. Poche settimane dopo, il 7 ottobre, Bertoli muore. Quel giorno Luciano dice: «L'aggettivo da spendere in questo caso è "grande". Grande la sua disponibilità nell'ascoltarmi più di quindici anni fa, grande il suo aiuto nel far partire la mia carriera, grandi le sue doti umane e artistiche. Adesso che se n'è andato, diventa ancora più grande la sua lezione di forza e dignità».

Tre anni più tardi esce un album-tributo a Bertoli, contenente l'omaggio che Ligabue quel giorno di settembre gli aveva fatto ascoltare. Adesso ha un titolo: *Le cose cambiano*.

Ma torniamo indietro nel tempo. Avevamo lasciato il Liga in compagnia degli OraZero, una liaison che dopo la partecipazione al concorso Rock Ottantotto comincia a scricchiolare. «D'inverno» racconta Trico «si suonava poco, questo voleva anche dire che ci si frequentava di meno. A un certo punto Bobby aveva iniziato a lavorare in modo professionale nel mondo dell'audio-video, faceva sonorizzazioni per Ro Marcenaro in campo pubblicitario. Fatto sta che a casa aveva messo su uno studiolo con apparecchiature che oggi sembrano antidiluviane: uno dei primissimi Mac e un campionatore Akai. Abbiamo provato a registrare qualcosa, ma lì sono nate le prime frustrazioni: le nostre capacità tecniche erano davvero limitate. Poi il discorso ha iniziato a sfilacciarsi anche per problemi personali.»

«Per me» aggiunge Imo «il 1988 è stato un anno pessimo: era morto mio padre, mi aveva mollato la morosa. E nel gruppo cominciava a esserci un po' di gelosia, un po' di invidia. Parlavamo sempre meno, suonavamo male. Luciano percepiva queste tensioni, forse ci sentiva come una zavorra. Lui era sempre più interessato a provarci davvero, aveva anche cambiato lavoro per avere più tempo: io invece lavoravo in fabbrica, Signorelli in banca, Bobby stava per diventare papà. Il nostro errore è stato non credere in noi stessi.»

E un bel giorno, seduti al bar, Luciano dice agli OraZero che Carrara gli ha chiesto di incidere dei provini. Però i soldi sono pochi e conseguentemente non può permettersi di rimanere in studio troppo a lungo. Insomma, ha bisogno di gente che abbia un po' di esperienza e loro non gli danno nessuna garanzia in tal senso...

L'ultimo concerto degli OraZero avviene il primo maggio 1989 davanti al Bar Tubino. «Ma di quella sera» dice Imo «non ho un gran ricordo, credo che nessuno di noi ce l'abbia. Oramai era chiaro che la nostra storia era agli sgoccioli. Così quando Luciano ci disse che aveva bisogno di gente esperta, nessuno si è messo di traverso. Certo, andando avanti ho avuto i miei mal di stomaco, arrivando persino a vendere la mia Pearl nera di cui andavo così orgoglioso: in realtà il mio gruppo del cuore sono sempre stati i Kiss e quella batteria tutta nera era un omaggio a Peter Criss.»

«Quando Luciano si esibì per la prima volta con i ClanDestino, alla Festa dell'Unità di Correggio» dice Roberto Bartolucci «io ero tra il pubblico e sono stato male da cani: non riuscivo a togliermi dalla testa il pensiero che su quel palco avrei dovuto esserci io. Da allora per dieci anni non sono più andato a vedere un suo concerto.»

«Comunque» continua Bobby «è vero che in questi vent'anni ci siamo sentiti ripetere in continuazione che siamo stati "la prima band di Ligabue", come se volessero dire che ci eravamo lasciati scappare un'occasione. A parte gli inevitabili scazzi del periodo subito dopo lo scioglimento, però, non l'abbiamo mai vissuto come un dramma, neppure come un ricordo scomodo. Semplicemente una constatazione: la consapevolezza e la fierezza di esserci stati e di aver contribuito, magari in modo indiretto, al successo di una delle pochissime rockstar di casa nostra. Io sostengo che ci è andata bene, anche se in tanti pensano il contrario. Abbiamo goduto dello stare insieme, del lavorare pensando in grande, del costruire suoni e atmosfere... Abbiamo goduto!»

La prima occasione per rimettersi insieme, gli OraZero ce l'hanno durante il raduno del fan club del 1993: si ritrovano tutti e quattro, Trico si improvvisa cantante, propongono qualche brano che Luciano non ha mai inciso (*Il caos*, *Ora zero*, *Ce l'hai o no?*). I fan apprezzano, ma tra di loro non funziona, ormai ognuno va per la sua strada.

Ci vorranno altri dieci anni prima che si ripresenti un'occasione. Al raduno del fan club del 2003 Luciano vorrebbe far esibire tutti i gruppi che lo hanno accompagnato nel corso della sua carriera: OraZero, ClanDestino e La Banda. Trico si entusiasma all'idea, cerca di convincere gli altri, ma soltanto Imo dice di sì. Partecipano ugualmente, anche se in formazione largamente rimaneggiata: propongono una bizzarra versione blues-acustica di *Sogni di rock'n'roll* e *Il gringo*, con accompagnamento di armonica a bocca. Per il terzo brano, *Pane al pane*, li raggiunge sul palco Luciano, e ovviamente è un'ovazione. Comunque lì il progetto OraZero riparte, Roberto Bartolucci ci ripensa e rientra nel gruppo, un paio di strumentisti completano l'organico e ricominciano a fare qualche spettacolo dal vivo.

5

UN ESORDIO COL BOTTO

«Quel giorno me lo ricordo bene» racconta Gigi Cavalli Cocchi. «Luciano mi aveva telefonato dicendo che voleva vedermi. Io all'epoca gestivo la Birreria Casablanca a Reggio Emilia, gli detti appuntamento lì, dicendogli però di venire sul presto perché dopo il locale si sarebbe riempito e sarebbe stato difficile parlare tranquillamente.»

Ma per capire bene la storia bisogna fare un salto indietro di qualche mese: Gigi, un batterista piuttosto noto in ambito locale, conduceva anche un programma a Mondoradio, un'emittente rock molto seguita. Un giorno sul tavolo si ritrova una cassetta di Luciano Ligabue & OraZero. L'ascolta e gli piace. Qualche settimana dopo lo invitano a far parte della giuria di Rock Ottantotto, il concorso dove Ligabue & OraZero arrivano in finale con gli Almamegretta. Gigi li ascolta, rimane folgorato dalla carica emotiva che quel ragazzo di Correggio riesce a trasmettere e gli dà il voto più alto, un sette tondo tondo.

Gigi in quel periodo suona nei Pechino Politic, una band nota a Reggio Emilia e dintorni (avevano lavorato con il produttore Keith Woolven, già a fianco dei Thin

Lizzy, e avevano suonato anche nel mitico Hammersmith Odeon di Londra), e appena li rivede gli dice: «Se oggi non avessi voi, il musicista col quale mi piacerebbe lavorare sarebbe Ligabue».

Due mesi dopo il Liga lo chiama, gli dice che ha visto un concerto dei Pechino Politic al Wienna, che gli sono piaciuti molto e che vorrebbe incontrarlo per parlargli di un'idea. All'appuntamento al Casablanca si presenta accompagnato da Claudio Maioli e dalle rispettive fidanzate, Donatella e Patrizia. Si siedono attorno al tavolo numero sei, Cavalli Cocchi mette la cassetta che Luciano ha portato con sé nell'impianto stereo del locale e ascoltano in religioso silenzio. «Erano provini molto semplici» racconta il batterista «soprattutto chitarra e voce. Ma anche un sordo avrebbe capito che quel ragazzo aveva stoffa.» Nota a margine: oltre a loro, hanno il privilegio di ascoltare in assoluta anteprima quello che di lì a poco sarebbe diventato parte del repertorio di una nuova star le cameriere del locale.

Gigi ripete quello che aveva già detto, cioè che quelle canzoni gli piacciono davvero. A quel punto Luciano gli rivela il vero motivo dell'incontro: Angelo Carrara gli ha chiesto di realizzare dei provini e lui ha bisogno di un gruppo affidabile. «Te la senti» gli domanda «di formarla tu questa band?» La risposta è un sì senza esitazioni.

Per primo, Gigi coinvolge nel progetto Max Cottafavi, chitarrista dei Pechino Politic. «Io questo Ligabue» racconta Max «dal vivo l'avevo sentito una sola volta durante un Terremoto Rock, però indirettamente lo conoscevo già da un po': l'estate precedente ero andato in vacanza con Luciano Ghezzi, rispettive fidanzate e altri ragazzi della zona. Una tizia di Correggio aveva una cassetta di un certo Luciano Ligabue e non faceva altro che farla ascoltare a tutti dal mattino alla sera. Ghezzi e io passammo tutto il tempo a tirare accidenti!»

Cercano di coinvolgere nel progetto anche Mirco Consolini, secondo chitarrista dei Pechino, ma dopo qualche prova dice che quel genere di musica non gli piace e si fa da parte. Anche il bassista dei Pechino dice che la cosa non gli interessa, così Gigi e Max chiamano un vecchio amico, col quale hanno già suonato in altre occasioni: Luciano Ghezzi, che fino a qualche tempo prima era a capo degli Avengers, una delle band che avevano partecipato alla finale di Terremoto Rock. «E dire» racconta Max «che sia io, sia Ghezzi stavamo quasi per mollare: io lavoravo per l'Ibm e guadagnavo molto bene.» «Credo di essere stato preso» gli fa eco Ghezzi «più per la mia disponibilità che non per la bravura.»

Ora Luciano ha al suo fianco una band composta da musicisti con quel po' di esperienza che desiderava, quindi è pronto per incidere i famosi provini che Angelo Carrara gli ha chiesto: affittano il Ritmo & Blu, piccolo studio di Pegognaga, e realizzano i quattro demo che convincono definitivamente Carrara a pagare di tasca sua la realizzazione del primo album.

Passa ancora qualche mese, fanno un po' di concerti dal vivo: resta mitico il primo, alla Festa dell'Unità di Correggio, domenica 9 luglio 1989. «Di certo tecnicamente non è stato il migliore» ricorda Gigi. «C'erano ancora tante cose da sistemare. Ma a livello emotivo eravamo tutti molto carichi e quel giorno ci divertimmo davvero.»

Registrano anche altri provini, stavolta nello studio di Cavalli Cocchi: per l'occasione alla band si unisce Enzo Cattini all'Hammond, ma quando gli propongono di fare anche il tour come tastierista declina l'invito: si è sposato da poco, ha un figlio piccolo e preferisce tenersi il lavoro alle poste. Comunque l'affiatamento tra Luciano e i suoi nuovi compagni di viaggio cresce giorno dopo giorno, e quando arriva il momento di entrare in sala d'incisione sono eccitati come bambini a cui hanno fatto un bel regalo. Ma un po' a causa della loro inesperienza, un po' perché i soldi a disposizione sono pochi e nessuno può permettersi di perdere tempo, i ragazzi della band riescono a incidere solo una parte del disco.

Racconta Cottafavi: «Arriviamo in sala tutti gasati, con i nostri amplificatori, gli effetti e tutto l'occorrente. Paolo Panigada, cioè il compianto Feiez di Elio e le Storie Tese, che all'epoca era il fonico dello Studio Psycho, siccome non c'era molto tempo e non si fidava molto di noi perché non ci conosceva, ci dice subito di stare tranquilli, che avrebbe gestito tutto lui. Infatti gli a solo di *Figlio d'un cane* li ha suonati lui, io mi sono limitato alle ritmiche. E il banjo in *Non è tempo per noi* lo suona Claudio Dentes». Ma ci sono anche altri interventi «esterni»: il piano, l'Hammond e le tastiere li suona Antonello Aguzzi, Panigada fa tutti gli interventi di sax, qualche solo di chitarra e i cori. Oltre al banjo, in *Non è tempo per noi* Dentes suona anche l'acustica.

«Questa situazione» spiega Gigi Cavalli Cocchi «venne a crearsi anche perché in realtà alcuni di noi dovevano destreggiarsi con i rispettivi impegni lavorativi: l'unico che faceva il musicista a tempo pieno ero io. Il Liga da qualche mese aveva iniziato a lavorare col padre, che gestiva un'attività di cura e manutenzione pellicce: Luciano girava la provincia andando a ritirare o a fare consegne. Max lavorava all'Ibm. Sia lui, sia Ghezzi per venire in sala dovettero prendersi un periodo di ferie.»

In tutto, il lavoro in sala dura venti giorni non continuativi: il grosso delle basi lo registrano la prima settimana, la seconda incidono le voci e la terza fanno i mix.

«Molte cose» racconta Cottafavi «sono realizzate in diretta, e siccome la batteria era suonata in modo libero, se uno ascolta bene alcuni brani si rende conto che verso la fine del pezzo c'è qualche accelerazione, magari minima, ma un orecchio addestrato la percepisce. Piccoli difetti che oggi con tutti gli apparati tecnici a disposizione sarebbero inconcepibili, ma che a mio avviso hanno caratterizzato quell'album, regalandogli la forza emotiva che ora tutti gli riconoscono.»

«Forse allora nessuno di noi ne era consapevole» spiega Ligabue «ma alla base di questo album c'era una sorta di idea-punk. È il disco dell'incoscienza e anche un po' del Monopoli, nel senso che era come tirare sempre su una carta degli imprevisti e una delle probabilità. In me c'era anche tanta ingenuità: non sapevo ancora cosa potesse significare la frase di una canzone per tante persone, non sapevo che potesse essere anche fraintesa. Faccio un esempio: in *Sogni di rock'n'roll* a un certo punto canto "E ancora via / a pedinare una morbida scia / una striscia invitante, talmente accogliente / da perderci il fiato e che sia quel che sia". Io parlavo della riga di mezzeria: la canzone racconta di cinque ragazzi che si ritrovano, ognuno dopo il "proprio" sabato sera, e lo finiscono su una macchina "inseguendo" i propri sogni di rock'n'roll. Invece durante i primi concerti mi ritrovo sotto il palco gente che imita lo sniffo di coca: è così che ho capito che l'incoscienza è un lusso che non posso permettermi.»

Comunque, nonostante gli scarsi mezzi a disposizione e le inevitabili delusioni dovute alla mancanza di esperienza, il clima in quei giorni è fantastico: nessuna tensione e tanta voglia di divertirsi. L'unico dei componenti degli OraZero che è rimasto in contatto con Luciano è Trico, che pur senza fare niente segue parte della registrazione dell'album: alloggiano tutti insieme in una squallida pensioncina e la sera, finito di lavorare, se ne vanno in giro a far casino. Sono tutti ragazzi di provincia e si stupiscono di qualsiasi cosa, in particolare di quante puttane ci sono nelle strade di Milano. «Per noi» racconta Trico «era tutta una novità. Spesso facevamo il classico "puttan tour" e non saremmo mai andati a dormire.»

«Quel disco è stato registrato» aggiunge Claudio Maioli «nello studio B dello Psycho, in una specie di sotterraneo. Alloggiavamo tutti all'hotel Murillo, una stella, in zona Fiera. Ricordo che quando arrivai c'era un tizio che usciva sistemandosi la patta dei pantaloni, dietro di lui una ragazza di colore... Comunque per me che a Milano c'ero stato una sola volta per un giro velocissimo era tutto tremendamente eccitante.»

Un paio di giorni prima di Natale il disco è pronto: il buon Carrara inizia a farlo ascoltare a chiunque gli capiti a tiro ma, come abbiamo raccontato, colleziona una lunga serie di no. Quando stanno per perdere ogni speranza, il neodirettore artistico della Wea Fabrizio Giannini dice che quel disco gli piace davvero, e mette sotto contratto il Liga.

Come Luciano abbia avuto la notizia, lo racconterà qualche tempo dopo suo fratello Marco su un numero di «Bar Mario», la fanzine ufficiale del fan club: «Febbraio o marzo 1990, una normalissima cena in famiglia. Si sente squillare il telefono: vai tu, no vai tu, no vai tu, alla fine Luciano va nel corridoio e alza la cornetta. A tavola, davanti al Tg, prosegue la conversazione familiare. Passano i minuti e dalla telefonata nel corridoio si cominciano a sentire un po' certe frasi: "Ma sei sicuro? Non ci credo! Me lo garantisci? Non è che quelli domani ci ripensano?". A questo punto, davanti a tortellini e lambrusco, io e i miei genitori abbiamo la netta sensazione di aver capito. Passarono minuti interminabili prima che Luciano tornasse a tavola. Alla fine eccolo, e la sua espressione ci fece subito capire che non avevamo sbagliato. "La Wea è rimasta entusiasta delle mie canzoni, mi hanno garantito che a giorni c'è la firma del contratto"».

Il disco esce a maggio e la prima tiratura è di settemila copie. «Del resto» racconta Cottafavi «a quei tempi, quando parlavamo del disco in uscita e magari uno di noi diceva: "Se le cose vanno come devono andare vendiamo almeno diecimila copie", subito interveniva qualcun altro dicendo: "Non esagerare, stai calmino".» «Luciano» gli fa eco Carrara «sarebbe stato contentissimo di vendere diecimila copie e avere una bella recensione su "Mucchio Selvaggio", che all'epoca era la sua bibbia.»

Invece l'album parte subito a razzo, trainato da *Balliamo sul mondo* che diventa uno dei «tormentoni» estivi: con quel brano il Liga partecipa al Festivalbar, e l'8 settembre all'Arena di Verona viene proclamato vincitore nella sezione Disco Verde, cioè quella riservata agli esordienti: un trionfo!

Praticamente in contemporanea con la pubblicazione dell'album, succede un altro fatto importante: il 6 maggio si svolgono le elezioni amministrative e Luciano, che si è presentato come indipendente nelle liste del Pci, viene eletto consigliere comunale di Correggio anche grazie a un fantastico concerto-comizio fatto il 4 maggio, in chiusura di campagna elettorale. Qualche mese prima gli avevano offerto il ruolo di responsabile della sezione spettacoli dell'Arci di Reggio Emilia e lui aveva accettato. Quindi ora si ritrova in una situazione un po' intricata: i progetti dei concerti estivi che ha organizzato per conto dell'Arci (ci sono anche appuntamenti molto importanti, come quelli con i Neville Brothers – il cui concerto fu interrotto dopo poco più di un'ora a causa di un violento temporale – il mitico Chuck Berry, i Pogues e... Ligabue, che suona venerdì 20 luglio) si incrociano con gli impegni promozionali che ora deve rispettare. In più ci sono le sedute in consiglio comunale.

Luciano non ha dubbi: dopo poche sedute rassegna le dimissioni da consigliere. «Del resto» dice «che io e il mondo della politica non fossimo fatti l'uno per l'altro l'ho capito subito. Ai pochi consigli comunali cui ho partecipato mi sono annoiato mortalmente. Per essere dei buoni politici bisogna saper mediare. Si usano fiumi di parole per non dire niente e alla fine è tutto un compromesso. Appena me ne sono reso conto, ho deciso di mollare, senza alcun rimpianto.»

«Sotto l'aspetto politico» chiarisce «sono sempre stato molto tollerante verso le idee degli altri: non mi metto a individuare un amico o un nemico solo sulla base delle sue idee politiche. Io ho amato molto Céline, per esempio, e credo che mi sarei perso tantissimo se non l'avessi letto solo perché tacciato di simpatie di destra. Vorrei entrare in contatto il più possibile con le persone per quello che sono state capaci di dare, anche quando hanno idee lontane anni luce dalle mie.»

«Quando ho votato comunista» spiega Luciano «non ero certo attratto dall'idea di comunismo applicata in Russia, semmai dall'esatto contrario. Ero cresciuto in una famiglia che aveva sempre rifiutato i soprusi. Avevano fatto la fame, quando non erano stati obbligati a inghiottire l'olio di ricino o a subire le manganellate pur di non prendere la tessera fascista. Finiti quegli anni terribili nessuno di loro ha mai cercato alcuna vendetta. Per me il comunismo era quello: orgoglio, attenzione per le esigenze degli altri e "resistenza" per la propria libertà individuale. Inoltre ho sempre vissuto in una regione in cui il termine "comunista" aveva a che fare con un modello che funzionava senza coercizioni: i servizi, gli ospedali, gli asili migliori del mondo, una grande proposta culturale e una altrettanto grande attenzione nei confronti delle fasce più deboli. Un modello sociale plausibile, perché manteneva comunque tutte le libertà sacrosante di un individuo pur preoccupandosi dei diritti e delle opportunità di ognuno. Chiaramente, chi non viveva in questa regione aveva una sua idea di comunismo, che probabilmente non combaciava con la mia. Oppure forse era troppo "localizzata" la mia interpretazione della parola "comunista": mettiamola così, vivendo in una famiglia come la mia e in una regione come l'Emilia Romagna degli anni Settanta-Ottanta, e realizzando cosa era stata capace di produrre questa realtà, la condividevo e avrei voluto che continuasse. Ma anche quella è cambiata.»

Nel periodo in cui svolge la sua attività di consigliere comunale a Correggio gli capita di celebrare il matrimonio del suo amico-futuro manager Claudio Maioli che racconta: «Io mi sono sposato in comune. Quando arrivai nella sala consiliare con Patrizia, ci ritrovammo davanti Luciano con tanto di fascia tricolore e scarpe da ginnastica. Dopo aver pronunciato la formula di rito, disse: "Ora dovrei farvi un sermoncino". Ci guardammo in faccia e scoppiammo a ridere come pazzi».

Ma torniamo alla musica. Sempre in contemporanea con la pubblicazione dell'album parte anche il tour, quello che poi passerà alla storia col nomignolo di *Neverending tour*, nel senso che per oltre due anni Luciano e la sua band non fanno altro che salire e scendere da un palco, accumulando un totale di circa trecentocinquanta concerti. Al gruppo nel frattempo si è aggiunto il tastierista Giovanni Marani, che racconta: «La mia formazione musicale era totalmente diversa dalla loro. Io avevo suonato quasi sempre soul fusion, ma con loro l'energia era straordinaria. Quando entrai nel gruppo, la prospettiva era di fare un po' di feste dell'Unità in Riviera, ora invece era appena uscito un album e si stava parlando di un vero tour».

Il primo concerto importante è il 22 giugno al teatro Smeraldo di Milano. Quella sera il Liga fa da «spalla» a Eugenio Finardi, che lo presenta così: «Io ho una caratteristica, nel corso degli anni ci sono stati molti artisti nuovi che hanno aperto i miei concerti e guarda caso alcuni hanno avuto più successo di me, per esempio Pino Daniele. L'artista che vi presento questa sera è molto bravo, ascoltatelo attentamente».

Il tour decolla quasi subito e nel giro di pochi mesi le date si intensificano. «Le prime volte» racconta Cottafavi «c'erano cento o duecento persone. Ricordo il primo concerto pagato: eravamo all'Auditorium Flog di Firenze, il biglietto costava diecimila lire e ci saranno stati un centinaio di spettatori paganti. Alla fine praticamente abbiamo parlato con tutti, mentre smontavamo gli strumenti.»

I primi soldi che guadagnano li investono nell'acquisto di una Ford Sierra a gas bianca, a bordo della quale macinano chilometri su chilometri. «Per un bel po'» spiega Cottafavi «siamo andati avanti a viaggiare tutti insieme, anche Luciano, schiacciati come sardine. Eravamo così eccitati che ogni sosta in autogril era una festa! Quando tornavamo a casa, la parcheggiavamo nel cortile di Gigi: la mitica Ford Sierra ha resistito fino al tour del '93, poi è scoppiata.»

Presto gli spettatori diventano trecento, cinquecento, ottocento, e l'entusiasmo della gente aumenta di pari passo.

C'è un momento preciso in cui il Liga si rende conto che la storia sta decollando: il 15 settembre ad Alessandria, esattamente una settimana dopo la vittoria al Festivalbar. Quella sera c'è addirittura un gruppo di supporto, gli Statuto. È una festa della birra e si svolge dentro un grande tendone: il biglietto costa diecimila lire e dà diritto a una consumazione, comunque c'è un sacco di gente, almeno mille persone. «Iniziamo a suonare» racconta il Liga «e quasi subito mi accorgo che i ragazzi delle prime file sanno a memoria tutte le canzoni. Per me è stato un flash pazzesco, non mi era mai capitata una cosa del genere, nemmeno a Correggio.»

Da lì in avanti la notizia di un certo Ligabue che riempie tutti i posti dove va comincia a circolare velocemente. Per di più si accontentava di poco. Ricorda Carrara: «Uscivamo a un milione e mezzo, Luciano prendeva duecentomila lire a sera». Molti ancora non sanno nemmeno chi è, spesso infatti lui e la sua band vengono annunciati come «I Ligabue». Così decidono che è giunto il momento di trovare un nome per il gruppo che lo accompagna. «Per la verità» racconta Cavalli Cocchi «lui avrebbe voluto un nome per il gruppo fin dal momento in cui la Wea lo mise sotto contratto. Ma io lo sconsigliai. Solo che ora c'erano troppi equivoci, così decidemmo di chiamarci ClanDestino.»

Da ottobre i concerti aumentano ancora. Vanno ovunque li chiamino. «Una volta» racconta Max Cottafavi «suonammo persino a una festa di compleanno, in un castello dalle parti di Vigevano. Qualcuno chiese a Luciano di intonare "Tanti auguri a te", ma lui disse no. Allora accennò il motivetto Giovanni Marani alle testiere. Poi iniziammo a suonare e, nonostante il pubblico fosse di poche decine di persone e l'impianto piuttosto scalcinato, ci si dette dentro come se fosse stato un concerto vero.»

L'unico problema è il repertorio, che con un solo album alle spalle per forza di cose è piuttosto limitato. «Infatti» dice Luciano «i concerti duravano poco più di un'ora, al massimo un'ora e un quarto, con qualche intervento strumentale ad allungare il brodo e alcuni trucchi da lisciarolo, come *Balliamo sul mondo* suonata due volte.» Di pari passo aumentano le vendite dell'album. E il 26 dicembre, quando torna a Correggio per esibirsi al Palasport, il pubblico di casa gli tributa onori da star. Guido «Ciupi» Pelliciardi, amico dei tempi «eroici» delle prime radio correggesi, ricorda: «Il Palazzetto dello sport quella sera era imballato, c'erano almeno millesettecento persone. Non ci stava più nessuno, neanche a schiacciarli, così aprimmo le porte dicendo: "Se riuscite a entrare, fate voi..."».

La fanzine del fan club riassume i numeri di quel tour: quarantuno concerti per un totale di circa centocinquantamila spettatori, trentatré le persone della «carovana», circa venticinquemila i chilometri percorsi, due le date saltate (e poi recuperate) per l'influenza del Liga, tre le date raddoppiate (a Milano, Torino e Roma), ventiquattromila i watt dell'impianto di amplificazione, quattro le date cui ha partecipato il violinista Anchise Bolchi, zero il numero delle cover eseguite, sessanta le mute di corde cambiate tra Liga, Max e Ghezzi, zero le corde rotte da Max, zero le corde rotte da Ghezzi, circa venti le corde rotte da Luciano, trenta le paia di bacchette «polverizzate» da Gigi.

A quel punto si concede qualche giorno di riposo: ha deciso di sposare Donatella, vorrebbe farlo in gran segreto, alla presenza soltanto dei parenti più stretti. Infatti chiede ai componenti dei ClanDestino di non andare alla cerimonia, e lo stesso fa con gli amici. Solo che questi ultimi non vogliono perdere l'occasione di combinargli un bello scherzo in stile *Amici miei*, così senza dirgli niente si danno un gran da fare per coinvolgere il maggior numero di persone possibile, tanto che quel 4 gennaio 1991, un venerdì, alle cinque del pomeriggio, nel municipio di Correggio (la cerimonia si è svolta con rito civile) c'è una gran ressa. All'uscita Luciano e Donatella trovano ad accoglierli quattro elementi della banda municipale. E alla fine, giusto per non far sapere niente a nessuno, gli amici organizzano addirittura dei fuochi artificiali. Le foto le scatta Massimo Mantovani (sue sono anche le foto che appaiono sulla copertina di *Lambrusco coltelli rose & pop corn*), che racconta: «È stata una cerimonia breve. Si vedeva che erano emozionati, ma senza smancerie. Lui indossava i soliti jeans rattoppati, lei era con un tailleur pantalone chiaro».

In viaggio di nozze vanno alle Maldive. Gli amici del Borgo spediscono lì il loro regalo di nozze. Ma non glielo fanno trovare né alla reception, né in camera: inviano un fax all'albergo con un «cruciverbone» la cui soluzione contiene le indicazioni per trovarlo.

Dopo oltre un anno di lavoro avevano deciso, Luciano e i ragazzi della band, di concedersi un periodo di stacco proprio in concomitanza con il matrimonio e il viaggio di nozze. «Nessuno di noi» racconta Gigi Cavalli Cocchi «aveva detto agli altri qual era la destinazione prescelta. Il caso volle che Luciano e io ci ritrovammo alle Maldive, per fortuna in due atolli diversi.» Però il viaggio di ritorno lo fanno insieme. Proprio in quei giorni, il 17 gennaio, inizia l'operazione Desert Storm, con conseguente chiusura dello spazio aereo sull'Iraq: questo li costringe a una vera e propria odissea e il viaggio è interminabile. Altra curiosità: durante quella vacanza alle Maldive Gigi conosce il fotografo modenese Giansi Campagnoli, che poi realizzerà il servizio fotografico del primo dvd, *Ligabue dal vivo – Lambrusco coltelli rose & pop corn*, e quello utilizzato per realizzare la copertina di *Sopravvissuti e sopravviventi*, oltre a seguire come fotografo quasi tutte le partite della Dinamo Rock.

Dopo quei giorni di relax, Luciano e i ClanDestino ricominciano a suonare su e giù per l'Italia. Altra tappa fondamentale è a Sanremo, il 21 febbraio. Quel giorno in realtà non fanno un concerto, ma partecipano a Sanremo International, una manifestazione collaterale al Festival che si svolge in un tendone sul lungomare: ci sono numerosi ospiti italiani e stranieri presentati da Elisa Satta e Carlo Massarini e vengono registrati, rigorosamente in playback, alcuni special che successivamente saranno trasmessi dalla Rai. Finita la registrazione, Luciano e i suoi musicisti vanno a cena al ristorante La Pignese. C'ero anch'io, assieme ad altri giornalisti, quindi sono stato testimone oculare di una festa andata avanti fino a tardi caratterizzata da un'euforia incontenibile: quella sera gli comunicano che l'album è ufficialmente diventato «disco d'oro», cioè ha superato le centomila copie vendute. «Eravamo al settimo cielo dalla gioia» racconta Luciano Ghezzi «e alzammo parecchio il gomito. Al quinto, sesto giro di vino avevamo preso una balla colossale: i bicchieri andavano in frantumi, mentre il boss della casa discografica rassicurava il proprietario del ristorante: "Pago io, pago io. Non c'è problema!". A un certo punto un noto critico musicale si ritrova a viaggiare per la sala sul carrello dei dolci, mentre noi facciamo di tutto per sputtanare quel po' di reputazione che avevamo acquisito con i giornalisti e gli addetti ai lavori presenti alla cena. Io passai tutta la sera a infastidire Chris Rea, nostro vicino di tavolo. Come se non fosse sufficiente, alla fine ci portano in un locale, ci fanno scendere dal baule della nostra mitica Ford Sierra su cui ci avevano caricati, e ci ritroviamo su un palco gestito da Pino Di Costanzo. La performance si limita a due pezzi: *Balliamo sul mondo* eseguita alla velocità di *Non è tempo per noi*, e *Bar Mario* in tutte le tonalità del mondo. Il giorno dopo un quotidiano esce con un articolo piuttosto pepato dove si parla di *Ligabue e i Vomitosi*. Però quella sera abbiamo capito che le cose stavano cominciando ad andare nella giusta direzione.»

6

LAMBRUSCO COLTELLI ROSE & POP CORN

Mentre il successo del cosiddetto *Neverending tour* cresce sempre di più e *Ligabue* diventa l'album italiano d'esordio più venduto di tutti i tempi, Luciano comincia a pensare che è arrivato il momento di incidere un nuovo disco. Così, a maggio, interrompe la tournée e si rifugia con i suoi ClanDestino al Medicina Blanche, una bella sala d'incisione ricavata da Umbi Maggi, ex bassista dei Nomadi, in una stupenda villa immersa nella campagna modenese, a Montale Rangone. «Eravamo tutti gasatissimi» racconta Max Cottafavi. «L'eccitazione era alle stelle. Sapevamo di esserci lasciati alle spalle un anno eccezionale e avevamo una gran voglia di darci dentro alla grande.»

Non sono casuali né la scelta del luogo, né quella del periodo (le registrazioni avvengono dal 2 al 27 maggio 1991): Luciano ha in mente un album solare, gioioso, e vuole godere anche fisicamente i frutti e il tepore della primavera. Questa volta non ci sono problemi di budget, però decide ugualmente di registrare il tutto in soli venticinque giorni e di utilizzarne un'altra decina per i mixaggi (dal 28 maggio al 9 giugno all'Excalibur di Milano). «Il fatto» dice Gigi Cavalli Cocchi «è che non vedevamo l'ora di ricominciare a suonare dal vivo.»

Lambrusco coltelli rose & pop corn è un disco che nasce sulle ali dell'entusiasmo. C'è chi lo ha definito «un *Ligabue* parte seconda», però suonato meglio e più curato. «Non fu un album studiato a tavolino» spiega Luciano. «Venne fuori in modo molto semplice, mettendo insieme cose che avevo scritto anni prima (alcune addirittura ai tempi degli OraZero, come *Sarà un bel souvenir* e *Anime in plexiglass*, n.d.a.) con altre idee nate durante i sound check del tour e perfezionate in sala d'incisione.»

«Avevamo tutti una gran voglia di fare» ricorda Cottafavi. «A un certo punto, per esempio, a Luciano venne in mente che sarebbe stata una figata aggiungere una slide in *Camera con vista sul deserto*. Io non l'avevo mai suonata, ma lui mi dette un riferimento preciso: "Ascolta i dischi di Ry Cooder" mi disse. Altri riferimenti me li dette il mio spacciatore di musica, il proprietario di Tosi Dischi, un negozio di Reggio Emilia. Così ho scoperto diversi chitarristi americani che suonavano la slide con le cosiddette accordature aperte: io fino a quel momento non sapevo nemmeno cos'erano. Quando arrivò il giorno dell'incisione, mi piazzai in una camera da letto, tirai le tende, spensi le luci e mi circondai di incensi. L'atmosfera era davvero magica e venne fuori una bella cosa. Se ci riprovassi cento volte, non credo che sarei in grado di ripetere quell'a solo.»

Tutti concordano nel dire che l'atmosfera di quei giorni è magica. In pratica lavorano in totale autonomia: Luciano sa che l'importanza di quel disco è cruciale, che non può permettersi di sbagliare. Però non ha paura, anzi è pienamente cosciente del fatto che deve sfruttare fino in fondo quel po' di esperienza che ha acquisito nell'ultimo anno. Circondato com'è da persone di cui si fida, si sente in una botte di ferro: Paolo Lovat, il fonico che utilizza nei concerti, se la cava benissimo anche a catturare i suoni in sala d'incisione. E i ClanDestino ormai sono una band affiatatissima, infatti suonano tutto loro, a parte gli interventi di violino di Anchise Bolchi in *Con queste facce qui*, *Ti chiamerò Sam (Se suoni bene)* e *Regalami il tuo sogno*, la fisarmonica di Franco Borghi in *Ti chiamerò Sam* e l'armonica di Massimo Lugli in *Camera con vista sul deserto*.

Angelo Carrara, il produttore esecutivo, ha molta fiducia in Luciano e gli dà carta bianca, impedendo qualsiasi tipo di pressione da parte della casa discografica. L'unica informazione che forniscono alla Wea è quello strano titolo, *Lambrusco coltelli rose & pop corn*. La copertina, che lo rappresenta bene, nasce dall'elaborazione di alcune idee dello stesso Luciano da parte di Gigi Cavalli Cocchi, che oltre a essere un buon batterista è anche un bravo grafico: una cornice dorata racchiude i quattro elementi citati nel titolo in un collage solo apparentemente disordinato.

«Questa copertina» spiega Luciano «è così realistica perché ho voluto rappresentare l'essenziale: la mia vita e quella della gente attorno a me. Il Lambrusco simboleggia la realtà in cui vivo. Il pop corn è l'America, cioè il sogno. Le rose sono le dolcezze e i coltelli le passioni. Ce ne sono due, uno a serramanico e l'altro da cucina: il primo metafora della violenza, l'altro della quotidianità. Nello scegliere le immagini abbiamo cercato di rimanere aderenti alla natura: non il vino, ma il grappolo d'uva; non il pop corn, ma la pannocchia di granturco. E sullo sfondo c'è un bel cielo azzurro a significare la speranza. Però si intravede anche qualche nube.»

Poi aggiunge: «Ovviamente questi simboli per me hanno un grande valore. Il vino ha una valenza doppia: da un lato è un modo di comunicare e di fraternizzare;

dall'altro è vivo, saporito, frizzante. Quanto ai coltelli, purtroppo oggi bisogna fare i conti anche con la violenza. Le rose rappresentano il lato sentimentale e magari anche sessuale dell'esistenza. Mi piacciono e, anche se non sono un bravo "omaggiatore", qualche volta le regalo. Il pop corn è il cinema. Sono un ghiottone di cinema. Ma dei tempi in cui frequentavo il cinema di Correggio, più che il pop corn, ricordo i bruscolini, cioè i semi di zucca: quando ero bambino costavano venti lire al pacchetto».

A modo loro, simboliche sono pure le foto utilizzate nell'inserto interno contenente i testi delle canzoni. «L'intento» racconta il Liga «era di evocare l'Australia o l'Arizona. In realtà sono state scattate sull'Appenino reggiano: il masso roccioso che si vede è la Pietra di Bismantova, di cui parla anche Dante nella *Divina commedia*.»

Siccome non vuole assolutamente essere frainteso, inserisce nella copertina interna dell'album una frase che dovrebbe sgombrare il terreno da qualsiasi dubbio interpretativo: «In poche parole siamo qui per vivere. Fra lame di COLTELLI e spine di ROSE. E dove proprio non arriviamo a vivere possiamo (o dobbiamo) sempre sognare. Eccoci qua, allora, fra il LAMBRUSCO (o il Pinot, il Chianti, il Marsala...) di chi tiene i piedi (quasi) per terra sulla propria terra, ed il POP CORN di chi la "propria" America ha deciso di non andarla a vedere. Smetterebbe di essere "propria", smetterebbe di essere sogno. TENETE BOTTA!!».

Eppure c'è chi interpreta ugualmente quel titolo in modo completamente sballato. «Dopo il primo album» dice Luciano «avevo notato che, nonostante avessi cercato di portare avanti un discorso mio, c'era da parte di molti l'ansia di etichettarmi, e veniva facile catalogarmi con la sigla dell'America. Io continuavo a dire che comunque per me l'America è lontanissima dall'essere un posto ideale. Per me era, e rimane, un posto che ha prodotto grande letteratura, grande cinema, grande musica e stando comodamente qui a casa, ben lontani da quella realtà, uno può permettersi di filtrare soltanto le cose migliori, mantenendo gonfio un sogno che, come tutti i sogni, non corrisponde a realtà».

Molto interessanti sono le note di copertina: Antonio Tettamanti, amico di Luciano e scrittore, associa a ogni singolo brano una serie di titoli di film, libri o canzoni. Un gioco, ma che aiuta a capire meglio il mondo del Liga. Che spiega: «Con i testi delle mie canzoni potete fare diverse cose: cantarli, storpiarli, usarli in bagno... Quelle elencate sono immagini letterarie, cinematografiche, televisive, eccetera provocate, per un motivo o per l'altro, dai testi a fianco. Se vi sembra che ne valga la pena giocateci anche voi».

Pur con qualche perplessità da parte dei suoi discografici, Ligabue sceglie di pubblicare come primo singolo *Libera nos a malo*, che riprende il titolo di un bellissimo romanzo di Luigi Meneghello, anche se il Liga chiarisce: «Quando ho scritto questa canzone e quindi le ho assegnato quel titolo non ero a conoscenza dell'esistenza di quel libro: si tratta di una semplice coincidenza. Comunque le mie immagini letterarie, se vogliamo chiamarle così, non sono mai fini a se stesse: se in una canzone ce n'è una, è perché ormai anch'essa fa parte di me».

Ma il motivo della perplessità dei discografici è un altro: il titolo cita esplicitamente il *Pater noster*, una delle preghiere cattoliche più note. Inoltre Luciano ha composto questa canzone pensando a Pier Vittorio Tondelli («L'ho scritta quando era ancora in vita, pochi mesi prima che morisse»), però le immagini in essa contenute non rimandano tanto alla «pietas», quanto alle classiche domande esistenziali che tutti ci poniamo. E ci sono, in modo nemmeno troppo velato, accenni alla questione dell'essere al tempo stesso cattolico e omosessuale: «Oh, mama, mama, che cos'ho fatto / son scivolato ancora dentro un letto. / Ma, mama, mama, potrei giurare: / o era amore o assomigliava bene. / Oh, mama, m'hanno creato tutto sbagliato. / Oh, mama, però non riesco a capire / il mio peccato».

Comunque Luciano non vuole sentir ragioni e resta della sua idea, pubblicando come primo singolo quel brano musicalmente molto originale, caratterizzato da un'introduzione di quarantanove secondi incisa assieme al Coro del Monte Cusna e arrangiata come se fosse un canto gregoriano. In ogni caso la sua scelta è vincente: pubblicato a settembre e trainato da quel singolo un po' anomalo ma di grande impatto, *Lambrusco coltelli rose & pop corn* alla fine vende oltre trecentocinquantamila copie, quasi il doppio rispetto a quelle dell'album d'esordio.

Ma Luciano resta coi piedi per terra e dichiara a «Mucchio Selvaggio»: «Si possono scrivere canzoni per essere simpatici oppure per cercare di diventare famosi: io le scrivo perché credo che la canzone sia un mezzo di comunicazione straordinario che mi permette di raccontare, nel modo a me più congeniale, storie di gente, di realtà che mi sono vicine. E se tutto questo giunge, in modo ancora più diretto, allo stomaco di chi le ascolta, con il suono di una chitarra distorta, ben venga la chitarra distorta... Ho giocato un po' con degli strumenti che non erano miei, con violini, fisarmoniche, armoniche. Per esagerare ci ho messo anche un coro alpino, una specie di scommessa che è anche una maniera per giocare, per non prendere tutto troppo sul serio».

Intanto Luciano ha ripreso a girare l'Italia in lungo e

in largo con i suoi ClanDestino. Apparentemente va tutto a gonfie vele, ma in realtà qualcosa sta iniziando a incrinarsi, anche se per il momento tutti sono così gasati che faticano a rendersene conto. Il primo scossone arriva a maggio, quando decidono di sostituire il tastierista Giovanni Marani con Gianfranco Fornaciari. Quest'ultimo per la verità era già stato chiamato ai tempi del primo tour, ma aveva risposto picche perché si era laureato da poco e gli avevano subito offerto un posto in banca. Precedentemente Fornaciari aveva avuto qualche esperienza in ambito dance: aveva inciso un 45 giri con gli Artbogart, boy band ante litteram prodotta da Miguel Bosé di cui faceva parte anche Andrea Fornili, poi chitarrista degli Stadio.

Dopo il concerto del primo maggio in piazza San Giovanni a Roma, la sostituzione di Marani diventa una priorità: i suoi problemi personali lo rendono iroso e inaffidabile. «Purtroppo» racconta Marani «non ho retto la botta del successo. La nostra storia stava cominciando a lievitare, i ragazzi volavano alto, io non ero preparato a tutto quel clamore. Diciamo che mi sono trattato male e ho iniziato a usare roba che sarebbe meglio evitare. Il fatto è che il mio malessere era contagioso, creavo difficoltà oggettive, ero "il" problema.»

I componenti del gruppo fanno una specie di riunione plenaria. «Me lo ricordo bene» dice Marani «era una domenica mattina. Luciano arrivò con cinque minuti di ritardo. Comunque gli altri non ci andarono giù leggeri, mi dissero tutto in faccia. E credo sia stato un bene, anche se sul momento la presi male. Comunque se fossi andato avanti così avrei solo peggiorato il mio stato di salute e chissà oggi dove sarei. Invece, messo alle strette, dopo un po' mi decisi a rivolgermi a un centro di recupero in Sardegna. Ci sono rimasto sedici mesi, fino al

1995, ho risolto parte dei miei problemi. Ma dal mio stato sono uscito definitivamente solo nel 2002. A quel punto ho ricominciato a vivere davvero, ho messo al mondo una bellissima bimba e ho ripreso a lavorare ottenendo diverse soddisfazioni, comprese quelle di partecipare ai raduni del fan club nel 2002 e nel 2003, a Campovolo nel 2005 e di fare l'anno dopo il tour nei club e negli stadi.»

Per sostituirlo Gigi ripropone Gianfranco, col quale in passato aveva suonato in diverse occasioni. «Questa volta» racconta Fornaciari «sono intenzionato a dire sì. Però canno completamente il provino, sbagliando alla grande l'intro di *Urlando contro il cielo*. Il Liga non è affatto convinto, però Gigi fa da garante e vengo ingaggiato. Seduta stante rassegno le dimissioni in banca e mi unisco alla band.»

Il primo concerto con la nuova formazione è all'Expo di Genova per il cinquecentesimo anniversario della scoperta dell'America. Quel giorno, presentando i componenti del gruppo, Luciano sbaglia il nome del nuovo arrivato e dice: «Alle tastiere, Gianfranco Fornacelli» scatenando l'ilarità di Luciano Ghezzi, che ancora oggi lo chiama «Fornacelli».

Volano sempre più in alto apparentemente senza ostacoli. Racconta Cottafavi: «I posti dove suonavamo erano sempre pieni. Ormai non erano più solo i ragazzi delle prime file a conoscere a memoria le canzoni, ma tutta la sala. Era un crescendo. Ricordo in particolare un concerto estivo: eravamo a Castelsardo, un paesino di poco più di cinquemila abitanti nel nord della Sardegna a metà strada tra Porto Torres e Santa Teresa di Gallura. Il campo sportivo era pieno come un uovo, ci saranno stati almeno quattromila spettatori. Siamo tornati in albergo scortati dalla polizia».

Ma la grande intuizione è di Angelo Carrara. A ridosso della registrazione di *Lambrusco coltelli rose & pop corn* va da Luciano e gli dice: «A novembre facciamo il Trussardi». Lui pensa che il suo manager sia impazzito, o che abbia voglia di scherzare. Invece è serissimo, infatti Carrara va anche alla Wea e dice che secondo lui è giunto il momento di fare i palazzetti dello sport, magari iniziando il nuovo tour proprio da Milano, che solitamente, almeno per un nome non ancora del tutto consolidato, è un punto di arrivo. Pure loro lo guardano come un matto. Ma lui è assolutamente convinto di quello che dice: così per il 12 novembre organizza un concerto al PalaTrussardi.

«Io» racconta il Liga «in quel posto non c'ero mai stato nemmeno come spettatore. Quando arrivai per il sound check, intorno alle sei di sera, dopo una giornata passata a rilasciare interviste, i ragazzi erano già sul palco. Ero tesissimo, ma rivedere i tecnici dello staff e scambiare qualche battuta con la band mi ridiede un po' di serenità. A un certo punto qualcuno ci comunica che soltanto con le prevendite è già quasi tutto esaurito: questo fa tornare il nervosismo alle stelle. Nei camerini non facciamo altro che ripetere "in bocca al lupo", "crepi" e via dicendo. Durante la cena cerchiamo di sdrammatizzare la situazione con qualche battutaccia da caserma. Ma la tensione è sempre palpabile... Arriva il momento: quando i ragazzi salgono sul palco vengono accolti da un'ovazione impressionante. Parte l'intro di *Anime in plexiglass* e salgo anch'io. Mi accoglie un boato spaventoso. È l'inizio di una grande festa, con la partecipazione "fisica" di tutti. Quando arriva *Regalami il tuo sogno* in chiusura di serata vorrei ringraziare quel pubblico fantastico uno a uno, invece sono frenato da una sorta di stupido pudore e non dico niente. Ma dentro me l'emozione è incontenibile.»

Se avesse davvero ringraziato tutti uno a uno, di grazie ne avrebbe dovuti dire almeno diecimila: tante sono infatti le persone accorse quella sera al PalaTrussardi per sentirlo cantare. Dimostrazione che Carrara non era un pazzo, ma ci aveva visto giusto. «Sapevo che era un rischio,» racconta Carrara «però era un rischio calcolato: infatti avevo studiato i tabulati di vendita dell'album precedente e avevo notato che la maggior parte dei dischi erano stati venduti in Lombardia.»

Comunque da quel momento il *Neverending tour* decolla definitivamente e Luciano diventa una star di prima grandezza, tanto che il 10 marzo del '92 viene invitato dall'università Bocconi a tenere una discussione di marketing sul grande successo dei suoi primi due album: quasi mezzo milione di copie vendute in meno di due anni e centocinquanta concerti all'anno (gli ultimi quarantacinque in palasport sempre strapieni), per di più ottenuti con investimenti promozionali tutto sommato modesti. Sono un «caso» davvero interessante da analizzare per i futuri manager bocconiani.

«Questa» commenta Luciano in quell'occasione «è la testimonianza che il rock non è così morto come vorrebbero farci credere. A quelli di voi che suonano in un complesso direi di insistere: chissà che qui tra tanti futuri manager non si nasconda una futura rockstar...» Dopo una raffica di domande a tutto campo, un ragazzo urla: «Peccato che non hai portato la chitarra». A quel punto succede un *coup de théâtre*: dalle prime file spunta una vecchia chitarra. È un po' scordata e l'amplificazione non è certo delle migliori, ma Luciano non si tira indietro e improvvisa un concertino acustico.

Nel frattempo è nato anche il primo fan club. L'idea viene a Marco Ligabue. «Io» racconta il fratello più piccolo di Luciano «ero il suo fan più grande. Pur di seguire tutti i concerti, mi ero "inventato" questa storia del merchandising: mettevo delle T-shirt su un banchettino e le vendevo.»

«Il fan club» aggiunge «è nato in modo del tutto casuale verso la fine del 1991. Stavamo tornando da un concerto in macchina e, parlando, ci rendemmo conto che un sacco di fan domandavano quali erano i prossimi concerti. In quel periodo c'erano solo le riviste musicali, per lo più con cadenza mensile, quindi non c'era modo di comunicare le notizie tempestivamente.»

In effetti Marco non ha la minima idea di come funzioni un fan club, però si dà molto da fare. Come prima cosa apre una linea telefonica in una stanza di casa sua. Inizia a raccogliere materiale su Luciano e a distribuire volantini ai concerti con il numero di telefono e di fax. Nel giro di poche settimane arrivano un sacco di telefonate, così Marco decide di confrontarsi con suo fratello e con Gigi Cavalli Cocchi per sviluppare un progetto più definito. Decidono di realizzare una tessera che dia un senso di appartenenza al fan club e di editare una fanzine tre o quattro volte all'anno. Il primo numero lo realizzano Marco e Gigi: quest'ultimo disegna anche la testata, che ovviamente si chiama «Bar Mario».

Sul numero zero ci sono i saluti di Luciano: «Eccoci qua, ragazzi. È il numero zero di una fanzine che non si sa che vita avrà, né per quanti numeri uscirà. Sarete voi a deciderlo e, probabilmente, sarete voi a deciderne la sostanza. Nel senso che non vogliamo fare un bollettino di comunicazioni, ma vogliamo avere uno strumento in più di scambio con voi. Vogliamo rispondere alle vostre domande ma anche conoscervi meglio. È per questo che sarà molto importante la posta in questo giornale. Ed è per questo che contiamo in una vostra presenza "viva" che ci dica quale direzione prendere, che ci dica chi siete, come siete, e soprattutto se questa fanzine ha senso di esistere. I redattori saranno Marco (mio fratello) e Gigi Cavalli Cocchi. Io ci sarò per le risposte alle vostre domande e per curare qualche rubrica. Siate critici, appassionati, severi, generosi, ma "siateci". Tenete botta!».

Altra curiosità di quel numero zero, Luciano indica quali sono i cinque dischi usciti nel 1991 che più gli sono piaciuti: *Achtung baby* degli U2, *Living with the law* di Chris Whitley, *Out of time* dei R.E.M., *Hymns to the silence* di Van Morrison e *Mama said* di Lenny Kravitz.

La prima sottoscrizione degli associati avviene al palasport di Parma durante il tour di *Lambrusco & pop corn*: il fan club attecchisce immediatamente, anche grazie all'uso del videotel, una sorta di precursore di internet, già molto diffuso in Francia (dove si chiama minitel), relativamente nuovo in Italia: a un determinato numero telefonico (nel caso del fan club di Ligabue è il *59739#) corrisponde una pagina dove si possono caricare foto, una biografia e una serie di notizie.

Il rappresentante per l'Italia di questo nuovo strumento è Valerio Soave, ed è lui a spiegare a Luciano come funziona. «Per pubblicizzare questo nuovo servizio» racconta Marco «Valerio aveva organizzato dalle sue parti, vicino ad Asti, un concerto di Luciano.»

«Luciano» racconta Soave «l'ho conosciuto a metà dicembre del 1990. Io a maggio ero entrato in una società con sede a Strasburgo che si occupava di diffondere in Italia quella novità: in sei mesi si erano abbonate diverse migliaia di persone, così decidemmo di organizzare una festa. Feci un sondaggio tra le ragazze che lavoravano per noi per sapere chi avrebbero voluto come ospite e vennero fuori i nomi di Fiorello, che non era certo il Fiorello di oggi ma stava iniziando a farsi conoscere grazie a Radio Deejay, e di Ligabue, che aveva appena vinto il Disco Verde al Festivalbar. Contattai la Target per ingaggiarlo ed Enza Solinas, che allora gli gestiva il calendario, sparò una bella cifra. In ogni caso dissi di sì e mi spedirono un contratto che, per me che ero nuovo dell'ambiente, mi sembrava essere eccessivamente dettagliato. Comunque lo firmai. Per l'occasione avevamo affittato il Symbol di Vigliano d'Asti, una megadiscoteca che poteva contenere oltre quattromila persone. Il giorno del concerto, di pomeriggio, si presenta la Solinas pronta per mettersi alla cassa a sbigliettare. A quel punto le spiego che si trattava di una festa privata con circa centottanta invitati, quindi ne avevamo preso solo una parte. Luciano arrivò piuttosto tardi, perché assieme ai suoi musicisti era andato da Merula, un grossista di Bra che vende strumenti a prezzi ottimi. Quando arrivò al Symbol per il sound check, sul momento rimase sorpreso dalla grandezza del locale, ma quando spiegai anche a lui che si trattava di una festa privata commentò sarcastico: "Se andiamo avanti di questo passo finisce che mi mandano a suonare ai matrimoni!". Lo invitai a cena, ma in un primo momento rifiutò dicendo che loro di solito cenavano dopo il concerto. Gli dissi che quella sera il concerto sarebbe iniziato molto tardi, e comunque era una cena a base di tartufi. Così si unì a noi. Scoprimmo di avere molti gusti in comune, a cominciare da quelli musicali: infatti eravamo tutti e due patiti di Springsteen e degli U2.»

Il secondo incontro tra il Liga e Soave avviene qualche tempo dopo ad Alessandria: Luciano si è innamorato di quella scatoletta che gli consente di comunicare in tempo reale con i fan. «Lui» racconta Valerio «è sempre stato molto attento alle critiche, anche a quelle minime, e gli piaceva il fatto di poter dire la sua in modo immediato e diretto. A parte l'appuntamento fisso del lunedì con i fan, Luciano usava il videotel soprattutto di notte, a volte scriveva veri e propri articoli. Una volta rimasi molto colpito da una riposta davvero fulminante che aveva dato a un ragazzo che gli domandava se pensava mai alla morte: "La morte è un dato di fatto ineludibile, per questo non ci penso mai. Pensarci non aiuta a morire meglio, ma a vivere peggio".»

Nel prossimo capitolo vedremo quale sarà il ruolo di Soave nel prosieguo della carriera del Liga, ma per il momento continuiamo a parlare del fan club. Dopo qualche mese gli iscritti sono già un migliaio, così oltre a vari gadget (il primo è una divertente T-shirt con la caricatura del Liga e dei vari componenti dei ClanDestino realizzata da Cavalli Cocchi), decidono di organizzare un raduno di fan all'Italghisa, un disco-bar nato dalla trasformazione di un'ex fonderia nella zona annonaria di Reggio Emilia. È il 14 novembre 1992, tutti si danno un gran da fare perché la serata vada nel migliore dei modi. Mamma Rina, per esempio, si occupa in prima persona del catering; papà Giovanni fa la spola tra l'Italghisa e la stazione di Reggio per dare un passaggio ai fan arrivati in treno.

La festa inizia alle 22,45 ma è già dalle nove che il locale è strapieno: ci sono più di mille persone arrivate da tutta Italia. Luciano prende il microfono e annuncia il primo ospite: «Il primo rocker di Correggio non sono io, ma il grande Little Taver. Nel suo gruppo suona la chitarra mio fratello Marco. Eccoli a voi!». Sul palco irrompe un «facsimile» di Elvis che manda in visibilio il pubblico con una travolgente versione del *Ribelle* di Celentano.

Poi il Liga si rimpossessa del microfono e annuncia: «Ora arriva a sorpresa un amico che vuole assolutamente cantare con me un paio di pezzi. Le parole non le conosco, cercherò di seguire la melodia... Ecco a voi Adelmo e i suoi Sorapis!». Salgono sul palco Zucchero, il suo manager Michele Torpedine, Dodi Battaglia e Maurizio Vandelli. Assieme a Ligabue propongono due classici del rhythm & blues, *Gimme some lovin'* e *Sweet home Chicago*.

Quindi è la volta di un rocker assolutamente sconosciuto. «Chi vuole cantare» dice Luciano «spesso si scontra con discografici incapaci, per anni è capitato anche a me. Stefano mi ha mandato una cassetta, secondo me è bravissimo, ecco perché ho deciso di incoraggiarlo.» Stefano è un ragazzo giovanissimo di Milano, che propone con voce e chitarra una canzone in perfetto stile springsteeniano. Segue un lungo botta e risposta con i fan. «Il rock fa bene all'integrazione?» «Ragazzi, è meglio non sopravvalutare il rock. Non serve a cambiare la società, aiuta solo a informare.» «Con quale artista vorresti collaborare?» «Con i Litfiba di Piero Pelù.» «Ci sono canzoni che vorresti aver scritto tu?» «Ce ne sono tantissime, le prime che mi vengono in mente sono *Like a rolling stone*, *Born to run* e *Where the streets have no name*.»

Ricomincia la musica: è il turno dei Timoria, che propongono un paio di brani loro; poi offrono in anteprima *Male non farà*, canzone scritta e prodotta da Ligabue, inserita nell'album *Storie per vivere*, che uscirà dopo pochi giorni. Quindi tocca ai Rats capeggiati da Wilko, che suonano *Bella bambina* e *Fuoritempo*: per quest'ultimo brano interviene Luciano, che gliel'ha «regalato» per il loro album *Indiani padani*.

Il raduno prosegue con una «lotteria feticista»: in palio ci sono un paio di suoi stivali e una copia del suo primo 45 giri. Verso mezzanotte e mezza Luciano sale sul palco affiancato dai ClanDestino. Snocciola le sue hit per quasi un'ora. Ripesca dal repertorio degli OraZero *Dove fermano i treni*, anticipando ai fan che quel brano farà parte del nuovo album *Sopravvissuti e sopravviventi*, che uscirà il 22 gennaio, mentre il nuovo tour prenderà il via a metà marzo.

Gran finale intorno alle due con una scatenata jam session sulle note di *Balliamo sul mondo*, cui partecipa anche il comico Paolo Rossi, che regala al pubblico alcune esilaranti battute sul papa, su Bettino Craxi e sui politici corrotti.

Il primo raduno del fan club finisce così. Un'altra consacrazione.

7

SOPRAVVISSUTI E SOPRAVVIVENTI

Tutto procede alla grande. Il Liga e i suoi ClanDestino vanno avanti sulle ali dell'entusiasmo, e anche quando entrano in sala (ancora il Medicina Blanche) l'euforia è alle stelle. Racconta Gigi Cavalli Cocchi: «Il nuovo disco nasceva sull'onda di una eccitazione enorme. Avevamo alle spalle due album di successo e una serie infinita di concerti quasi sempre sold out. Certo non eravamo in una fase negativa. Io conservo le registrazioni video fatte da Umbi e sembriamo una scolaresca in vacanza».

Stavolta si prendono tutto il tempo di cui hanno bisogno: rimangono in studio per ben due mesi, dal 12 ottobre al 12 dicembre. Ai ClanDestino viene dato più spazio rispetto ai primi due album: a volte lavorano agli arrangiamenti dei pezzi anche senza l'ausilio di Luciano, proponendo diverse versioni di ogni singolo brano. Ma ovviamente la scelta finale è del Liga, che cesella e aggiusta a suo piacimento.

«Volevamo fare un disco cattivo, duro» spiega Cottafavi. «Quell'anno era esploso il grunge ed eravamo tutti intrippati con Nirvana e Soundgarden. Un po' cercavamo di somigliare a loro anche nel look: pantaloncino corto, T-shirt, scarpe da ginnastica, ovviamente tutto nero.»

«Per noi» gli fa eco Gigi «era soprattutto un gioco: avevamo scoperto un negozio in provincia di Modena, Old Man, che importava vestiti dall'Inghilterra e dagli Stati Uniti e diventammo suoi clienti fissi. Però, anche se indossavamo giubbotti e pantaloni di pelle rigorosamente neri, non eravamo certo dark nell'anima.»

Comunque viene fuori un album piuttosto duro, nella prima versione quasi hard rock: i ClanDestino partecipano anche ai mixaggi, assieme a Luciano e al fonico Paolo Lovat. Di comune accordo decidono di abbracciare la «scuola americana», tenendo la voce molto dentro, a tratti quasi coperta dal suono degli strumenti. Quando alla Wea lo ascoltano la prima volta, la reazione è drastica: «Questo è un disco di Luciano Ligabue, mica dei Van Halen!».

A quel punto, anziché seguire la strada che sarebbe stata più logica, cioè risuonare tutto o buona parte del disco, scelgono di farne rimixare alcuni pezzi solo da Luciano con un altro tecnico. Ne esce un lavoro piuttosto spiazzante rispetto alla produzione precedente, cupo, a volte pasticciato nel tentativo di fare un balzo in avanti sotto il profilo sonoro, sperimentando strade nuove. Infatti vengono impiegati strumenti mai usati prima: Demo Morselli suona la tromba in *Ho messo via* e arrangia gli archi e suona il filicorno in *Sopravvissuti e sopravviventi: tema*; Giuseppe Barbareschi il contrabbasso, Luca Maggioni la viola, Enrico Stabile il violino, Gabriele Zanetti il violoncello. Infine l'Asioli Jazz Band di Correggio diretta da Angelo Andreoli suona in *Quando tocca a te*.

«Sentivo la necessità di dimostrare» spiega Luciano «di essere cresciuto come autore e come produttore, ma evidentemente a un certo punto la faccenda mi è sfuggita di mano senza che me ne rendessi conto e il lavoro è andato in tutt'altra direzione. Ci sono un sacco di cose che non rifarei più, a cominciare dall'arrangiamento di *Dove arrivano i treni*. Che, detto per inciso, è uno dei testi che mi piacciono di più tra i tanti che ho scritto: ma quella versione quasi hard rock non consente di goderselo.»

Quando *Sopravvissuti e sopravviventi* arriva nei negozi, il 22 gennaio 1993, i fan non lo accolgono bene. E Luciano anziché ammettere di aver realizzato un lavoro sbagliato, reagisce con orgoglio definendolo «La cosa migliore che ho fatto». Ecco una tipica dichiarazione del Liga di quei giorni: «Qualcuno dice che il rock deve essere informazione. Io continuo a credere che sia comunicazione. E non tanto comunicazione di fatti di cronaca, quanto di un'emozione, di un punto di vista, di una storia con una morale o di una storia solo bella e che per questo merita di essere raccontata».

Ovviamente questa testardaggine fa infuriare i fan ancora di più. Secondo loro questo album è cupo fin dalla copertina, ricavata da una fotografia scattata nel teatro chiuso al pubblico da anni per inagibilità del Convitto Rinaldo Corso di Correggio: in quella foto il Liga e i ClanDestino indossano maschere di animali. L'artwork del disco è realizzato ancora una volta da Gigi Cavalli Cocchi, che ne racconta la genesi: «Originariamente anche il titolo doveva essere diverso: si sarebbe dovuto chiamare *Fuori i secondi*. Poi lo sviluppo del concept assunse progressivamente i contorni di una rappresentazione teatrale. Così Luciano modificò il titolo in *Persi, personaggi e interpreti*, e doveva avere in copertina la dicitura *La filodrammatica Ligabue presenta*. A quel punto la gamma dei colori era ancora molto solare, simile a quella usata per *Lambrusco*, e c'era addirittura un arcobaleno. In una delle prime bozze della copertina c'era l'immagine di un lupo con un megafono che simbolicamente rappresentava la figura del Liga, accompagnato da una banda anch'essa con costumi animaleschi: ma l'effetto era piuttosto allegro e noi sembravamo quasi delle majorettes.»

«Quando Luciano ha deciso di usare le maschere,» aggiunge Gigi «io ho preparato molti disegni, poi ognuno di noi ha scelto la maschera che lo rappresentava di più. A quel punto sono andato dalla figlia del maestro del teatro dialettale reggiano Arturo Franzoni a farmele realizzare. Dopo la foto, quelle maschere sono tutte scomparse, non so chi le ha prese.» Nell'immagine di copertina, da sinistra il primo, quello con la maschera da lupo e il megafono, è Luciano. Quello col tamburo Gigi, con il trombone Luciano Ghezzi, con la fisarmonica Gianfranco Fornaciari e con la chitarra Max Cottafavi. Nel retro di copertina posano con le rispettive maschere in mano, ma lo schieramento è differente.

«In realtà» conclude Gigi «alla fine quella copertina è risultata piuttosto inquietante: l'immagine è granguignolesca, da teatro degli orrori. E anche questo ha contribuito a sottolineare la cupezza di *Sopravvissuti e sopravviventi*.»

Negli anni quell'album, così fuorviante rispetto alle attese dei fan, ha subito una forte rivalutazione che lo ha portato a essere un dei best seller della discografia di Luciano e l'album preferito in assoluto per una robusta fascia dei suoi fan.

Comunque, nonostante le critiche della prima ora, il disco vende discretamente bene da subito e quando, a marzo, inizia la prima parte del tour, tutto funziona a meraviglia. Almeno apparentemente. Perché in realtà sotto le ceneri le braci continuano a bruciare e le tensioni serpeggiano. Il rapporto tra Luciano e Angelo Carrara non è più quello dei primi tempi, e iniziano a litigare su tutto: non sono d'accordo nemmeno sulla data di uscita dell'album. Il Liga vorrebbe posticiparla per non andarsi a scontrare con due big del calibro di Vasco Rossi e Litfiba, che praticamente in contemporanea a *Sopravvissuti e sopravviventi* pubblicano *Gli spari sopra* e *Terremoto*. Alla fine Carrara si impone e decide lui.

Le tensioni esplodono violentemente verso la metà di quella parte di tour, il 17 maggio: al concerto al Palaghiaccio di Marino il pubblico è davvero scarsino, e quella sera tra Luciano e Carrara c'è uno scazzo pesante. Il Liga rimprovera il suo manager di gestire il calendario in modo approssimativo, senza una vera programmazione: solo poche settimane prima si era esibito al Palaeur di Roma.

Cinque giorni dopo a Biasca, in Svizzera, il Liga e Carrara smettono addirittura di parlarsi. «Una sera» racconta Angelo «venne da me Maioli e mi disse che Luciano non voleva più aver niente a che fare con me. Da quel momento in avanti ci saremmo "parlati" solo attraverso il Maio.» Questo determina episodi paradossali, come quello avvenuto a Bergamo il 29 giugno: piove che dio la manda e il palco è scoperto. Così Carrara prende un ombrello e si mette alle spalle di Luciano per ripararlo. A un certo punto lui si volta per vedere chi è che tiene l'ombrello, e quando si accorge che è il suo manager ha un accenno di stizza.

«In effetti» conferma Maioli «in quel periodo si verificarono spesso situazioni imbarazzanti. Carrara veniva nei camerini e mi diceva che voleva parlare con Luciano. Io, piazzato davanti alla porta, rispondevo che lui non voleva vederlo. "Ma come?" sbottava Angelo "io ti pago e devo chiedere a te il permesso di vedere un mio artista?" Luciano avrebbe voluto interrompere il tour, ovviamente restituendo tutti gli anticipi che aveva preso. Ma Carrara s'impuntò e decise di andare avanti.»

Le tensioni diventano ancora più palpabili, e ci sono scazzi violenti quasi ogni giorno di quell'estate, nel corso di una tournée che Carrara non esita a definire «drammatica» e che Luciano ricorda ancora oggi come un incubo. È vero, ci sono un paio di belle chicche, come il concerto del 9 luglio allo stadio San Paolo di Napoli e quello di tre giorni dopo allo stadio Delle Alpi di Torino, quando suona come supporter degli U2: a Napoli ci sono anche i Velvet Underground e Luciano non si lascia sfuggire l'occasione di farsi fotografare con Lou Reed. «Sono orgoglioso di aver fatto questi due concerti» racconta il Liga. «Per aver scambiato due battute con Bono e Lou Reed, aver vissuto il "dietro le quinte", aver calpestato "quel" palcoscenico, per essermi sentito partecipe di una festa musicale... Ma soprattutto per la reazione del pubblico nei nostri confronti, è stata una delle esperienze più belle e importanti di questi tre anni di musica.»

In generale, comunque, le date al Nord reggono. Ma appena scendono sotto Firenze è una tragedia: a Baia Domizia ci sono soltanto centoventi spettatori. Il fatto è che negli ultimi mesi Luciano si è esibito nel Sud Italia almeno sette o otto volte, e la gente comincia a non poterne più.

«In effetti» riconosce Carrara «avevo fatto diversi errori di valutazione. I locali ci smenavano dei gran soldi e la tensione tra noi era palpabile. A un certo punto proposi anche di fermarci, ma quel tour era stata sponsorizzato dalla Camel e in caso di inadempienza contrattuale avremmo dovuto restituire un sacco di soldi.»

Il primo a far le spese di quella situazione difficile è il fonico Paolo Lovat, che viene licenziato in tronco (lo sostituisce Gianfranco Pierozzi). Ma nascono problemi anche con i ClanDestino, che in un paio d'occasioni sfociano in litigate pazzesche soprattutto con Max Cottafavi, che è il più fumantino del gruppo. Tra l'altro non sopporta la costante presenza di Valerio Soave.

«In effetti» ribatte Soave «durante il tour del 1993 tra Luciano e me si è sviluppata una bella amicizia. Ma non credo di essere stato io la causa di tutti quei dissidi. La situazione ormai era davvero tesa, era quasi un tutti contro tutti. Il fatto è che il rapporto con Angelo era arrivato al capolinea, Luciano non ne poteva più di promesse che andavano puntualmente disattese. Per questo mi domandò di aiutarlo a venirne fuori. Io sono un avvocato, ma a quei tempi la mia esperienza nel settore della musica era praticamente nulla. Così chiesi un consiglio a Stefano Senardi, e lui mi suggerì di rivolgermi all'avvocato Vittorio Costa per una consulenza.»

«Ero fuori di me» dice Luciano «non mi interessava a quali condizioni, ma volevo assolutamente uscir fuori da quella situazione che mi faceva star male come non mi era mai successo prima.»

«Seguii l'intera pratica» aggiunge Soave «e posso confermare che Luciano era davvero disposto a tutto pur di sciogliere il contratto. Lasciò a Carrara tutto, diritti sulle cose fatte e persino qualcosa su quelle future. A un certo punto disse persino che era disposto ad aggiungere dei soldi di tasca sua pur di uscirne. "Luciano, questo è troppo: mi sembra che stai sbracando", gli dissi. E comunque di questa ulteriore proposta non feci cenno a Carrara, che era già abbastanza contento.»

«Contento direi proprio di no, ma soddisfatto sì» conferma Carrara. «In effetti ho ottenuto ben più di una semplice liquidazione. Avrei dovuto produrre ancora due dischi, ma lui a un certo punto mi fece sapere che si vergognava di vedere il mio nome stampato tra i crediti. A quel punto capii che proprio non c'erano margini per ricucire la situazione.»

Risolta la querelle col produttore, resta in piedi quella con la band. E qui le versioni differiscono: Luciano ha sempre sostenuto che i ClanDestino avevano firmato un contratto con Carrara senza dirgli niente («Questa storia la vissi davvero male, come una pugnalata alla schiena»), mentre i ClanDestino ribattono che in effetti lui era ben informato delle loro intenzioni da parecchio tempo.

«Addirittura durante il tour del '92» racconta Gigi Cavalli Cocchi «era stato lo stesso Luciano a consigliarci di pensare a una carriera collaterale. Lo ricordo bene, eravamo nei camerini del palasport di Firenze: ci disse che aveva intenzione di prendersi una pausa, una lunga pausa di un paio d'anni. Aggiunse anche che aveva già parlato con Carrara suggerendogli di produrre un nostro album. Tanto è vero che noi alla fine del tour invernale cominciammo a scrivere i primi brani. All'inizio del '93 portammo un provino ad Angelo. Lo ascoltò anche Luciano, infatti ci chiese di mettere da parte un brano che si chiamava *Nati per dire no* perché titolo e contenuti erano simili a *Nati col vento contro*, un pezzo che avrebbe voluto inserire nel suo album successivo (anche se poi in realtà quella canzone è stata esclusa da *Sopravvissuti e sopravviventi*). Questo per dire che tra noi in quel periodo il rapporto era ottimo. Eravamo sicuri che alla fine del tour di *Sopravvissuti* saremmo entrati in studio per incidere il nostro disco, invece è successo un casino bestiale.»

«Confermo» aggiunge Fornaciari «che l'idea di fermarsi per un paio d'anni era reale. Fu una delle prime cose che mi dissero quando mi contattarono. Anzi, Gigi lo usò quasi come uno "zuccherino", infatti sapeva che la mia ambizione era quella di cantare, cosa che ovviamente non potevo fare con Luciano. Ma con i ClanDestino il cantante sarei stato io, cosa che è poi regolarmente avvenuta.»

«Il problema reale» ribatte il Liga «è che mentre fino a pochi mesi prima la firma dei ClanDestino con Carrara era ben vista da tutti, ora, con il rapporto tra Carrara e me visibilmente compromesso, quella stessa firma di contratto avrebbe comportato un distacco quasi inevitabile con la band. In qualche modo era una specie di prova del nove: quel sigillo stabiliva chi stava con chi.»

«Quando Carrara rompe definitivamente con Luciano e ci propone un contratto» dice Cottafavi «Gigi telefona al Liga e gli dice che abbiamo in mano il contratto. Lui replica secco: "Fate quello che vi pare!".»

«Era settembre,» ricorda Gigi «lo studio era fissato per ottobre. Luciano si era completamente chiuso in se stesso, continuava a ripetere: "Fate quel cazzo che volete, io sono legato per i coglioni con Angelo Carrara con un contratto che non so quanto andrà avanti...". Comunque il legame tra noi e lui era fortissimo, e nessuno aveva intenzione di voltargli le spalle. Pensa che nel contratto con Carrara c'era una clausola che diceva che tutti gli impegni della nostra carriera solista erano subordinati al lavoro con Luciano Ligabue, che aveva la priorità su tutto. Lui si sentì tradito ugualmente. Ma noi gli dimostrammo subito che quella priorità era reale: quando ci chiamò per registrare *A che ora è la fine del mondo?* stava per uscire il nostro primo album e avevamo fissato una serie di concerti e di impegni promozionali. Ebbene, li cancellammo seduta stante.»

Sebbene i problemi non manchino, qualche soddisfazione il Liga continua a togliersela. Quell'anno corona un sogno: lo invitano come ospite alla diciottesima edizione della *Rassegna della canzone d'autore* organizzata dal Club Tenco. Tempo prima aveva inciso un brano per *Il volo di Volodja*, disco-tributo al cantautore russo Vladimir Vysockij coordinato da Sergio Secondiano Sacchi a cui avevano contribuito anche Eugenio Finardi, Francesco Guccini, Milva, Cristiano De André e altri. Al Tenco si esibisce per due sere di seguito: sabato 30 ottobre propone un breve set acustico, poco più di quindici minuti, molto applaudito: uno di quei brani, *Camera con vista sul deserto*, finirà nella compilation *Roba di Amilcare*, pubblicata dalla Cgd nel 1999.

«Quella sera» ricorda Enrico De Angelis del Club Tenco «cantò anche Marcello Modugno, figlio del grande Domenico, che era tra il pubblico. Nella cena all'hotel Méditerranée dopo lo spettacolo, Ligabue fece da "corista" a Domenico (già colpito da ictus) mentre intonava i suoi pezzi più famosi.»

La sera dopo c'è in blocco l'omaggio a Vysockij, e il Liga canta il brano che ha inciso per il disco-tributo, *Variazione su temi tzigani*. Da segnalare due curiosità: quella è l'unica volta nella storia del Tenco che Rai Due manda in diretta la serata. E Luciano in quei giorni a Sanremo sfoggia un pizzetto sbarazzino simile a quello che da sempre caratterizza il suo amico Claudio Maioli.

8

A CHE ORA È LA FINE DEL MONDO?

Il 12 dicembre 1993, al secondo raduno nazionale dei fan all'Italghisa di Reggio Emilia, Luciano annuncia l'inizio di un anno sabbatico: niente concerti, niente dischi, nessun impegno lavorativo. Viene fuori da un periodo orribile e non vuole pensare a nulla che abbia a che fare con la sua carriera. Ha soltanto l'esigenza di ritrovare se stesso, gli entusiasmi che ha perso per strada e la voglia di fare ancora musica.

Così il Liga si rintana nella sua Correggio e riflette, si mangia il fegato, rivede i vecchi amici, si chiarisce le idee, osserva il mondo, pensa a come rigenerarsi.

Il 27 e il 28 marzo gli italiani vanno a votare per rinnovare il parlamento e il giorno dopo, guardando i risultati alla tv, Luciano ha un soprassalto: ha vinto il partito fondato da Silvio Berlusconi, autoproclamatosi salvatore della patria. «Non volevo crederci» racconta. «Guardavo la tv e pensavo che quella scatoletta avesse partorito un mostro, cioè Forza Italia, che dal nulla era diventato il più grande partito italiano. Non ce l'avevo tanto con Berlusconi, quanto con il sistema che aveva consentito e favorito la sua elezione. Mentre ero lì a casa e riflettevo su queste follie, mi capitò di risentire la canzone dei R.E.M. *It's the end of the world as we know it (and I feel fine)*. Ebbi come un'illuminazione. Mi venne in mente di raccontare di questo mostro che alcuni cercavano di convincerci non contasse e invece contava eccome, se era riuscito a cambiare la storia italiana in pochi mesi: la televisione. Un mostro infingardo, difficile da evitare, anche perché del mostro non aveva le fattezze. Decisi di raccontare la sua storia attraverso un paradosso: la fine del mondo vista dalla televisione. Ho immaginato la fine del pianeta entro due settimane. E cosa farebbero, mi sono chiesto, le persone una volta saputo che rimangono loro solo quindici giorni da vivere? Farebbero del bene, si convertirebbero, tromberebbero dal mattino alla sera, sfogherebbero i loro istinti più turpi, proverebbero tutte quelle esperienze che non hanno mai avuto il coraggio di affrontare, organizzerebbero orge irriferibili, troverebbero finalmente l'ardire di confessare il proprio amore a qualcuno? O si metterebbero davanti alla televisione per vedere la fine del mondo in diretta, magari commentata da Emilio Fede? Insomma, queste erano le due vie, perché il mondo si divide in due categorie: quelli che vivono e quelli che guardano gli altri vivere e stanno incollati alla televisione.»

In realtà Luciano quel pezzo dei R.E.M. lo conosceva da parecchio tempo: quando uscì, nel 1987, lui lavorava a Studio 6 e lo passava spesso. Ma ora per lui assume un significato tutto diverso, così scrive quasi istintivamente un testo in italiano: la struttura musicale di quel pezzo permette l'uso di tante parole, e lui ne usa davvero molte, è come un fiume in piena.

Non avendo mai bazzicato prima il mondo delle cover e non sapendo come funzionano queste cose, incarica Valerio Soave di occuparsi della questione dei diritti.

Poi chiama la Wea e dice che vorrebbe pubblicare un singolo con questa canzone. Ma subito dopo ci ripensa e si ricorda di avere nei cassetti tre o quattro brani già registrati e mai usati, non perché non fossero validi, ma perché non erano idonei al progetto che stava realizzando o ancora più semplicemente perché nel disco non c'era più spazio. A quel punto decide di pubblicare un mini-album, al quale dà come titolo provvisorio *7 schegge sparse*. All'ultimo momento gli viene voglia di incidere un pezzo anche con i Negrita, così le canzoni diventano otto e bisogna modificare il titolo. Scartato *8 schegge sparse*, il migliore sembra a tutti quello della cover dei R.E.M. *A che ora è la fine del mondo?*

La canzone in un primo tempo era stata incisa con i ClanDestino. «Ma Luciano» racconta Max Cottafavi «diceva che era troppo piatta, che non trasmetteva emozioni.» In realtà la stessa sensazione la ebbero quelli della Wea, che si rifiutò di fare uscire il pezzo così com'era e chiese a Luciano di provare a registrarlo di nuovo, ma non più con i ClanDestino. Il Liga accetta a malincuore, ma lo fa sapendo che il rapporto con il gruppo è difficile da recuperare. Le registrazioni del disco, infatti, hanno confermato la spaccatura tra lui e i ragazzi e, per la prima volta nella loro storia, in studio manca la consueta compattezza, quel senso di coinvolgimento totale che aveva caratterizzato i loro lavori precedenti.

A che ora è la fine del mondo? viene inciso nuovamente al Logic Studio di Milano dal fonico Paolo Germano; alla chitarra c'è Andrea Braido, alla batteria Lele Melotti, al basso Davide Romani e alle tastiere l'unico superstite dei ClanDestino, Gianfranco Fornaciari.

Poi c'è il ripescaggio di un pezzo che Luciano ha scritto nel periodo degli OraZero. Allora l'idea era di fare un po' di ironia su Ronald Reagan, ma siccome nel frattempo negli Stati Uniti sono cambiate un sacco di cose («Anche se continuano a sentirsi gli "sceriffi" del mondo con una legge e una giustizia sole: le loro» commenta amaro il Liga), cambia anche il bersaglio: ora sotto mira è George Bush Senior. Di questo brano comunque ci sono due versioni, *Gringo '91* e *Gringo '94*, suonate entrambe dai ClanDestino, ma nel primo caso con Giovanni Marani al piano, nel secondo con Gianfranco Fornaciari all'Hammond.

Quest'ultimo è anche l'unico ad aver scritto una canzone, *Cerca nel cuore*, a quattro mani con Luciano (eccezion fatta per *Ho ancora la forza* che il Liga scriverà con Guccini diversi anni dopo. Ma questa è un'altra storia). «Tra noi» racconta Fornaciari «si era creata una buona sintonia: avevamo gli stessi gusti musicali e a lui piaceva avere qualcuno con cui confrontarsi anche come autore. Un giorno gli feci ascoltare un paio di pezzi su cui stavo lavorando. Disse subito che gli piaceva quel giro di accordi, ma la cosa finì lì. Dopo un po' mi chiamò dicendo che aveva scritto un testo per uno dei due pezzi. È così che è nata *Cerca nel cuore*.»

Fuoritempo è un altro pezzo del periodo OraZero. Nel 1992 lo aveva dato ai Rats che lo avevano inserito nell'album *Indiani padani*, pubblicato dall'etichetta Riservarossa di Claudio Maioli. Ora se ne riappropria registrandone una nuova versione all'Esagono di Rubiera con tre dei ClanDestino (Gianfranco, Ghezzi e Max) più Lele Melotti alla batteria. Altra canzone «recuperata» è *Male non farà*, scritta nel 1988 e data ai Timoria cinque anni dopo: la inseriscono nella seconda edizione dell'album *Storie per vivere*. La versione inserita in questo disco è suonata dai ClanDestino, con in più Jenny Bersola ai cori.

Poi c'è la versione dal vivo di *Urlando contro il cielo*:

ovviamente suonano i ClanDestino, con una memorabile introduzione al piano di Giovanni Marani, che ricorda: «Quell'idea è nata durante le prove del *Neverending tour* fatte in un teatro a Concordia. A un certo punto Luciano si voltò verso di me e mi chiese di provare a fare una intro. Non so spiegare neanche io come, ma vennero fuori quelle note. Nel teatro vuoto c'era una persona in quarta fila che appena le sentì iniziò a cantare il ritornello e ad applaudire...».

«Un sacco di gente» dice Luciano «mi domandava quando avrei fatto uscire un live. Purtroppo, però, a parte il materiale dell'homevideo *Ligabue dal vivo*, non ci siamo mai preoccupati di registrare i nostri concerti (furbi, eh?). A un certo punto mi sono ritrovato tra le mani la registrazione di questa canzone, non so da dove venga fuori e non voglio nemmeno indagare. So soltanto che mi ricorda un tour davvero bello, quello del 1991, e che, anche se suona un po' "vecchiotta", mi trasmette un certo entusiasmo.»

L'ultimo pezzo in ordine di tempo a essere registrato (settembre '94) è *L'han detto anche gli Stones*. Ho già spiegato che con questo disco il Liga si concede esperimenti d'ogni tipo. All'epoca è intrippatissimo con Lenny Kravitz, Nirvana, Pearl Jam, Soundgarden. Ed è molto attratto dal team che sta dietro la I.R.A. di Firenze (Alberto Pirelli e sua moglie Anne Marie Parrocel), il cui ultimo lavoro è l'album d'esordio degli aretini Negrita, prodotto da Fabrizio Barbacci. Lo stesso Barbacci si era presentato da lui qualche tempo prima per chiedergli un'opinione da produttore sui provini che aveva realizzato per un gruppo nuovo. Si trattava, per l'appunto, dei Negrita e in quel demo c'era quasi tutto il materiale che sarebbe stato inciso per l'album d'esordio. Luciano dopo l'ascolto disse semplicemente a Barbacci che non aveva consigli da dargli: lui stesso aveva già trovato il modo di fare esprimere al meglio quel gruppo.

Così, dopo un po' di mesi da quell'incontro, Ligabue chiama Barbacci e gli dice che vorrebbe incidere un pezzo con lui e i Negrita.

Lui dice sì, anche se è preoccupato per il ruolo del cantante Pau, dato che per forza di cose il pezzo lo avrebbe cantato Luciano. Alla fine Pau viene usato per i controcanti e fa un intervento di armonica.

Luciano utilizza una pagina del bel booklet allegato all'album per spiegarne il concetto. Il titolo riprende l'idea di quello che era stato pensato all'inizio: *Otto schegge sparse*. Scrive il Liga: «Questo non è il mio disco nuovo! I dischi nuovi sono fatti con pezzi nuovi. Queste sono invece canzoni che hanno (a parte un paio) mediamente sette-otto anni di vita. Hanno avuto percorsi diversi, qualcuna è stata modificata rispetto a come era nata, nessuna di queste (almeno nelle versioni che trovate qui sopra) era mai finita in un mio disco precedente. Ognuna di queste ha, però, un fatto curioso alle spalle (ognuna un fatto diverso) per cui mi dispiaceva che potesse non venire mai alla luce una pubblicazione. Non so neanche se stanno bene insieme. Non so neanche se devono stare bene insieme. So che mi andava di metterle insieme. Ci vediamo nel '95!».

Molto intrigante, ancora una volta, è la copertina dell'album, caratterizzata da un personaggio dei fumetti, Gino, ideato dallo stesso Ligabue e realizzato dal solito Gigi Cavalli Cocchi. Che racconta: «Prima di arrivare a quello definitivo, ho disegnato tanti Gino. Almeno quindici. Il primo, a detta di Luciano, era troppo figo, quasi un tronista ante litteram. Poi, a forza di modifiche, siamo arrivati alla versione finale. Gino doveva essere la rappresentazione dell'italiano medio, uno che vive incollato alla poltrona con la televisione sempre accesa. Non ha passioni, non ha sogni, è un personaggio becero che nutre la sua mente, ammesso che ne abbia una, solo con quel che passa la tv».

L'idea originale era di trasformarlo in un personaggio da fumetto, magari realizzando delle strisce per qualche giornale, oppure un video. Ma la fine del rapporto con i ClanDestino, non ancora ufficiale ma più che probabile, fa saltare ogni progetto.

A che ora è la fine del mondo? esce nell'ottobre del '94. Se fino a quel momento a ogni disco era regolarmente seguito un tour, anzi in pratica Luciano era stato ininterrottamente in tour dall'estate del 1990 a tutto il 1993 (i famosi trecentocinquanta concerti del *Neverending tour*), stavolta decide di prendersi una pausa, perché in realtà le idee sugli sviluppi futuri della sua carriera sono ancora piuttosto confuse.

In quell'occasione fanno solo qualche data in Svizzera: 16 maggio a Winterthur, 17 a Basilea, 19 a Lugano e 20 a Rubigen. In quei giorni scoppiano liti furiose tra Luciano e alcuni componenti dei ClanDestino. «Da un po' di tempo» racconta Max «Valerio Soave era diventato una presenza fissa ai concerti. Secondo me stava lavorando per metterci uno contro l'altro. Fatto sta che una sera, durante quel mini-tour che stavamo facendo in Svizzera, riportò a Luciano una mia frase in maniera distorta. Fu la causa di una litigata mostruosa, finita nella sua camera d'albergo tre ore dopo. Quella sera tirammo fuori tutti i rospi che avevamo dentro, sotto certi aspetti è stato bellissimo, quasi una seduta psicanalitica. Io uscii sbattendo la porta e dicendogli: "Comunque gli altri non hanno nessuna colpa, da domani sto a casa io". In quell'occasione gli altri componenti dei ClanDestino, tranne Gianfranco Fornaciari, mi dettero tutta la loro solidarietà dicendo che se fossi stato licenziato io, pure loro se ne sarebbero andati.»

Il 10 settembre Luciano partecipa al Grugapark Festival di Essen, in Germania. Ecco come è andata: nei mesi precedenti Valerio Soave aveva incontrato diversi promoter per sceglierne uno. Tra gli altri aveva parlato con Franco Mamone, con Maurizio Salvadori e Ferdinando Salzano della Trident, con Roberto De Luca. Quest'ultimo gli aveva subito proposto di partecipare al Festival di Essen. Il Liga dice subito di sì con entusiasmo. Il giorno in cui partono, all'aeroporto incontrano Jovanotti che, saputa la meta del viaggio di Luciano, gli dice: «Ah, fichissimo, è un festival della madonna!» (anni dopo confesserà che lui quel festival non l'aveva mai sentito nominare, ma non voleva passare per uno sprovveduto).

Fatto sta che quando arrivano sul posto la situazione non è proprio entusiasmante: sì, l'hotel dove li hanno sistemati è molto bello e lo spazio del festival è immenso, ma piove che dio la manda e c'è davvero poca gente, anche se in cartellone ci sono pure Les Négresses Vertes, che in quel periodo stanno andando alla grande. Per farla breve, quando Luciano sale sul palco ci sono davvero quattro gatti: contando anche Donatella e la fidanzata di Soave, non più di dieci persone. Infatti a un certo punto della sua esibizione Luciano si rivolge agli addetti al servizio d'ordine, che per contratto durante i concerti devono stare con la faccia rivolta verso l'ipotetico pubblico, e li invita a voltarsi verso il palco. «Almeno» dice «ho la sensazione di cantare per qualcuno.»

Ma la vera importanza di quel concerto sta in un altro motivo: è la prima volta che Antonio «Rigo» Righetti, ex Rocking Chairs, suona con Luciano. Il bassista Luciano Ghezzi, apparentemente il più tranquillo della band, aveva lasciato i ClanDestino da un momento all'altro, senza fornire spiegazioni. In realtà era esasperato da tutta quella conflittualità e non ce la faceva più a vivere con il coltello tra i denti. Così avevano dovuto sostituirlo in fretta e furia.

«A quel punto» racconta Gigi Cavalli Cocchi «sia io che Luciano pensiamo a Rigo. Lui in quel concerto suona alla meno peggio. Ma siccome sappiamo che è un ottimo musicista, ci sembra naturale chiedergli di entrare nei ClanDestino. Fa un provino, dovrebbe suonare due pezzi, ma arriva completamente impreparato. Col senno di poi credo sia facile capire perché: noi ancora non lo sapevamo, ma lui certo già intuiva che la storia dei ClanDestino con Luciano era finita. La cosa brutta, per noi, è stato leggerlo su un articolo di giornale: sul "Resto del Carlino" scrissero che Ligabue stava provando in gran segreto con una nuova band. A quel punto chiediamo una spiegazione a Luciano, lui dice che non ha ancora le idee chiare. Che sì, in effetti sta cercando gente per incidere il nuovo disco. Però noi non siamo in discussione per il tour. Ipotesi che non sta in piedi, infatti in quel preciso istante finisce la storia dei ClanDestino come band del Liga.»

«La situazione tra noi e Luciano» conclude Gigi «era così pesante che una volta rientrato a casa non avevo nessuna voglia di partecipare all'annuale raduno del fan club, che ci sarebbe stato qualche giorno dopo. Se ci ho ripensato e ho deciso di andarci è stato solo per rispetto dei fan.»

«Ligabue» racconta Rigo «lo avevo conosciuto ai tempi in cui gestivo il Wienna a Modena: ci aveva suonato con gli OraZero in occasione della presentazione del suo primo 45 giri. Trico sostiene che quella volta mi comportai come uno stronzo, sembra che gli abbia detto: "Quelli sono i microfoni, quello è il mixer e non menatela troppo col sound check". Comunque devo essere onesto: dopo averlo ascoltato quella sera, su Luciano non avrei investito diecimila lire. I miei gusti erano piuttosto snob e mi piacevano cose decisamente diverse... Molto tempo dopo ho conosciuto Maioli: lui produceva i Gang e aveva chiamato me e Robby Pellati per fare la ritmica in un tour che poi in effetti non si fece. A settembre di quell'anno Maioli mi richiama e mi dice che c'è da fare un concerto a Essen e che sono senza bassista. Io tiro giù i pezzi in fretta e furia e mi unisco a loro. Sul volo di ritorno, Luciano mi dice che sta pensando di cambiare il gruppo e mi chiede se ho voglia di fargli delle proposte. Dico che la cosa mi interessa e comincio a contattare altri musicisti, in particolare Robby e Fede Poggipollini, che conoscevo fin dai tempi dei Radiocity e poi avevo rivisto varie volte con i Litfiba.» Insomma, è così che prende forma il nuovo gruppo del Liga, quello che poi si chiamerà La Banda.

Ma facciano un piccolo passo indietro. Nel frattempo era nata la Mescal, etichetta discografica fondata da Luciano e Valerio Soave. Che racconta: «L'anno prima eravamo andati a vedere un concerto di Paolo Conte al Sistina di Roma. Alla fine andammo in camerino a salutarlo. Tornando in hotel, Luciano mi dice: "Un giorno o l'altro mi piacerebbe incidere un disco alla Paolo Conte. Per me lui è il massimo. Ma come farei a farlo digerire a quelli della Wea?". La soluzione, dissi io, è fondare una tua etichetta e produrre cose che ti piacciono. L'idea lo prese, infatti mi disse di proporgli un'ipotesi di società. Io, che ero completamente a digiuno di quelle cose, mi misi a studiare la situazione e dopo qualche tempo andammo da un notaio di Nizza Monferrato e fondammo la Mescal».

Il nome è un'idea del Liga: nel '93 aveva fatto un viaggio in Messico con Donatella. Valerio Soave racconta: «Tornato a casa, il Liga mi dice: "Ho pensato a tre nomi: Occupato srl, Fuoritempo srl e Mescal srl". Quest'ultimo era il nome che gli piaceva di più, perché gli ricordava il verme che c'è nella bottiglia di tequila. Così lo scegliemmo. Fuoritempo invece è diventato il nome della sua società, mentre Occupato è ancora lì che aspetta di essere utilizzato».

Il primo disco che producono è *Sono note inutili?* di Stefano Belluzzi, musicista di estrazione jazz le cui composizioni ricordano (guarda caso!) le atmosfere di Paolo Conte: per incidere il suo album d'esordio all'Esagono di Rubiera utilizza molti musicisti che hanno già suonato con l'avvocato di Asti. «Tutto è stato possibile» racconta Belluzzi «grazie a Donatella, la sua ex moglie, che ha fatto ascoltare i miei pezzi a Luciano. Sono stati preziosi soprattutto i suoi consigli per la scrittura e l'arrangiamento».

Successivamente la Mescal pubblica gli album d'esordio dei Modena City Ramblers, dei Massimo Volume e dei La Cruz. E inizia anche un'attività di booking affidandola a Enza Solinas, che già faceva questo lavoro per Luciano nel periodo della Target. Ma dopo circa un anno il Liga si stanca del suo nuovo giocattolo. O meglio: è infastidito dalle critiche che ogni tanto qualcuno gli rivolge. La goccia che fa traboccare il vaso è un articolo uscito sul «Manifesto», che lo accusa di speculare su nomi emergenti e di incassare royalties sul lavoro di altri. «Accuse totalmente infondate,» spiega Soave «perché Luciano non ha mai guadagnato niente da questa attività: l'unica cosa che lo interessava era scoprire nuovi talenti e dare loro una possibilità.» Comunque regala il cinquanta per cento di azioni della Mescal in suo possesso a Valerio, che continua a gestire l'etichetta da solo.

9

BUON COMPLEANNO ELVIS

Come abbiamo visto, Luciano è cresciuto «cibandosi» di America. Ma di un'America tutta sua. Infatti ripeteva spesso: «L'America per me è un sogno e basta. Ed essendo un sogno, non coincide con l'America vera. Personalmente ho molta simpatia per l'America di quelli che non sono riusciti a integrarsi in un sistema secondo me così quadrato, così arrivista, così rampante. Per questo sono assolutamente affascinato dalla fauna descritta da Tom Waits e da Bruce Springsteen, che è uno che parla soprattutto di gente comune, di antieroi. Non so quante volte ho detto che l'America uno se la gode a casa sua, lasciandoci entrare dischi, libri, film che arrivano da lì, e lasciando agli americani la realtà quotidiana. Ti sembra possibile dire che la nostra vita sarebbe stata uguale senza il rock, il blues, il soul, il jazz? Senza Hollywood? Senza Hemingway, Faulkner, Fitzgerald, Edgar Allan Poe, Chandler, Bukowski? Senza i film western o le ballate di Springsteen? È chiaro che hanno esportato anche tonnellate di merda culturale, ma sta a te saper filtrare. Io ci ho giocato un po' con questo mito, da sempre, e in particolare con *Lambrusco coltelli rose & pop corn*. Ma ci ho messo sempre molta ironia».

L'America vissuta come sogno, dunque, anche perché

non essendoci mai stato, quella realtà non l'ha mai toccata con mano. Ecco perché quando decide di andarci davvero, assieme a suo fratello Marco, a Valerio Soave e alle rispettive mogli e fidanzate, da una parte è molto eccitato, ma dall'altra ha paura di infrangere un sogno coltivato a lungo. Anche per questo decide di andarci – se mi consentite la metafora – vestendo i panni dell'uomo normale e non della popstar.

C'è un aneddoto, relativo alla fase preparatoria del viaggio, che spiega benissimo il suo stato d'animo: parlando con Soave, incaricato di occuparsi di tutti gli aspetti pratici, sua moglie Donatella gli chiede esplicitamente di acquistare dei biglietti di business class. Valerio li compra e, quando lo dice a Luciano, lui reagisce a muso duro: «Ma sei impazzito? Già sto infrangendo un mito! Perlomeno voglio andarci come un comune mortale, non ho nessuna intenzione di osservare la realtà stando dietro un oblò dorato!». Così Soave si fa rimborsare i biglietti e li sostituisce con altri di classe economica.

Comunque Luciano non rimane affatto deluso da quel viaggio. Stanno via un mese, partendo da Los Angeles. Poi si spostano in auto a Las Vegas, attraversano la Monument Valley e arrivano a San Francisco. Da lì volano fino a Saint Louis, vanno in auto fino a Memphis, poi a New Orleans. Sì, il Liga nota anche un sacco di cose che non gli piacciono. Però nell'insieme è entusiasta.

Racconta suo fratello Marco: «Las Vegas non piacque a nessuno di noi. E quando visitammo una riserva indiana, Luciano era visibilmente contrariato. Ma il giro nella libreria City Lights gestita da Ferlinghetti lo rese felice come un bambino. E gli piacque tantissimo il Quartiere Francese a New Orleans, dove tra l'altro andammo a vedere un concerto di Bo Diddley. Ma l'apoteosi fu a Memphis, dove visitammo gli studi della Sun Records e

La signora Rina
e il signor
Giovanni Ligabue.

Luciano
con il fratello Marco.

Il primo concerto in assoluto di Luciano:
9 luglio 1981 alla Festa dell'Unità di Correggio.

La locandina del concorso Terremoto Rock (1988).

La locandina del 1° Concorso Nazionale Gruppi Musicali di Base, vinto dagli Almamegretta (1988).

La scheda di votazione di Gigi Cavalli Cocchi: il voto più alto è per Ligabue e OraZero.

Pausa durante il sound check
del primo concerto dei ClanDestino
(Correggio, 9 luglio 1989).
Da sinistra: Max Cottavavi, Luciano,
Gigi Cavalli Cocchi e Luciano Ghezzi.

Paolo Panigada e Max Cottafavi allo Studio Psycho di Milano (1989).

Luciano incide alcuni provini in un piccolo studio di Pegognaga (Mn) (1989).

Luciano e i ClanDestino (1991).

Il Liga e i ClanDestino a Le Louvrière, in Belgio (1993).

Consegna del primo disco d'oro (1991). ***Da sinistra:*** **Maioli, Luciano, Sándor Von Mallasz della Wea e i ClanDestino.**

Luciano con Fabrizio Giannini e Angelo Carrara (1991).

Concerto al Forum di Milano:
in primo piano, Luciano e Gigi Cavalli Cocchi (1993).

Concerto allo Stadio delle Alpi di Torino:
Luciano fa da supporter agli U2 (1993).

Il Liga con pizzetto assieme a Enrico De Angelis, Graziella Gambeggi, Graziella Corrent (tutti e tre del Club Tenco) e Renzo Fantini, manager di Francesco Guccini (1993).

La locandina dell'edizione 1993 del Premio Tenco.

Luciano
e i ClanDestino
sul set fotografico
per la copertina
di *Sopravvissuti*
e sopravviventi
(1993).

Luciano in concerto a Essen (1994).

Graceland. Quella è stata un'esperienza un po' scioccante, perché quando vede la casa dove Elvis ha vissuto tutta l'ultima parte della sua vita si rende conto dell'altra faccia della medaglia e capisce quanto grande fosse la sua solitudine».

Ovunque vada, Luciano osserva attentamente qualsiasi cosa, «annusa» l'aria e prende appunti su un block notes. Scrive in continuazione, e quando torna a casa ha pronti circa trenta pezzi. Insomma, ha materiale più che sufficiente per incidere un nuovo album.

Ha deciso di lavorare con un nuovo produttore, Fabrizio Barbacci, conosciuto l'anno prima in occasione dell'incisione di *L'han detto anche gli Stones* con i Negrita. Lui e la nuova band assemblata da Rigo fanno un po' di rodaggio in studio, incidendo una cover di *Dio è morto* per un disco-tributo ad Augusto Daolio dei Nomadi organizzato dal Gruppo Giornalisti Musicali e coordinato da Fausto Pirito e Stefano Ronzani. Poco tempo dopo inizia la fase di preproduzione del nuovo album.

Racconta Rigo: «Affittò una vecchia scuola elementare di Budrio, una di quelle alla De Amicis, che aveva funzionato fino a pochi anni prima. Ci trovavamo lì ogni pomeriggio per provare, e a volte la cosa andava avanti anche di sera, magari improvvisando jam con gruppi locali. Oppure organizzavamo incontri e feste. Insomma, sotto l'aspetto logistico la situazione non era il massimo: il suono era davvero pessimo e avevamo messo il mixer in un ripostiglio per evitare interferenze. Però l'atmosfera era bellissima ed è stata un'esperienza unica. Ci sono alcune riprese video che testimoniano il grande cazzeggio e l'entusiasmo di quei giorni».

Dopo un po' si aggiunge un secondo chitarrista, Mel Previte, che in realtà era già stato contattato da Rigo, ma che all'inizio aveva opposto un secco rifiuto. Bisogna sapere che Mel lavora in banca da oltre vent'anni (all'inizio si chiamava Banco di Santo Spirito, diventato poi Banco di Roma e ora Unicredit) e che a quel lavoro non ha mai rinunciato. «Con Robby e Rigo» racconta «avevamo suonato nei Rocking Chairs, quindi ci conoscevamo bene. Quando Rigo venne a cercarmi in banca per propormi di andare a suonare con Ligabue, io dissi che non ci pensavo nemmeno. Avrei dovuto sostituire Max Cottafavi ed ero convinto che il mio stile chitarristico fosse troppo diverso dal suo per poterne raccogliere l'eredità. Ma Rigo insistette, e dopo qualche tempo feci un provino davanti a Luciano e Barbacci. Andò piuttosto male, ma qualche settimana dopo mi chiamarono ugualmente. Credo che non fossero interessati tanto alla mia tecnica chitarristica, quanto al fatto di avere a disposizione due orecchie non ancora sature dei suoni che stavano provando da giorni e giorni. Insomma, volevano un parere sui pezzi che stavano preparando da uno che li sentiva per la prima volta. Inizialmente avrei dovuto collaborare solo a qualche pezzo, ma abbiamo scoperto subito che i miei gusti e le sonorità che andavo ricercando erano molto simili alle cose che Luciano aveva in testa, così ho suonato in tutti i pezzi, a eccezione di *Quella che non sei.* Anche l'altra chitarra, quella di Fede, è presente in tutti i brani, a parte *Non dovete badare al cantante.*»

«In fase di preproduzione» aggiunge Rigo «ognuno di noi ci ha messo del suo. Ma secondo me Luciano è uno degli ultimi cantautori davvero completi, nel senso che quando scrive i suoi pezzi hanno già una fisionomia ben definita. Ovviamente l'arrangiamento è scarno, quindi il compito dei musicisti è perfezionarlo sotto questo aspetto.»

Finito il lavoro nella scuola di Budrio, il Liga prenota l'Esagono di Rubiera a partire dal 15 maggio e ci resterà fino al 29 luglio. Anche qui l'atmosfera è molto rilassata. Superato il periodo di crisi personale, Luciano ha ritrovato la serenità e non ha nessuna intenzione di farsi vincere dallo stress, tanto è vero che spesso raggiunge la sala d'incisione, che si trova a soli otto chilometri da Correggio, in bicicletta. Tutti hanno una gran voglia di dare il massimo e sono estremamente collaborativi sotto l'aspetto creativo. «Il titolo *Seduto in riva al fosso*, per esempio,» racconta Rigo «nasce da discussioni interminabili tra me e Fede su chi era meglio: io dicevo Elvis, lui sosteneva i Beatles. Elvis è sempre stato una delle mie ossessioni culturali, mi ha sempre intrigato per le sue capacità vocali, ma anche per l'enorme popolarità raggiunta e pure per il mistero che lo ha sempre circondato. Secondo me lui è un riassunto perfetto di quanto di buono, ma anche di deleterio c'è stato negli anni Cinquanta, Sessanta e in buona parte dei Settanta.»

Evidentemente tanto entusiasmo per Elvis «the Pelvis» ha contagiato anche Luciano. Non a caso l'album alla fine è stato intitolato *Buon compleanno Elvis*. Ma non è un tributo a Presley, anzi il Liga spesso ne prende le distanze, come dimostra questa lunga lettera aperta allegata alla cartella-stampa del disco.

> Ciao, Elvis!
> Tu non mi conosci: non sono uno dei tuoi milioni di *fans*. Non ho tutta la tua discografia, come non posseggo libri su di te. Sono solo uno dei miliardi di persone che hanno impressi nella mente (chi più, chi meno) la tua faccia, la tua voce, il tuo stile, qualche tua canzone. Sono uno di quelli che ancora oggi assistono a tante discussioni su di te. A qualcuno proprio non va giù che ti si chiami ancora «The King». Dicono che musicalmente c'è stata gente più determinante (e arrivata

prima) di te per il rock&roll, ma chi ti difende dice che se non ci fossi stato tu il rock rimaneva per pochi e chissà dov'era (e cos'era) oggi; e poi, a differenza di altri, quasi tutti i più grandi venuti dopo di te ti citano come loro idolo.

Dicono che non può essere «il Re» chi non scriveva neanche i propri pezzi (come te) ma chi ti difende dice che, con la tua voce, le canzoni che hai cantato le hai rese comunque e per sempre «canzoni di Elvis».

Dicono che le tue amicizie con Nixon e la Cia e la parte finale della tua carriera sono quantomeno imbarazzanti e chi ti difende dice che non possiamo sapere niente delle pressioni che si subiscono a quei livelli; anche e soprattutto da chi ti sta attorno.

Io, senza entrare nel merito di queste discussioni, voglio dirti che apprezzo molto il tuo lavoro di *musicista* ma, soprattutto, ci tenevo a dirti che la tua influenza è stata tale e tanta che il genere di cui sei «Re» dopo di te ha preso tante forme diverse ma che comunque ti somigliano sempre un po'.

Sì, perché il rock nel frattempo è stato ed è:

– *eversivo* e *sfolgorante* (come te ai tuoi inizi)
– *tradizionale* e *decadente* (perdona, ma nel periodo di Las Vegas eri un po' così)
– *carnale* (e che semina hai fatto, qui, con le tue mosse)
– *romantico* (la favola, almeno per un po', con Priscilla)
– *l'occasione per un riscatto* (la storia del 45 giri inciso per il compleanno di tua madre che ti cambiò la vita è esemplare)
– *rapporto con le droghe*
– *profondità* (con certi suoni e canzoni che restano)
– *frivolezza*
– *ricerca di qualcosa di puro*
– *voglia di lasciare un segno*

– *desiderio di libertà e catene da marketing*
– *ansia di popolarità e bisogno di riservatezza.*

Di tutto questo, come di tanti altri aspetti di cui il rock è fatto, ho trovato piena la tua Graceland in un giro che ho fatto l'anno scorso. E proprio lì, fra alcune delle tue stanze, bacheche, cimeli e una macchina da spettacolo ancora attiva, ho capito meglio quanto sia profondo il segno che hai lasciato.

Non sono uno dei tuoi milioni di *fans* ma sono uno che ti stima e che ti vuole ringraziare soprattutto per una cosa che al rock hai dato e senza la quale il rock non potrebbe vivere: il Sogno.

A proposito, ho saputo che l'8 gennaio di quest'anno hai fatto sessant'anni. E allora, anche se in ritardo, BUON COMPLEANNO, ELVIS!

Luciano.

Strano a dirsi, ma questa lettera tutto sommato così affettuosa scatena le ire di Sebastiano Cecere, presidente del fan club italiano di Elvis, che invia un'irosa missiva ai quotidiani accusando il Liga di infangare il nome di Presley e di usarlo semplicemente per fini commerciali. Luciano risponde per le rime scrivendo, tra l'altro: «Mi accusi di ignoranza nei suoi confronti offendendomi senza neanche avere sentito cosa ho cantato e scritto su di lui... Io, facendo riferimento alle due motoslitte viste nella casa di Presley (ma potevo fare l'esempio dei due aerei privati e, se non sbaglio, lui aveva paura di volare), ho sempre sottolineato il fatto che "avesse bisogno di giochi" in una bella villa dove, oltre ai simboli del successo, c'era (così sembra a me) tutta la sua solitudine cui la sua popolarità l'aveva condannato... Io comunque non ho mai cercato di ridicolizzare la sua figura, semmai ho parlato della sofferenza che avrà patito nel raffrontarsi con quello che era stato e del suo coraggio nel mostrarsi per quello che comunque era in un certo momento, nella sua decadenza fisica e forse mentale e forse, perché no, pure artistica. Detto questo, specifico che non ho mai voluto "istruire" nessuno sull'argomento, come dici tu. A quello penserete voi. Però fatelo sottolineando anche le debolezze. Cosa cruciale per capire e amare un mito. Altrimenti rischiate di volere adorare un dio. E mi sa che Elvis non sarebbe d'accordo».

Polemiche a parte, o forse anche grazie a esse, *Buon compleanno Elvis* fa un «botto» clamoroso: vende più di un milione di copie. Nei negozi arriva il 22 settembre 1995, anticipato da *Certe notti* (guarda caso la traccia numero 7 dell'album!), un singolo dalla potenza esplosiva. «E dire» rivela Valerio Soave «che quelli della Wea non volevano che fosse il primo singolo. Loro preferivano *Seduto in riva al fosso*. Ma noi ci siamo imposti e, dopo un paio di giorni, è arrivata una telefonata di un dirigente che ci diceva: "Se proprio volete che *Certe notti* esca come singolo vi accontentiamo. Però non è un pezzone come *Ho messo via*". Quando si dice dell'intuito di certi discografici!»

Un altro aneddoto curioso riguarda una scommessa fatta dal Liga con Claudio Morselli, il fonico dell'Esagono che ha registrato *Buon compleanno Elvis*: durante le sessioni d'incisione, Luciano dice che se quel disco avesse superato le cinquecentomila copie vendute sarebbe andato all'Esagono di persona con un furgone pieno di prosciutti, salami, ciccioli, mortadelle e affettati d'ogni tipo. Ebbene, il 21 dicembre paga il suo debito, presentandosi in studio con un furgone stracolmo di affettati e Lambrusco: gli invitati sono più di cinquanta, si strafogano in modo esagerato, ma non riescono a mangiare neanche la metà delle cose che ha portato il Liga.

«Secondo me» spiega Fabrizio Barbacci «uno dei "segreti" del successo di questo album è l'introduzione della seconda chitarra, che ha reso la musica di Luciano meno pop. Questo disco infatti è caratterizzato da una forma di rock più scarna, fatta di suoni più puri. Qualcuno lo ha definito un rock "targato America". Del resto non è certo un segreto che Ligabue ama molto il rock d'oltreoceano. La sua formazione è stata influenzata da quel tipo di suoni.»

Nel corso di una lunga intervista per «Max», Luciano mi disse: «Io faccio le cose d'istinto, quindi sono emotivamente troppo coinvolto per giudicare il mio lavoro. Però posso dire che questo album ha almeno due caratteristiche che lo differenziano dai precedenti. La prima riguarda i suoni, e questa è una differenza sostanziale, in quanto nel rock il suono non è soltanto forma, ma è parte integrante del contenuto. La seconda riguarda lo stile di scrittura: i miei vecchi dischi erano a tema, e raccontavo le mie cose utilizzando storie e personaggi più o meno fittizi. Stavolta racconto in prima persona, quindi il modo di affrontare gli argomenti è diverso, decisamente più intimista».

Curioso notare che in due differenti canzoni, *Buon compleanno Elvis!* e *Il cielo è vuoto o il cielo è pieno*, tira in ballo un gran numero di città: «Quelle citate in *Buon compleanno Elvis!*» mi spiegò «rappresentano una sorta di percorso musicale ideale: Reggio Emilia, Liverpool, Memphis, Nashville. In realtà a Liverpool e Nashville non ci sono mai stato, ma non credo che sia importante: ciò che significano è noto a tutti. A Memphis, invece, ci sono andato l'anno scorso. Ho visitato Graceland, e mi è servito per capire quanto deve essere stata triste la vita di Elvis: probabilmente era uno che si annoiava da matti... L'altra serie di città ha un significato completamente diverso. Dico che "c'è già la spinta per vivere sotto il cielo di Dublino, Cairo, Bogotà, Pechino". È una canzone che parla di quanto si possa essere condizionati dall'idea che ci sia o no un aldilà. Per esempio, se uno è cattolico e pratica la sua fede in maniera totale, vive una vita piuttosto difficile. Per me è sbagliato pensare che la ragione della nostra vita sia quella di arrivare bene di là: meglio vivere intensamente e senza troppe remore».

Riguardo la figura di Elvis, mi disse: «Per me non è mai stato un musicista particolarmente significativo, infatti non sono mai stato un suo fan. Nella preistoria del rock ci sono stati musicisti molto più importanti, per esempio Chuck Berry. Però Presley è colui che incarna fisicamente il rock. Probabilmente se lui non fosse esistito, questo genere non avrebbe mai avuto né la diffusione né tutti i significati che oggi ha: pensa all'idea della sessualità legata alla musica, al fanatismo, al divismo, ai milioni di sogni che nascono dal rock».

A una domanda su Correggio e sul suo rapporto con la gente del posto, mi rispose: «Cinque anni fa ero l'orgoglio della cittadina. Quattro anni fa ero la speranza di tanti e l'indifferenza di alcuni. Tre anni fa ero simpatico a metà popolazione e all'altra metà stavo sul cazzo. Adesso forse è tutto più normale, la gente ha imparato ad accettarmi per quello che sono. Vivere qui è fondamentale per il mio equilibrio. Lo dico senza avere controprove, perché non ho mai vissuto altrove. Però qui sto bene, nonostante i limiti della provincia. C'è una grande umanità: se qualcuno ti domanda "come stai" è perché gli interessa davvero, non lo dice così tanto per dire... Questo per me è molto importante. Così come è importante continuare a sapere cosa mi succede intorno, rimanere coi piedi per terra. Ma sono fortunato: ho una situazione personale che mi dà equilibrio. Gli amici, la famiglia. Caso mai dovessi fare qualcosa che non va bene, c'è sempre qualcuno pronto a dirmi che sto sbagliando».

10

SU E GIÙ DA UN PALCO

Qualche settimana dopo la pubblicazione di *Buon compleanno Elvis* inizia la nuova tournée di Luciano: il 3 novembre 1995 a Parma c'è la prima data e tutti i dodicimila biglietti sono stati venduti. Milano fa il sold out in prevendita, come Treviso e buona parte dei quindici concerti previsti: complessivamente totalizza circa centomila spettatori. Anche il disco sta andando alla grande: a fine dicembre sorpassa *Lambrusco coltelli rose & pop corn*, che fino a quel momento era il suo album più venduto.

Superata definitivamente la depressione che lo aveva assalito l'anno prima in seguito ai contrasti con Angelo Carrara e alla conseguente rottura con i ClanDestino, Luciano è in grande spolvero. Ha ritrovato tutta l'energia degli esordi e ha una gran voglia di stare sul palco. Il nuovo gruppo non soffre il debutto dal vivo, anzi è carico al punto giusto ed emana una grande energia. Il pubblico lo percepisce e risponde con entusiasmo. Che tocca vette altissime l'8 dicembre, quando al Vox di Modena si svolge il quarto raduno del fan club, che nel frattempo ha raggiunto un nuovo record di iscritti: duemilacento.

Luciano è gasatissimo e spinge perché ci sia presto un nuovo tour. Ma il suo manager e il promoter non sono d'accordo con lui, gli consigliano di staccare per un po'. Il rischio, dicono, è che la gente si stanchi. Ma lui non ne vuol sapere, sente che quello è il suo anno e insiste. I risultati gli daranno ragione: per lui il 1996 sarà un anno magico.

In primavera ricomincia a girare ed è subito chiaro che le cose vanno alla grande. Il 18 aprile scrive un editoriale per il «Bar Mario». Siccome il 21 ci sono le elezioni, prima si lascia andare a qualche considerazione di carattere politico: «In questi giorni la campagna elettorale tocca punte di vomito puro. Le sparate, le meschinità, gli svilimenti, le balle, questo teatrino che ti sembra impossibile e invece è proprio vero, mortificano molte speranze. Però non si può smettere di sperare: in mezzo a tanti politici "professionisti" (il che equivale a "gente addestrata per il conseguimento e il mantenimento del proprio potere") ci deve essere qualcuno che mette i valori della propria politica tanto esibiti in campagna elettorale davanti ai propri interessi personali. Spero che avrete avuto la fortuna di beccare (votando) qualcuno di questi».

Poi parla del suo stato di grazia sul palco: «Panorama politico a parte, l'umore, lo sapete, è a mille. Chi di voi ci ha visti in concerto sa benissimo che le cose fra me e i ragazzi del gruppo funzionano alla grande. Credo che sul palco lo si possa vedere molto bene. Sentiamo di essere più "insieme" musicalmente man mano che questo tour procede. Abbiamo tolto il metronomo dalle cuffie di Robby e quindi non abbiamo nessun riferimento elettronico: solo il nostro istinto... e le vostre reazioni».

Reazioni che regalano nuova energia a chi sta sul palco. Un palco su cui campeggia un gigantesco pupazzo di Elvis, eletto a simbolo di quei concerti, nonché portafortuna. La parte estiva del tour è un autentico trionfo: posti sempre più grandi, platee sempre più entusiaste. In tutto alla fine sono quarantasei concerti, seguiti da oltre duecentocinquantamila spettatori. Il climax lo raggiungono l'8 giugno a Roma: la curva sud dell'Olimpico è gremita di venticinquemila persone. L'eccitazione di tutti è tangibile. «Se dovessi scegliere un solo concerto tra tutti quelli che ho fatto col Liga» dice Mel Previte «non avrei dubbi: sceglierei questo. Quella sera nell'aria c'era qualcosa di magico: c'era tantissima gente, ma era come se fossimo tutti una sola persona. Credo che noi sul palco abbiamo dato il massimo, ma la gente ci ha ripagato alla grande dimostrandoci un amore straordinario.»

Intanto dietro le quinte si sta consumando la fine della collaborazione con Valerio Soave, che dopo la rottura con Carrara era diventato il suo manager. A febbraio Valerio aveva curato il rinnovo del contratto con la Wea, ma da quando era ricominciato il tour l'umore del Liga nei suoi confronti era cambiato. «Luciano» racconta Soave «si lamentava perché non ero sempre al suo fianco. Mi rimproverava di arrivare ai concerti solo all'ultimo momento, per di più viaggiando in aereo e non assieme al resto della carovana. Questo provocò parecchi screzi.» Come prima mossa, Luciano «recupera» l'amico Maioli, che un po' più di un anno prima, per volontà di Soave, era stato liquidato con un forfait: bisogna sottolineare che questo è stato l'unico periodo in cui il Maio è rimasto lontano da Ligabue e tutti ne attribuiscono la «colpa» al manager astigiano.

«In effetti» dice Maioli «l'anno e mezzo in cui Soave è rimasto al fianco di Luciano è stato un periodo ricco di manovre più o meno subdole per creare equivoci e fraintendimenti. Si sa che una frase estrapolata dal suo contesto assume un significato diverso, e questo succedeva regolarmente. Essendo un avvocato, inizialmente Valerio si era fatto avanti per risolvere sotto l'aspetto legale la questione con Angelo Carrara. Luciano in quel periodo era scosso, e forse vide in lui la persona giusta a cui appoggiarsi per ripartire. Ma dopo un po' capì che in realtà gli stava facendo terra bruciata attorno, e soprattutto che caratterialmente erano troppo diversi. Una sera mi chiese di accompagnarlo a Torino e fu l'occasione giusta per un chiarimento tra noi. Lì è ricominciato tutto: mi chiese di tornare a lavorare per lui a tempo pieno, stavolta come manager. Così, a partire dal tour di *Buon compleanno Elvis*, ho ricominciato a occuparmi di lui, stavolta a trecentosessanta gradi.»

Maio e il Liga ritrovano l'affiatamento d'un tempo in men che non si dica. Dopo qualche data Claudio tira fuori l'idea del siparietto in cui impersona la figura di Mario il barista: durante una pausa del concerto, Claudio-Mario sale sul palco portando un caffé su un vassoio al Liga, gli asciuga il sudore, poi torna dietro le quinte. La scenetta diverte molto il pubblico e nei tour successivi diventerà un appuntamento fisso, quasi come se fosse un portafortuna, ovviamente ogni volta con un'idea nuova.

Il tour procede alla grandissima. Ci sono anche alcune chicche, come la partecipazione a una manifestazione proEuropa trasmessa in Eurovisione da tre diverse città, Torino, Lisbona e Bruxelles. Luciano è protagonista di un minishow e in quell'occasione al suo fianco c'è Mick Taylor, mitico chitarrista che, tra gli altri, ha suonato con John Mayall e Bob Dylan, ma soprattutto ha fatto parte dei Rolling Stones dal 1969 al 1974, contribuendo alla creazione di capolavori come *Brown sugar*, *Tumbling dice* e *It's only rock'n'roll (But I like it)*.

«Racconta la leggenda» scherza il Liga «che Taylor sia entrato negli Stones ragazzino e ne sia uscito, dopo meno di sei anni, vecchio. In effetti quello fu probabilmente il periodo più tossico del gruppo... Comunque per noi poterci suonare insieme era un onore, e quando quelli dell'organizzazione ci dicono che vorrebbero aprire il collegamento con *You can't always get what you want* siamo tutti contenti.»

Taylor come secondo pezzo sceglie *You gotta move*, un brano dall'anima blues. L'eccitazione aumenta: Rigo ne approfitta per farsi autografare la sua copia di *Sticky fingers*, Fede quando scopre che Max Middleton, il tastierista, ha suonato con Jeff Beck, tra un po' sviene dall'emozione. La Banda si dà un gran da fare per dimostrarsi all'altezza e a un certo punto Mick butta là soddisfatto un «Ok, guys!».

Luciano decide di suonare *Vivo morto o x* e *Certe notti*. Provano tutti assieme e dopo un po' Taylor sembra trovare i fraseggi giusti. Grandi complimenti reciproci e arrivederci alla sera dopo per la diretta tv. Sul palco Mick si presenta con un completo di velluto nero su camicia bianca, però ha una chitarra diversa da quella che ha usato il giorno prima. Infatti all'ultimo momento ha deciso di improvvisare. «Dopo venti secondi» racconta il Liga «alza di brutto il volume del suo ampli mandando a ramengo i riferimenti sul palco e io per l'ennesima volta devo cantare senza sentire quello che sto facendo. Nonostante ciò, viviamo intensamente anche questa emozione sentendo le nostre performance arricchite dal gusto, cambio di strumento o no, di questo storico chitarrista.»

Il mattino dopo quell'esibizione, Luciano riceve una telefonata dal Maio («Erano le otto, ero andato a letto da non più di quattro ore») che tutto agitato gli dice: «Ha chiamato Pavarotti, ti vorrebbe al *Pavarotti International* e gli serve una riposta subito: ha la conferenza stampa di presentazione tra un paio d'ore». Così il 12 settembre si ritrova sul palco allestito nel parco Novi Sad di Modena e le sensazioni di quella sera le racconta in *Lucianone e Lucianino*, uno dei racconti di *Fuori e dentro il borgo*: sull'acuto finale, «le gonne svolazzano, le braci delle sigarette si ravvivano, le acconciature si sfasciano, i fermacravatte si appannano, le sciarpe di seta sbandierano, i gioielli scrosciano, i vestiti griffati si attaccano a tette, stomaci e genitali, le giarrettiere vibrano, alcune mutandine si bagnano...».

Un'altra grande soddisfazione gliela regala il Club Tenco: Luciano vince la targa per la Canzone dell'anno con *Certe notti*, superando nettamente *L'agnello di Dio* di De Gregori, *L'ombelico del mondo* di Jovanotti e *Le lettere d'amore* di Roberto Vecchioni. Il 25 ottobre Teresa Marchesi del Tg3 gli consegna la targa sul palco dell'Ariston, e lui propone una performance di circa venti minuti con un'intensa versione per chitarra e voce di *Certe notti*. Per chi ama gli aneddoti, ne racconto uno su un fatto successo dietro le quinte: Gabriella Ferri lo incontra e gli chiede: «Ma tu chi sei? Che musica fai?». «Rock» risponde il Liga senza scomporsi.

In quel 1996 così ricco di soddisfazioni c'è ancora spazio per due concerti, entrambi a Modena. Il primo si svolge al Palasport il 29 dicembre ed è l'ormai tradizionale appuntamento con quelli del fan club: neanche a dirlo, un trionfo! Ma Luciano ha avuto una pensata: chiudere l'anno con un concerto la notte di San Silvestro. L'idea in teoria potrebbe essere meravigliosa, senonché quella sera fa un freddo boia e si scatena un'autentica tormenta di neve. La copertura del palco, dopo aver scricchiolato per un po', cede proprio mentre Luciano sta cantando *A che ora è la fine del mondo?*. E mai titolo di canzone è sembrato più appropriato.

Nei giorni successivi scrive un famoso editoriale per la fanzine del fan club: «Adesso ho tolto la spina dalla giostra che troppe luci troppo a lungo fanno male agli occhi. Adesso la mia voglia di tranquillità la sfogherò in breve e a breve mi mancherà tutto quel correre. Adesso ho centodiciotto libri che mi aspettano, molti cd da ascoltare con maggiore attenzione, parecchi film da recuperare. Adesso ho davanti la bella lista dei proponimenti che sfumeranno implacabilmente in pochissimo tempo. Adesso il settanta-ottanta per cento delle persone che incontrerò, non avendomi visto in televisione per quindici giorni, mi chiederà instancabilmente "adesso sei fermo?" preoccupati (!?) che non sia per sempre e sarà così decine di volte al giorno fino alla ripresa del giro. Adesso ho da far sedimentare quasi due anni di esperienze numerose, intense e di corsa. Adesso farò un po' di conti con la mia presunta normalità (!) senza poter contare sulle vacanze che, da lei, cantare ogni tanto concede. Adesso me ne sto qui con la spina della giostra in mano e ogni tanto la infilerò per poi ristaccarla. Finché qualcuno non cambierà la presa».

Il 1997, dunque, inizia con un po' di meritato riposo. Ma il Liga con le mani in mano non è proprio capace di starci, così a maggio esordisce come scrittore con una raccolta di racconti (ne parlerò nel prossimo capitolo). Nel frattempo con Fabrizio Barbacci ascolta e riascolta le registrazioni dei concerti che hanno fatto. «Erano passati tre o quattro mesi dalla fine del tour» racconta Luciano «e non ricordavo esattamente quanta energia ci avesse messo il pubblico ogni sera urlando, cantando, facendo cori da stadio, ballando. Così pensai che se dovevo fare un live, che lo fosse davvero, nel senso che io sono sempre stato contrario ai "finti" album dal vivo, quelli ripuliti o addirittura risuonati in studio. Per me un live deve essere più fedele possibile a quella che è stata la situazione originale.»

Poi aggiunge: «Da molto tempo un sacco di gente diceva che avrei dovuto pubblicare un album dal vivo e, siccome sostanzialmente sono un bastian contrario, anche per questo l'idea non mi è mai piaciuta. Pure nei tour precedenti avevo registrato diversi concerti, ma una volta tornato a casa, riascoltando i nastri, ho sempre avuto un sacco di perplessità: la verità è che un concerto difficilmente può essere catturato su un disco. Ogni show è un'esperienza unica, irripetibile, un'esplosione d'energia, di adrenalina, di calore umano. Poi c'è un altro problema: un disco dal vivo, oggi, a chi interessa? Il pubblico non lo freghi: gli album "live" rifatti in studio sono sotto gli occhi (e le orecchie) di tutti. Quindi perché pubblicarlo? Quest'anno, invece, riascoltando i nastri del tour di *Buon compleanno Elvis* mi è sembrato che fosse stata veramente catturata quell'atmosfera magica, che neppure un briciolo di energia fosse andata perduta. Così senza pensarci troppo, perché se ci pensi troppo alla fine trovi i soliti mille motivi per lasciar perdere, ho deciso di pubblicarlo, andando in controtendenza. La fase del mixaggio è stata ridotta al minimo affinché venisse fuori l'imperfezione del vero disco dal vivo. Infatti riascoltando *Su e giù da un palco* ho trovato diversi errori; i cori del pubblico che, a volte, sovrastano tutto... però che impatto! Ci sono dei pezzi che mi piacciono più degli originali in studio, il sound è quello giusto, così ruvido e potente». Quella ricetta produce un successo straordinario: l'album live più venduto nella storia del nostro paese.

In *Su e giù da un palco* ci sono tre brani inediti: *Tra palco e realtà*, che apre il primo cd e *Ultimo tango a Memphis* sono legati al progetto *Buon compleanno Elvis*, mentre l'iniziale *Il giorno di dolore che uno ha*, che apre il secondo, è una canzone che si stacca completamente dal contesto, anche perché parla di un argomento drammatico come la morte, quella del giornalista Stefano Ronzani, da sempre grande amico di Luciano. Stefano era un giornalista freelance, quindi collaborava con varie testate, ma quella a cui era più legato era «Mucchio Selvaggio». Non a caso è proprio a questo mensile che il Liga spiega in modo dettagliato la genesi del brano: «Questa canzone ha una storia un po' particolare. Non è nata, come qualcuno ha scritto, dopo la morte di Stefano Ronzani a cui è dedicata, ma è stata scritta quando ho saputo che era già ammalato. Stefano è stato per me uno dei pochi veri amici dell'ambiente musicale, un ambiente spesso falso e pieno di persone interessate. Lui invece era un grande giornalista musicale, corretto e sincero come pochi e quando ho saputo che, purtroppo, era malato gravemente ho provato a scrivergli questo pezzo per vedere se potevo dargli un po' di speranza. Mi chiese di non tenerla nascosta come io volevo, ma di pubblicarla perché sarebbe stato un vero peccato se fosse rimasta lì con lui. L'ho fatto per lui e per tutte le persone che ascoltando questa canzone possano trovare un strada, una speranza».

Sempre a proposito di Stefano Ronzani, nel suo Diario di bordo il Liga scrive: «Se la vita fosse giusta ci sarebbe molto più facile capirne il senso. Ma la vita non è giusta. È per questo che ci si aggrappa alla speranza che ci sia un disegno, per noi incomprensibile, ma che forse un giorno ci verrà svelato. Perché così riusciamo a pensare che l'accanimento del destino contro qualcuno che non lo merita, si possa tramutare, poi, in un premio. Non so se nell'arco della mia vita sarò mai in grado di "decidere" se sia o no così. So che adesso lo voglio sperare.

Perché Stiv ha tutti i diritti per reclamare il suo premio... Stefano Ronzani era un appassionato di musica. Faceva il giornalista musicale per coltivare questa passione. Di giorno lavorava in banca. Di sera faceva interviste, scriveva articoli e recensioni, andava ai concerti. È grazie a questo che ho avuto la fortuna di conoscerlo. Dopo che un anno di merda gli ha portato via prima il figlio e poi la moglie, si è ammalato di cancro. Diceva che era la sua ultima prova prima di affrontare la vita con nuovi progetti e da nuovi punti di vista. La sua positività era leggendaria. Però è difficile capire quanto uno possa essere positivo mentre per ventiquattr'ore al giorno se la deve vedere con il dolore e la paura. Ci fu un momento in cui le mie parole d'incoraggiamento mi sembravano veramente inutili. Presi una vecchia canzone. La riscrissi pensando a lui. La registrammo in una giornata io e i ragazzi del gruppo per potergliela fare avere per il suo compleanno. Un compleanno trascorso all'ospedale di Pavia. Gli portai il nastro su cui la incidemmo in mezzo ad altri regali raccomandandomi di aprire quel pacco per ultimo. Non so se *Il giorno di dolore che uno ha* sia una bella o una brutta canzone. So che la "sento" molto. Mi ci sono affezionato anche perché so quanto ci si affezionò lui. Mi disse che era riuscita a fargli aprire dei rubinetti dai quali doveva ancora sgorgare molto. Dopo la terza chemioterapia uscì dall'ospedale, il bozzo sul collo gli si era un po' sgonfiato, e aveva ripreso a vedere amici e concerti. Poi, però, la malattia non ha concesso né tempo, né perdono. Se n'è andato uno dei migliori amici che abbia mai avuto, una delle migliori persone che abbia mai conosciuto. A me e a chi ha avuto modo di conoscerlo mancherà tantissimo».

A proposito degli altri due inediti, spiega velocemente: «*Tra palco e realtà* ho voluto metterlo nell'album per motivi che si capiscono benissimo leggendone il testo. *Ultimo tango a Memphis*, invece, è la cover di *Suspicious minds*, un famoso pezzo di Elvis. In un certo senso ho provato a "dare la parola a lui", e credo ci direbbe: "potete parlare di me, ma non potrete mai capirmi davvero perché non siete stati me"».

Resta da dire che in *Su e giù da un palco* ci sono quasi esclusivamente brani registrati durante il famoso concerto all'Olimpico dell'8 giugno, e che *Hai un momento Dio?* è impreziosito dalla chitarra di Mick Taylor. Il disco esce a settembre e va subito in classifica.

Il primo ottobre il «Corriere della Sera» pubblica un articolo di Fernanda Pivano il cui incipit è diventato mitico: «Sembra la reincarnazione di un indiano d'America con quei riccioli neri spettinati e quegli occhi ribaldi, gli stivaletti ricamati, i calzoni sgualciti, le magliette nere, due cerchietti d'oro allo stesso orecchio, amuleti al collo della Giamaica, della Thailandia, dei Tuareg, anelli Opi o orientali trovati nei mercatini: è Luciano Ligabue, detto il Liga, con solare, maliardo sorriso mediterraneo...».

Sempre a proposito di indiani, poco tempo dopo Ligabue rilascia una bella intervista a «Re Nudo», nella quale tra l'altro dichiara: «Tre o quattro sensitivi mi hanno fatto sapere che io sono la reincarnazione di un indiano d'America, forse per via dei tratti somatici o non so di cosa. Non ho mai approfondito l'argomento, ma devo ammettere di essere estremamente affascinato dalla loro produzione artistica e artigianale. Mi piacciono i loro oggetti, le loro idee e il loro mondo anche se non ho mai approfondito, come meritava, questa attrazione. Casa mia è piena di questi oggetti, provo una fortissima fascinazione ed emozione. È facile dire che questo succede perché è una cultura molto legata alla terra e a un certo tipo di valori, ci deve essere qualcos'altro che mi impedisce di vedere. E non è un caso che questi valori sono stati riscoperti alle soglie del Duemila, e il saccheggio della new age era pensabile che passasse per questa epoca; perché loro erano molto avanti o, meglio, c'era bisogno di tornare indietro, dipende dai punti di vista».

11

FUORI E DENTRO IL BORGO

Una volta Francesco De Gregori mi disse: «La lettura è una grande consolazione». Per Luciano è sicuramente così, da sempre. È un lettore appassionato, onnivoro, insaziabile. «A essere sincero» racconta «ho iniziato a leggere tardi, dopo i diciotto anni. Non che prima non leggessi, ma lo facevo in maniera poco consapevole e disordinata. A un certo punto ho sentito il bisogno di servirmi dei libri in un modo diverso, volevo che diventassero compagni di un viaggio un po' più interessante. Ho capito che potevo scavare di più nella profondità della vita grazie alla visione di un'altra persona, per poi pormi delle domande, che in definitiva è quello che si chiede all'arte: ognuno cerca qualche scorciatoia per fare poi, alla fine, più strada possibile. E questo avviene con un film, piuttosto che con un quadro o un libro. Quando realizzai tutto ciò, iniziai a dedicarmi ai libri in modo metodico, partendo dai russi. La prima cotta la presi per *Delitto e castigo*: probabilmente in quel periodo ero al top rispetto ai miei sensi di colpa. Poi cercai di capire i più grandi, Proust, Wilde, Joyce, Kafka... Successivamente ho scoperto con sollievo la letteratura americana, spaziando da Kerouac a Bukowski, da Hemingway a Faulkner, da Roth a Palahniuk.»

Lettore onnivoro lo era da ragazzo e lo è ancora oggi. Magari legge in modo disordinato, senza seguire schemi né una logica apparente. Però che legga tanto, e di tutto, è sicuro: sul banco del mixer dello Zoo Studio di Correggio ci sono sempre un paio di libri. E accatastati a casa sua e nella sede del fan club ci sono volumi d'ogni tipo. Come detto, si è formato prevalentemente sui romanzi e sulle raccolte di racconti dei migliori narratori americani, ma nella sua biblioteca c'è un po' di tutto: russi, sudamericani, francesi, giapponesi, tedeschi, tanti italiani, oltre a numerosi saggi dedicati al cinema, alla musica e al teatro, raccolte di poesie e un'invidiabile collezione di fumetti. Elenco alla rinfusa qualche autore che mi ha citato durante le molte interviste che gli ho fatto nel corso degli anni: John Fante, Saul Bellow, Raymond Carver, Cesare Pavese, Edgar Lee Masters, Osvaldo Soriano, Walt Whitman, Nick Hornby, Elias Canetti, William Burroughs, Fëdor Dostoevskij, Fernanda Pivano. Oltre al più importante di tutti, il suo concittadino Pier Vittorio Tondelli: «È stato lui che mi ha influenzato più di tutti, persino da un punto di vista musicale, almeno per quanto riguarda la scrittura dei testi. Gli sono debitore per la curiosità, l'entusiasmo e la voglia di raccontare che mi ha trasmesso. Tra l'altro Tondelli è stato il primo a mischiare in maniera devastante la cultura cosiddetta "povera" con la cultura "alta" della letteratura. Ma questa era un'operazione vivissima, nel senso che parlare di rock o di fumetti voleva dire occuparsi di quello che c'era e non fare l'intellettuale che non riesce a entrare nella vita o comunque che vi entra non dando un'impressione di distacco. Insomma, nella sua scrittura c'era la vita reale».

Nel 1980, mentre sta svolgendo il servizio militare, Ligabue viene a sapere che *Altri libertini*, una raccolta di racconti scritta dal suo compaesano, sta diventando un caso editoriale. Tra l'altro, appena tre settimane dopo la pubblicazione, la procura generale di L'Aquila ordina il sequestro del libro perché alcune sue parti sono ritenute «oscene» (al processo che seguirà, tuttavia, sia l'autore sia l'editore verranno scagionati con formula piena). «Questo fatto, ovviamente,» racconta Luciano «stimolò ancora di più la mia curiosità: ammetto che fu per morbosità, più che per qualsiasi altro motivo, che cercai di procurarmene una copia. Tornato a casa in licenza, ne chiesi una al libraio del borgo, ma lui disse che non poteva venderlo: era sotto sequestro. Però me lo mise in una busta e, con furtività da pusher, me lo allungò sottobanco. Devo dire che quel libro – che è tutt'oggi il libro che amo di più tra quelli di Tondelli – è stato una grande rivelazione, una nuova botta di innamoramento per la letteratura. Tra l'altro, mi ha riavvicinato alla lettura: in quel periodo ero un po' depresso e stavo massacrandomi con l'Ottocento russo. *Altri libertini* è un libro pieno di vita, lo specchio dei tempi che stavamo vivendo: Tondelli aveva il pregio di essere uno straordinario cronista. Credo che aldilà del fatto di essere un ottimo scrittore, aveva il dono di descrivere con molta chiarezza quello che vedeva. Ho sempre trovato cruciale nei suoi libri proprio questa grande vitalità, questa voglia di riuscire a trovare la vita in cose che ci sembrano addirittura morte attorno a noi.»

Il 13 maggio 1997 Ligabue esordisce come scrittore, pubblicando per Baldini & Castoldi *Fuori e dentro il borgo*, una raccolta di quarantatré racconti brevi che riscuote un grande successo ed è bene accolta sia dal pubblico sia dalla critica, tanto da aggiudicarsi due premi letterari prestigiosi come l'Elsa Morante e il Città di Fiesole. Lo stile di scrittura di Luciano è brillante, immediato e incisivo, la sua narrazione è molto particolare. La maggior parte delle storie che racconta sono autobiografiche: ci sono ricordi legati all'infanzia e ai compagni di gioco, all'adolescenza e alle prime esperienze nel mondo degli adulti, e alla propria figura di cantante famoso con le incertezze, le emozioni e le passioni di un uomo autentico.

Il «borgo» ovviamente è Correggio: nel libro diventa un grande teatro dove si muovono personaggi veri o inventati. Personaggi bizzarri come il Bonanza, grande appassionato di cinema: ogni volta che vede un film ne ripropone le scene madri a un pubblico occasionale. Ma ci sono anche Tatiana l'equilibrista, Genova il giocatore d'azzardo, Virus lo scommettitore folle, Savana il «genio puro dell'invenzione della balla più deflagrante dal Big Bang a qui». E ancora il Ruspa l'aspirante pornodivo, il Condor, Ciullo e Cosmo lo sbruffone. Da notare l'attenta scelta dei soprannomi, tipici della cultura emiliana: il nome del protagonista spesso è importante per capirne il comportamento, la fisionomia, addirittura le idee.

Per Luciano, il «borgo» è anche una sorta di luogo interiore dove poter riflettere su se stessi, godere del silenzio, «rifugiarmi quando ho bisogno di staccare la spina». Numerosi racconti sono ambientati nel mondo dello spettacolo, e qui ovviamente il protagonista è l'autore, che parla delle sue paure, delle gioie, delle emozioni, dei giornalisti che fanno sempre le stesse domande, della tv che ti mangia l'anima, di incontri con altri personaggi famosi (Luciano Pavarotti, Mick Taylor).

Il 23 maggio presenta ufficialmente *Fuori e dentro il borgo* al Salone del Libro di Torino, dove fa un autentico bagno di folla. È l'occasione buona per scoprire parecchi retroscena. «Non ho velleità di scrittore» esordisce il Liga. «Mi piaceva l'idea di poter utilizzare una formula diversa da quella delle canzoni per esprimere il mio vissuto di uomo e di artista, pagine da romanzo di formazione alternate a storie di gente comune e bizzarra, che colora la vita del paese.»

Poi spiega perché ha scelto Baldini & Castoldi come editore: «Una manciata di racconti, credo sei o sette, erano già stati pubblicati sulla rivista "Dire Fare Baciare" e su Smemoranda: essendo amico di Gino e Michele, ogni anno scrivo una cosa per il loro diario. A un certo punto, quando iniziò a circolare la voce che mi sarebbe piaciuto pubblicare un libro, nel giro di quindici giorni si sono fatte avanti diverse case editrici anche importanti. In realtà non sapevano nemmeno che avevo in testa un libro di racconti: erano interessate solo al mio nome e non ai contenuti. In quel periodo parecchi cantautori avevano scritto o stavano scrivendo libri, e siccome i risultati commerciali erano buoni, tutti volevano buttarsi nel business. Io ho accettato la proposta della Baldini & Castoldi, che perlomeno conosceva le cose che avevo già scritto per Smemoranda».

Riguardo i libri scritti dai suoi colleghi, rivela di averne letti pochissimi: «Ho letto *Croniche Epafaniche* e *Vacca d'un cane*, i primi due romanzi di Francesco Guccini, che amo come persona e come musicista. Non ho letto i suoi gialli, quelli scritti con Macchiavelli. Guccini comunque non si discute: o lo ami o lo odi. Io lo amo. E ho divorato Leonard Cohen, il più grande di tutti. Cohen è Cohen. Il solo che si è dimostrato poeta sempre, vicino e lontano dalla musica. E di poeti c'è sempre bisogno».

«Quando ho iniziato a scrivere i nuovi racconti» aggiunge «non avevo in testa nessun modello, mi sono detto che se avessi iniziato a preoccuparmi dello stile sarebbe stato un casino. Così ho cominciato a vomitare parole in libertà. Ecco perché, almeno dal punto di vista stilistico, mi piace definirlo un libro punk. È venuta fuori, ma in modo assolutamente naturale, una scrittura molto ritmata, secca, con pochi aggettivi ma ricca di termini di uso comune tra i ragazzi correggesi, per esempio "sborone" o "pigna", nel senso di un cazzotto violento. La cosa che mi intrigava di più era raccontare dei fatti, delle storie senza dare alcun giudizio, lasciando libero il lettore di interpretarli a suo piacimento.»

Rispetto alla differenza che c'è tra scrivere una canzone e un racconto, dice: «Sono due forme di espressione distanti anni luce. La canzone ti impone limiti molto precisi: il numero, ma anche il tipo di parole che puoi usare. Soprattutto se fai musica rock, l'italiano è molto penalizzante: spesso sei costretto a scegliere una parola piuttosto che un'altra non perché è più efficace, ma perché suona meglio. Invece se scrivi in prosa questi problemi non esistono: sei liberissimo sotto ogni aspetto, narrativo, di struttura, formale, lessicale. Specie per uno che alle spalle ha anni di canzoni, questa libertà è molto stimolante, ti dà una grande esuberanza. Infatti per me scrivere questi racconti non è stato faticoso, sono nati di getto, in tutto ci ho messo poco più di un mese e mezzo. Per quanto riguarda la tecnica, le scelte sono nate più dallo stomaco che dal cervello».

Uno dei quarantatré racconti si intitola *Qualcuno tre piani sopra* ed è dedicato (ma guarda un po'!) a Pier Vittorio Tondelli. Ligabue racconta di aver abitato «per alcuni anni nello stesso condominio dei suoi genitori cui tornava spesso a fare visita». E aggiunge: «Poi c'è stato un periodo in cui la sua Saab nera era parcheggiata sempre più frequentemente di fronte a casa, proprio davanti a quel tempio devozionale che racconta con così tanta commozione in *Camere separate*». Poi una notte di metà dicembre 1991 ha in programma un concerto a Modena, ma ha la febbre a quaranta, quindi resta a casa. «Sto da cane e sragiono. Fra i rumori che mi sembra di sentire nel mio delirio ce ne sono alcuni che purtroppo, come scoprirò più tardi, sono reali. Sono i movimenti delle persone vicine a Vicky che, tre piani sopra, sta morendo.» Tondelli muore il 16 dicembre di Aids. Il Liga conclude il suo racconto con le righe finali di *Autobahn*. A proposito del quale in numerose occasioni ha ammesso: «*Autobahn* è un racconto straordinario, senza dubbio il più bello tra quelli di *Altri libertini*. Leggendolo c'è stata la folgorazione di trovare uno che stava dicendo quello che provavo, e lo stava dicendo meravigliosamente bene: usava le parole giuste, quelle che io non sapevo trovare. Per l'album *Sopravvissuti e sopravviventi* ho scritto una canzone che trae ispirazione dagli scritti di Tondelli: *Dove fermano i treni* era il mio modo di raccontare – se vogliamo in modo un po' meno "tossico" – un luogo che per me è un posto di confine assolutamente affascinante: la stazione, posto di incontri, partenze, un grande teatro dove si svolge la vita reale... *Altri libertini*, comunque, è stato un libro di importanza assoluta per la mia formazione umana e artistica. Leggerlo mi ha fatto capire che se non sei capace di parlare della realtà che ti circonda, magari partendo da piccoli particolari che sembrano insignificanti, difficilmente risulterai credibile. E la credibilità è una parte importante di questo mestiere».

12

IL BAR MARIO È APERTO

Dice Ligabue: «Ci sono determinati momenti nella vita in cui hai culo e gira tutto per il verso giusto». Il 1997 è uno di quelli: da un lungo tour quasi sempre sold out ha ricavato *Su e giù dal palco*, un doppio cd dal vivo che ora è saldamente in testa alla classifica. Il libro di racconti *Fuori e dentro il borgo* sta rapidamente diventando un best seller. Forse è il momento di rischiare qualcosa e Claudio Maioli ha avuto l'intuizione giusta: alcuni concerti negli stadi, cominciando da San Siro. All'inizio il Liga è perplesso. C'è l'incognita sulla riposta del pubblico: un conto è riempire un palasport, altra cosa uno stadio. Ma ciò che lo rende titubante è un altro fatto: un tour negli stadi per forza di cose non può essere lungo, poi bisogna scomparire per un po'. E lui, abituato com'è a calcare la scena, fa fatica a digerire l'idea di appendere, anche solo momentaneamente, la chitarra al chiodo. Così non sposa immediatamente l'idea di Maioli, ci pensa, ne discutono per più di due mesi, e alla fine dice sì: accetta la nuova sfida.

Il progetto iniziale prevede solo quattro concerti. Infatti durante una conferenza stampa che si svolge all'interno dello stadio di San Siro, annuncia che sabato 28 giugno si esibirà proprio a San Siro, martedì primo luglio allo Stadio Friuli di Udine, giovedì 3 al Parco delle Cascine di Firenze e sabato 5 allo Stadio Olimpico di Roma. «I concerti non erano affatto previsti,» spiega «e ci hanno messo un po' per convincermi. Mi costerà tantissimo accettare di farne solo quattro, tale è la voglia di suonare che mi è rimasta dentro. In ogni caso non sarà un concerto ipertecnologico, il nostro: niente esperimenti in stile Nasa, solo chitarre, basso e batteria in assetto rock per lo sfogo di tutti noi e degli amici che ci verranno a sentire. Infatti non saremo soli sul megapalco. Per l'occasione monteremo una specie di minifestival rock, con almeno un paio di gruppi di supporto.»

La prima delle perplessità che aveva all'inizio viene spazzata via in fretta: la risposta del pubblico è straordinaria e va oltre ogni previsione (rivelerà successivamente il Liga: «Quando è iniziata questa storia dicevamo tra noi: "Se vendiamo quarantamila biglietti a San Siro è un trionfo"»), tanto che ai primi di giugno lo show milanese è tecnicamente esaurito. Così decidono di aggiungere un secondo concerto il giorno successivo, totalizzando complessivamente centodiecimila biglietti venduti: settantamila la prima sera e quarantamila quella dopo. Anche i romani rispondono bene, e pure il concerto dell'Olimpico sarà replicato. Ma qui la capienza è minore: circa sessantamila spettatori in due sere.

Il giorno del debutto il nervosismo è alle stelle. In pratica il Liga e i suoi musicisti salgono sul palco senza aver fatto una prova generale degna di questo nome. Già allora gli abitanti del quartiere San Siro avevano messo in piedi comitati per protestare contro il «frastuono» e presunti danni causati da una musica a loro dire «sparata» a volume infernale. Fatto sta che le prove audio vengono fatte solo in parte, quindi in pratica i musicisti suonano «a orecchio». Il concerto, prodotto dalla Trident

Agency e gestito da uno staff italo-franco-anglo-spagnolo, si svolge su un megapalco che ricorda un veliero con tettoia trasparente. Sopra ci hanno piazzato un sistema aereo-sospeso di diffusori, gli stessi usati dagli U2 nel loro ultimo tour. Impressionante anche il parco luci. Però piove che dio la manda, e quel diluvio impedisce ai tecnici di utilizzare l'impianto luci ai massimi livelli: in pratica il *light show* a tratti è ridotto quasi della metà.

Dopo l'esibizione dei gruppi di supporto (Negrita e Gang), sale sul palco Claudio Maioli che simbolicamente attacca una gigantesca spina di plastica. Poi arriva Luciano che annuncia: «Siamo qui per una serie di motivi, tra cui quello di salutare zio Elvis e dirgli che noi abbiamo già capito che confusione si fa vivendo tra palco e realtà». Quando attacca *Buon compleanno, Elvis!* il pubblico lo saluta con un boato, ma lui è teso come una corda di violino. La prima «pennata» invece di darla con il plettro praticamente la dà con le mani nude scorticandosi le dita. Il sangue sgorga a fiotti e gli sporca la camicia e la chitarra. Quando si allontana dal palco tra un pezzo e l'altro è per farsi medicare.

La pioggia battente impedisce anche la realizzazione di alcuni effetti scenici: per esempio, un elicottero avrebbe dovuto sorvolare lo stadio, sulle note della prima canzone, per festeggiare l'inizio del concerto, lanciando migliaia di occhialini di carta che nelle intenzioni del Liga sarebbero serviti «per guardare meglio in faccia la realtà» (tengono in serbo quella sorpresa per la seconda sera).

Ma di tutto questo la gente non ha nessuna percezione, né si accorge dei problemi tecnici che «sporcano» lo show. Quei settantamila fan entusiasti se ne fregano del diluvio e sono lì, zuppi ma felici, a «ballare sul mondo». Su uno striscione si legge: «Tra il palco e la realtà ci siamo noi». E su un altro: «I ragazzi non sono più in giro, sono a San Siro».

Luciano suona per due ore e tre quarti e propone una trentina di brani. Assieme a lui ci sono solo quattro musicisti: Federico Poggipollini con la sua chitarra ringhiante come al solito; Mel Previte che con la sua chitarra fa ricami più delicati, anche se a tratti pure lui si scatena; Antonio «Rigo» Righetti al basso e Robby Pellati che martella senza tregua con la sua batteria, dimostrando di essere la vera anima della Banda, esattamente come Stewart Copeland lo era dei Police.

Alternano pezzi rock dalle tinte forti caratterizzati da chitarre infuocate a ballate sentimentali che si infilano sotto la pelle. Il Liga aveva annunciato che sarebbe stato «un concerto rock alla vecchia maniera». Evidentemente quando lo ha pensato doveva avere in mente il *Rock'n'roll circus* dei Rolling Stones, infatti c'è posto per un sacco di effetti speciali, alcuni anche un po' pacchiani. Come quando, prima dell'esecuzione di *Bar Mario*, al centro del palco si gonfiano delle enormi bottiglie e ai lati due giganteschi muri di gomma sui quali di tanto in tanto vengono proiettate delle immagini. *Bar Mario* viene proposta in una potente versione funky e a un certo punto Luciano si concede un giro in bicicletta sul palco, poi agita un bottiglione che spara acqua sui fan.

Quando fa *Balliamo sul mondo* salgono sul palco una donna sui trampoli, un mangiafuoco e un giocoliere. Per *Walter il mago* arriva un prestigiatore. E per *Certe notti* il fondo del palco diventa un cielo stellato. Quando canta *Con queste facce qui* rende omaggio ai suoi fan proiettando sui muri di gomma giganti una manciata di primi piani di facce scelte a caso tra il pubblico; mentre *Libera nos a malo* è «illustrata» con immagini di dipinti sacri e l'ombra di Cristo in croce. *Vivo morto o x* invece è sottolineata dalla proiezione di radiografie di ossa umane.

Oltre a un paio di medley elettrici, ne propone anche uno acustico: a un certo punto scompare dal palco principale e riappare su un palchetto vicino al mixer. Da solo, con la chirarra, propone *Non dovete badare al cantante*. E introducendo *Leggero* augura al pubblico «di essere come i versi di questa canzone, di sentire "il diritto di sentirti leggero"». Poi commuove la folla dedicando *Il giorno di dolore che uno ha* a chi gliel'ha ispirata: «Ad Alessio, Daniela e Stefano Ronzani, una famiglia intera che è scomparsa nel giro di un anno. Se la vita fosse giusta, sarebbero qui con noi».

Dopo aver proposto versioni incandescenti di *Urlando contro il cielo* e *A che ora è la fine del mondo?*, gran finale con *Sogni di rock'n'roll* cantata a cappella, più dal pubblico che da Luciano. Poi, simbolicamente, stacca quella gigantesca spina di plastica che l'amico-manager Claudio Maioli aveva attaccato all'inizio dello show. Prima di lasciare il palco, urla al pubblico: «Grazie ragazzi, se avrò dei nipotini gli racconterò di questo irripetibile 28 giugno».

In realtà quello show lo ripete altre cinque volte ma, anche se sono tutti concerti molto riusciti, la magia di quella sera rimarrà unica. Il giorno dopo a Milano non piove, i problemi tecnici sono stati risolti, l'elicottero può alzarsi in volo e lanciare gli occhialini di carta, e tra i quarantamila spettatori c'è Massimo Moratti, presidente della sua amatissima Inter (la sera prima invece erano venuti a vederlo Fabrizio De André con la moglie Dori Ghezzi, Max Pezzali, Jovanotti, Gino & Michele, Claudio Cecchetto e la superstar americana Quincy Jones).

Anche a Udine piove tantissimo, ma i fan ubriachi d'emozione e fradici di pioggia inneggiano al Liga e ballano indemoniati dall'inizio alla fine. Indimenticabile, per Luciano, il concerto alle Cascine di Firenze. Racconta: «È stato uno dei più belli della mia vita. Stavo pagando pesantemente sulla mia pelle tutto lo stress accumulato con le due date di San Siro e con quella di Udine: avevo trentotto di febbre. Tra l'altro, siccome quella era la prima volta che concedevano le Cascine per un concerto rock, non potevamo assolutamente sforare l'orario che ci avevano imposto. Così sono salito sul palco molto presto e la prima ora ho suonato sotto la luce del sole. Il caldo era esagerato, io all'inizio ero molle come un caco, eppure è stato fantastico. La musica ha il potere di farti superare tutte le magagne fisiche e l'entusiasmo del pubblico è un toccasana».

Dopo i due concerti all'Olimpico (dove per questioni di spazio non può sfruttare completamente l'allestimento di San Siro), il Liga commenta: «Mi rendo conto che dopo tutti i complimenti ricevuti dalla critica sembra poco carino mettersi qui a sindacare, ma alla fine mi resta sempre la sensazione che la gente colga soltanto il grosso della mia musica e non si accorga di alcune sue caratteristiche essenziali. Se, come noi, proponi un concerto di tre ore senza un'ampia gamma di strumenti, devi lavorare tantissimo sulle dinamiche, e con il mio gruppo siamo arrivati al massimo della nostra espressività: voglio dire che al di là del giudizio di gusto, la mia musica è stata proposta al massimo della sua espressione. Questo anche perché il mio gruppo ha delle peculiarità: Robby Pellati è un batterista dalla foga rara e dalla sonorità unica; "Rigo" Righetti è un bassista che dà mobilità alla ritmica; Federico Poggipollini e Mel Previte sono due chitarristi molto diversi tra loro che rileggono in chiave italiana la tradizione del grande rock. Questo vuol dire che forse è giunto il momento di smetterla con il pregiudizio che il rock non appartiene alla cultura italiana. In tutta la mia vita avrò ascoltato tre ore di canzone napoletana, che da alcuni è considerata la vera musica italiana; mentre è tutta la vita che ascolto il rock'n'roll. Allora, invece di essere considerato il cugino povero di Chuck Berry, mi piacerebbe che finalmente si parlasse di questa musica come di un linguaggio universale. Altrimenti in Italia resteremo sempre confinati dietro quelle barriere che impediscono a un Paese di andare verso la maturità».

Comunque, al di là di questo sfogo, il primo tour negli stadi è servito al Liga per acquisire il prestigio e la credibilità che fino a quel momento ancora qualcuno gli negava. Per dirla con parole di Gino Castaldo, adesso «Ligabue da Correggio, più che uno Springsteen nostrano, sembra il protagonista di molte canzoni di Springsteen, uno di quelli che partono in macchina dalla provincia per vedere se si può aggirare il mondo, e magari fotterlo per un po'».

13

RADIOFRECCIA

Parlando di cinema, una volta il Liga mi ha detto: «Chiaramente è una delle mie più grandi passioni, però non mi considero un cinefilo. Semmai sono un consumatore caotico e onnivoro: mi piace guardare ogni tipo di film, a eccezione di quelli di fantascienza. I film sono una grande emozione, oltre a una fonte inesauribile di scoperte e conoscenza. Una volta, un po' per gioco, un po' perché la cosa mi incuriosiva davvero, mi sono messo a sfogliare un dizionario dei film contando quanti ne avevo visti: più di tremilacinquecento. E continuo a guardarne: se non ho impegni lavorativi, almeno uno al giorno. Come tutti, ho avuto i miei periodi: da ragazzo ero molto attratto da pellicole sperimentali ed ero piuttosto intollerante verso il cosiddetto cinema "commerciale". All'epoca esplorai in profondità registi che oggi non riesco più a vedere, per esempio Ingmar Bergman. Superati i venticinque anni, ho iniziato a considerare il cinema come spettacolo e per le emozioni che era capace di regalare. Il mio regista preferito in assoluto è Stanley Kubrick: tutti i suoi film sono capolavori ineguagliabili. Ma tante emozioni me le hanno regalate anche i grandi western di Peckinpah e di Sergio Leone. Ho amato e continuo ad amare il Robert Altman degli anni Settanta, soprattutto pellicole come *M.A.S.H.* e *Nashville*. E poi Elia Kazan, Wim Wenders, Reiner Werner, Fassbinder, Francis Ford Coppola, Jim Jarmusch, Pedro Almodóvar. Restando in Europa, come dimenticare François Truffaut e un grande narratore come Mario Monicelli? E Federico Fellini, soprattutto quello di *Amarcord* e *8 e mezzo*? Poi c'è Alfred Hitchcock, uno dei più grandi in assoluto: a lungo è stato considerato un regista "solo di thriller", mentre alla fine qualcuno ha capito che ogni suo film era un memorabile sunto dell'essenza del cinema. Che è, e deve essere soprattutto emozione».

«Io» aggiunge «sono di quelli che l'infanzia l'hanno passata più davanti allo schermo del cinema che della televisione. Probabilmente è andata così perché al cinema cambiavano film tutte le sere, mio padre ci andava sempre e un paio di volte a settimana mi ci portava. Poi la domenica c'era il film con Maciste o Ercole o chi per loro all'oratorio e il lunedì pomeriggio i cartoni animati al Politeama. Tutto questo mentre in televisione c'erano solo due canali che trasmettevano poche ore al giorno.»

La sua liaison con il grande schermo inizia quindi da moccioso: papà e mamma cominciano a portarlo al cinema sotto casa, il Politeama, quando ha soltanto due anni. I coniugi Ligabue sono appassionati di cinema, ma il vero motivo di una frequentazione così assidua è un altro: sembra infatti che abbia sul piccolo Luciano un effetto tranquillizzante. Dirà molti anni dopo: «Vedevo di tutto, mi piaceva il mistero del buio e la magia di quelle facce sullo schermo alte due metri, quelle sopracciglia che quando si aggrottavano facevano paura tanto erano grandi» (da *Una vita da mediano*, di Riccardo Bertoncelli, Giunti). Di quel periodo, ricorda anche che all'ingresso del Cinema Politeama c'era il Bonacini, col suo cesto di semi di zucca, i «popcorn della bassa padana»: mamma e papà ogni volta gliene compravano un sacchetto e lui se li mangiava avidamente.

«Spesso» aggiunge «programmavano film western. Sostituivano un po' le favole. Anche lì ci sarebbe stato un immancabile lieto fine, ma prima di quello il buono avrebbe dovuto penare, sanguinare, vederla quasi persa. E i cattivi si mostravano al loro peggio specialmente nei western italiani. Il regista ci facilitava il compito: i belli, vestiti di chiaro, sarebbero stati quelli per cui fare il tifo. Quelli con i denti cariati no. E Giuliano Gemma da questo punto di vista non sbagliava un colpo. Ti faceva andare sul sicuro. Resta il fatto che anche se girato in Ciociaria, il western era enorme, i protagonisti inarrivabili. Un mondo molto più grosso di quello di tutti i giorni. È di una certa inutilità e grossolaneria provare a dire se era più grande il cinema di allora o quello di oggi. Già Gloria Swanson in un film di più di cinquant'anni fa dichiarava "il cinema è diventato piccolo" rispetto a quello degli inizi del secolo scorso. Come sempre le misure le fanno il nostro modo di vedere e il lavoro che deve fare il tempo.»

A sei anni gli regalano un proiettore multicolor e lui s'incanta per quelle immagini contro il muro. Ma la svolta ha una data precisa: nel 1967 il regista Gianni Puccini gira nel centro di Correggio alcune scene dei *Sette fratelli Cervi*, un film – si direbbe oggi – con un cast «stellare»: Gian Maria Volonté, Lisa Gastoni, Carla Gravina, Serge Reggiani, Riccardo Cucciolla, Don Backy. Luciano, come tutti i ragazzini del paese, vive quell'evento con grande eccitazione. Curioso com'è, si avvicina al set più che può cercando di scoprire tutti i segreti che stanno dietro la macchina da presa e scoprendo che in realtà per creare quella grande magia c'è bisogno del lavoro di un sacco di gente. «In quel periodo» racconta «a chiunque me lo chiedesse dicevo che da grande avrei fatto l'attore.»

Come noto, col passare degli anni ha cambiato idea: «Recitare? No, proprio non se ne parla! Prima di tutto non sono portato, poi non mi piace l'idea. Certo, volendo potrei farlo e non rischierei nemmeno tanto: potrei sempre giustificarmi dicendo che in fondo non è il mio mestiere, che di fatto io sono un cantante. No grazie, ci sono già troppi cani sul set, come per esempio è stato Sting. Io proprio non sono capace di recitare, lo capisci guardando i miei video: odio farli, mi sento assolutamente inadeguato mentre li faccio e mi sembro un imbecille quando mi rivedo».

Invece non si sente affatto un imbecille come regista. Anche se quando gli fanno la proposta stenta a crederci.

Tutto ha inizio il 3 luglio 1997, giorno in cui il produttore cinematografico Domenico Procacci gli scrive la famosa lettera: solo tre giorni dopo avrebbe chiuso il suo primo, trionfale tour negli stadi (28 e 29 giugno a Milano, 5 e 6 luglio a Roma). Ecco il testo di quella lettera:

> Caro Luciano,
> faccio il produttore cinematografico, ci sono arrivato un po' per gioco e un po' per sbaglio, ma ormai mi ci trovo. Fino a oggi ho prodotto una decina di film in Italia, e qualcuno fuori, specialmente in Australia, te ne allego un elenco sperando che magari tu ne conosca qualcuno. Il mio primo film, nel 1987, è *Il grande Blek*, un film che pur non avendo avuto un vero successo commerciale è tuttora nel cuore di tante persone per un unico motivo: quel film rappresenta fedelmente un periodo, i primi anni Settanta, e più ancora la provincia di quel periodo, la

provincia così com'era quando molti di noi l'hanno lasciata e molti altri hanno deciso di rimanervi.
Ora, dopo dieci anni, vorrei fare un film che racconti la provincia così com'è oggi. È parecchio che lavoro a questo progetto, cercando il regista giusto, il libro, il copione adatto, e sempre avendo come riferimento musicale il tuo lavoro, perché la «provincia» che voglio raccontare è quella delle tue canzoni, quelle atmosfere, quegli odori, quei sapori. Dopo averne mancato per poche ore la presentazione a Torino, ho letto il tuo libro, e ci ho trovato un bel po' di fotogrammi di quel film che sto cercando. Di quella «provincia» ci sono ambienti, pezzi di storie, personaggi, alcuni così cinematografici che sembrano usciti dallo schermo (l'esempio più evidente è *Una data del Marchio del Destino*, dove raccontando una storia vera, almeno credo, stai riproponendo nei dettagli uno dei momenti più esilaranti dei Blues Brothers).
Insomma, per fartela breve mi piacerebbe incontrarti per vedere se questo «film da fare» di cui parlo è possibile immaginarlo e costruirlo insieme, per parlare del come e se si potrebbe scrivere *Il Bar Mario* e farne un film, per capire, alla fine, se ci sono quelle sintonie che fanno sì che certe persone si trovino e facciano delle cose insieme, magari belle.
Se tutto questo discorso ti sembra di qualche interesse, incontriamoci e parliamone; se invece così non è, spero che comunque capiti prima o poi di incrociarci.
Grazie per la tua attenzione, ma soprattutto grazie per la musica.

Domenico Procacci

Quella lettera colpisce nel segno e pochi incontri sono sufficienti per trovare un accordo. Però Ligabue non vuole fare un «Blues Brothers alla padana»: ritiene che nei quarantatré racconti del suo *Fuori e dentro il borgo* ci siano parecchi spunti interessanti. Soprattutto, non ha nessuna intenzione di affrontare la sua prima esperienza cinematografica indossando i panni del regista: il ruolo di soggettista e sceneggiatore gli sembra già abbastanza. Invece Procacci è abile a convincerlo.

Ha raccontato il Liga a Riccardo Bertoncelli: «Io credo che fare il regista sia una cosa molto lontana dalla mia natura. La musica è un'esperienza più immediata. Il cinema ha a che fare con i filtri, con la progettazione, e quelli non sono i miei modi. Però ho sentito che era un'offerta che non potevo rifiutare. Volevo raccontare una storia, volevo immortalare un mondo e ricordare i miei quindici anni, la mia linea d'ombra: e quello era il modo migliore di farlo. Oltretutto erano storie mie e del mio ambiente. Un regista di Milano o di Roma che fosse venuto a girare un film su quella realtà gli avrebbe dato un altro taglio e magari avrebbe fatto pasticci. Ho vissuto tutto con questi sentimenti contrapposti: da un lato un'estrema voglia, dall'altro una grande ansia. Scrivevo un film e lo giravo senza avere esperienza ed effettiva tecnica. Una scommessa: e non mi sarei mai perdonato di far le cose male».

Dubbi legittimi, quelli del Liga. Ma una volta presa la decisione si fionda in libreria ad acquistare tutto quello che riesce a reperire sulla didattica cinematografica. Perfezionista com'è, vuole conoscere la tecnica, capire le motivazioni che, cinematograficamente parlando, portano a fare una scelta narrativa piuttosto che un'altra. Un grande aiuto lo trova nel regista francese François Truffaut: tutta la parte didattica che ha pubblicato, compreso un bel libro-intervista ad Alfred Hitchcock, è una fantastica lezione di regia.

A film praticamente concluso, Luciano scrive un articolo per il mensile «Ciak», nel quale tra l'altro si legge: «Domenico Procacci è un pazzo, non ci sono dubbi. Un produttore che chiede a un cantante (che non ha mai avuto a che fare col cinema) prima di scrivere un film, poi di curarne la colonna sonora e infine (ciliegina) di dirigerlo, non può non essere un pazzo. A dir la verità si potrebbe discutere della sanità mentale anche del sottoscritto (guardacaso il cantante di cui sopra) visto che la proposta è stata accettata, ma almeno io qualche scusante me la posso giocare. Insomma, provate un po' a pensare: siete degli appassionati di cinema, vi viene proposto di ricavare un film da una vostra raccolta di racconti, quindi di dirigerlo "a casa vostra", nei posti che conoscete così bene. Cosa rispondete? Certo, potreste dire di no, ma vi lascereste poi stare per il resto della vostra vita? Ammettete, allora, che io le mie attenuanti ce le ho. Ma Domenico Procacci? Lui che attenuanti ha? Nessuna, ve lo dico io. È per questo che la sua foto è attaccata a un muro di casa mia. Sta facendo da bersaglio per le mie freccette da diversi mesi. Gliela sbriciolo per bene».

La prima persona a essere coinvolta nel progetto è Antonio Leotti come cosceneggiatore: lavorano con molto puntiglio e, prima di arrivare alla stesura definitiva, riscrivono la sceneggiatura otto volte. «Tra noi» racconta il Liga «ci sono state grandi battaglie con macro e programmi di scrittura incompatibili, rotture di pc e stampanti dai comportamenti bizzarri e orribili salvaschermi che apparivano non appena stavamo un minuto senza scrivere niente. Però alla fine abbiamo avuto quello che ci eravamo proposti di ricavare dai miei racconti.»

Successivamente ingaggiano anche il sardo Antonello Grimaldi che conosceva Procacci fin dai suoi esordi come produttore avendo lavorato come aiutoregista al fianco di Giuseppe Piccioni nel *Grande Blek* (poi avrebbe firmato la regia di *Nulla ci può fermare* e *Il cielo è sempre più blu*). Gli affidano il compito di assistere Luciano alla regia: «Antonello mi ha dato un'infarinatura teorica preziosissima per sapere cosa mi sarebbe occorso per affrontare ogni scena. Poi si è messo a disposizione per ogni dubbio che mi veniva. Inoltre interveniva nei casi in cui rischiavo sgrammaticature pesanti (scavalcamenti di campo, eccetera). Una discrezione esemplare, la sua».

Il film lo girano in dieci settimane, tra maggio e luglio del 1998. Sempre sullo stesso articolo per «Ciak», il Liga scrive: «Quando ti frequenti per undici, dodici ore al giorno, sei giorni la settimana, per dieci settimane, viene a galla tutto. Complicità, entusiasmo, incompatibilità caratteriali, screzi, flirt, flirt mancati, belle e brutte figure. Adesso che ho toccato con mano, finalmente, so cosa vuol dire fare un film. Vuol dire affrontare centinaia di problemi tutti i giorni e, finito di girare, portarsi avanti coi problemi del giorno dopo. Vuol dire sentirsi fare migliaia di domande e dover avere una risposta veloce ogni volta. E ogni volta quella risposta è una decisione che prendi per il film. Vuol dire rispettare i tempi di una macchina grossa e lenta ma che sa tanto di "artigianato", di qualcosa fatta a mano, con devozione. (...) Vuol dire che Domenico Procacci è un pazzo. Per fortuna».

Radiofreccia è interpretato da cinque attori emergenti (Stefano Accorsi, Luciano Federico, Enrico Salimbeni, Alessio Modica e Roberto Zibetti), più Serena Grandi nella parte della madre di Freccia e Francesco Guccini in quella di Adolfo, un burbero barista che gestisce il locale dove i ragazzi si ritrovano e iniziano ad accarezzare l'idea di fondare una radio libera, dai cui microfoni poter dire tutto quel che vogliono. Ecco la trama: è il 24 aprile 1993 e davanti al microfono di un piccolo studio radiofonico

Bruno Iori dice che quello è l'ultimo giorno di trasmissioni di Radiofreccia, emittente da lui fondata nel 1975 con il nome di Radio Raptus. Bruno racconta la vera storia della radio e quella del suo grande amico Freccia, chiamato così a causa di una voglia sulla tempia a forma di freccia. Bruno ha quindi modo di parlare di sé, del borgo, dei mutamenti avvenuti tra il '75 e il '77, della nascita e del cambiamento delle cosiddette radio «libere» e soprattutto delle avventure vissute con i suoi quattro migliori amici. Il vero protagonista però è Freccia (Stefano Accorsi): dedito all'eroina, muore per overdose e il suo cadavere viene ritrovato in un fosso.

«Lavorare con Ligabue» racconta l'attore bolognese «è stata un'esperienza molto interessante. Lui è una rockstar e in un certo senso lo è stato anche sul set. Io fino a quel momento non avevo mai assistito a un suo concerto, ma quando vedi le sue foto davanti a settantamila persone resti impressionato. Sul palco, una rockstar ha il chitarrista, il bassista, il tastierista, il batterista... ed è importante che ognuno esprima la sua personalità. Lui deve stimolarli, ma anche indirizzarli in quella che ritiene essere la direzione più consona. È successo lo stesso sul set: eravamo tutti molto motivati e propositivi. Ligabue è stato molto più professionale di tanti professionisti. Abbiamo fatto molte prove, abbiamo letto, ragionato a lungo sui personaggi. Il film è un misto di verità e invenzione. Il mio personaggio, Freccia, incontra l'eroina... con tutta l'ignoranza di quegli anni circa quello che poteva provocare.»

Proiettato ufficialmente per la prima volta il 13 settembre 1998 in una sede importante come la Mostra del Cinema di Venezia, dove viene presentato come Evento speciale, il film riscuote consensi di critica e di pubblico. Però suscita qualche polemica: infatti, pochi giorni prima del suo arrivo nelle sale la commissione di censura impone un divieto ai minori di quattordici anni per «linguaggio scurrile e triviale e uso esplicito di droga». Ligabue dice a Laura Putti della «Repubblica»: «Mi sembra una motivazione assurda, perché se si accusa il film di turpiloquio si dovrebbero anche oscurare le televisioni in prima serata. Le parole incriminate sono quelle che usano tutti i ragazzi. Che cosa pensano i censori? Che la scena in cui Freccia si inietta l'eroina possa incoraggiare qualcuno? Da quel momento il protagonista per potersi fare inizia a rubare, perde il lavoro, brucia la sua vita. E alla fine, proprio per l'eroina, muore. Il messaggio mi pare chiaro».

Poi aggiunge: «La scena è violenta perché farsi una pera è un gesto fortissimo. Bisogna infilarsi un ago in una vena... Noi non abbiamo voluto essere compiacenti. Il film è ambientato negli anni Settanta e allora le siringhe si passavano. Il grande problema, quello che ha fregato tanti, era la mancanza di informazione. L'unica notizia che girava era: se ti fai sei fico e puoi smettere quando vuoi. E nel film i due si bucano dopo aver fatto l'amore, la pera è il proseguimento dell'atto sessuale. In quella scena c'è però qualcosa difficile da notare. Quando l'eroina entra in circolo, la musica che i due ascoltano a letto scompare: è *Rebel rebel*, una canzone di David Bowie che per me è un simbolo di gioia. Da quel momento tutto precipita. L'errore di Freccia, e di tanti come lui negli anni Settanta, è quello di chiedersi: perché no? Invece di: perché?».

Comunque il problema della censura si risolve nel giro di quarantotto ore, e la commissione d'appello revoca il divieto prima che il film arrivi nelle sale. Del resto il messaggio antidroga del Liga convince molte persone, a cominciare dal vescovo di Reggio Emilia, Monsignor Adriano Caprioli, che durante una proiezione riservata alle scuole ha parole d'elogio per *Radiofreccia*. Così tutti possono vederlo e ascoltare il monologo di Freccia quando si mette per la prima volta davanti al microfono di Radio Raptus, quello che tutti ormai conoscono come il «credo di Freccia»: «Credo nelle rovesciate di Bonimba e nei riff di Keith Richards. Credo al doppio suono di campanello del padrone di casa che vuole l'affitto ogni primo del mese. Credo che ognuno di noi si meriterebbe di avere una madre e un padre che siano decenti con lui almeno finché non si sta in piedi, credo che un'Inter come quella di Corso, Mazzola e Suárez non ci sarà mai più, ma non è detto che non ce ne saranno altre belle in maniera diversa. Credo che non sia tutto qua, però, prima di credere in qualcos'altro bisogna fare i conti con quello che c'è qua, e allora mi sa che crederò prima o poi in qualche dio. Credo che se mai avrò una famiglia sarà dura tirare avanti con trecentomila lire al mese, però credo anche che se non leccherò culi come fa il mio caporeparto difficilmente cambieranno le cose. Credo che c'ho un buco grosso dentro, ma anche che il rock'n'roll, qualche amichetta, il calcio, qualche soddisfazione sul lavoro, le stronzate con gli amici... be'... ogni tanto questo buco me lo riempiono. Credo che la voglia di scappare da un paese con ventimila abitanti vuol dire che hai voglia di scappare da te stesso, e credo che da te non ci scappi neanche se sei Eddy Merckx. Credo che non è giusto giudicare la vita degli altri, perché comunque non puoi sapere proprio un cazzo della vita degli altri. Credo che per credere, in certi momenti, ti serve molta energia».

Radiofreccia è ambientato prevalentemente a Correggio, ma alcuni esterni vengono girati tra Gualtieri, Guastalla, Carpi, Torre d'Oglio e altre località della bassa padana. Quasi tutte le location sono reali, tranne il bar gestito da uno scoglionato Adolfo-Francesco Guccini, che a Massimo Cotto ha raccontato un curioso retroscena: «Il bar era finto. La macchina del caffè non funzionava, le bottiglie erano piene di schifezze, non certo di quello che era indicato sulle etichette. A un certo punto entra un vecchietto che non capisce di essere sul set di un film e chiede un caffè corretto. Io gli spiego che la macchina del caffè non funziona, perché il bar è finto. Lui mi osserva guardingo e poi mi dice: "Vabbe', allora mi dia un amaro Montenegro"» (da *Portavo allora un eskimo innocente*, Giunti).

«Guccini» racconta il Liga «l'ho conosciuto a Roma nel 1996, in occasione di un concerto per il primo maggio. La prima cosa che mi ha detto è stata: "Sai che io nasco rocker?" e da lì è iniziata una bella amicizia. Mentre stavo scrivendo i dialoghi del film continuavo a immaginare le battute con il vocione di Francesco e la sua inconfondibile erre moscia. Lo apprezzo non solo per quello che ha fatto e che continua a fare, ma perché sento un'affinità con lui, che ha scelto di vivere a modo suo: abita ancora a Bologna in via Paolo Fabbri 43 come diceva nel titolo di un suo album di tanto tempo fa e frequenta poco il mondo dello spettacolo. Il primo ciak con lui è stato molto emozionante. Devo dire la verità: un po' mi vergognavo a guardarlo in faccia, ma non l'ho detto.»

Anche numerosi personaggi collaterali che Ligabue ha voluto far apparire nel film sono reali o comunque ispirati a persone realmente esistenti. Per esempio Bonanza, quello che vive con la speranza di essere notato da un grande regista, che nella vita fa l'avvocato a Rimini. Oppure Pluto, che dice di registrare voci dall'aldilà, sostenendo di aver comunicato addirittura con Enrico Berlinguer, un comunista finito in paradiso: nella vita reale si chiamava Ottorino Ferrari (è morto nella primavera del 2005). Poi c'è Kingo, ovvero Little Taver, del quale Luciano dice: «La vera rockstar di Correggio è lui. Io sono soltanto il numero due».

In *Radiofreccia* a un certo punto appare persino un ippopotamo: arriva sulla scena dentro un enorme gabbione trainato da un trattore. Ma non è solo, infatti è accompagnato da un rinoceronte. Il signor Togni, che scorta il convoglio, svela subito il mistero: «I due animali sono abituati a vivere nello stesso ambiente, quindi per evitare nervosismi ho preferito portarli entrambi». Nonostante questa cautela, durante la notte l'ippopotamo decide di concedersi una passeggiata, scatenando il panico del proprietario della villa in cui stanno girando. Ma per fortuna non combina nessun guaio. Il mattino dopo girano la scena: come una superstar hollywoodiana, l'ippopotamo decide che va bene la prima e non c'è modo di convincerlo a girare un secondo ciak.

Forse non per merito suo (a giudizio di molti se quella scena non ci fosse stata l'impianto del film non ne avrebbe risentito minimamente), ma *Radiofreccia* ottiene parecchi riconoscimenti importanti, compresi tre David di Donatello (a Gaetano Carito come miglior fonico di presa diretta, a Luciano Ligabue come miglior regista esordiente e a Stefano Accorsi come miglior attore protagonista), due Nastri d'Argento (entrambi a Ligabue come miglior regista esordiente e per la miglior canzone), il Premio Flaiano alla regia, tre Ciak d'Oro (per la miglior opera prima, per il miglior attore protagonista e per il miglior film in videocassetta) e tre Globi d'Oro (miglior film, miglior regia e miglior musica).

Ma il premio più bello lo ottiene al botteghino: nelle sale di prima visione lo vedono 619.716 spettatori paganti per un incasso di quasi sette miliardi di lire (considerate le successive visioni, gli spettatori superano il milione di unità per un incasso complessivo superiore ai dieci miliardi di lire). A questo proposito, il produttore Domenico Procacci rivela un gustoso retroscena: un bel giorno si vede recapitare una lettera «anonima» scritta con ritagli di giornale. Contiene una minaccia: «Guai a te se *Radiofreccia* supera i sei miliardi e trecento milioni di incassi». Guarda caso l'incasso di *Aprile* di Nanni Moretti, uscito nella primavera del 1998. Infatti autore di quello scherzo è proprio il regista romano.

Uno dei punti di forza di *Radiofreccia* è la colonna sonora: non c'è la presunzione di rappresentare per intero gli anni Settanta, un decennio in cui sono successe troppe cose per poterle sintetizzare in un solo film, però è una buona citazione dei diversi generi che le radio libere usavano con maggior frequenza. «Ogni tanto» racconta Luciano «chiedevo a Procacci questo o quel brano, e lui rispondeva flemmaticamente "questo sì, questo no", perché ci negavano i diritti, oppure perché acquistarli sarebbe costato una cifra spropositata. Comprare i diritti di una canzone dei Rolling Stones, per esempio, è impossibile. Però le mie canzoni preferite, da *Jessica* degli Allman Brothers a *Rebel rebel* di David Bowie, da *The passenger* di Iggy Pop a *Year of the cat* di Al Stewart ci sono tutte.»

Della colonna sonora fanno parte anche *Werewolves of London* di Warren Zevon, *Lord of the starfields* di Bruce Cockburn, *You ain't seen nothing yet* di Bachman Turner Overdrive, *Love is the drug* dei Roxy Music, *Long train running* dei Doobie Brothers, *Vicious* di Lou Reed, *Sweet home Alabama* dei Lynyrd Skynyrd, *Willin'* dei Little Feat, *Run through the jungle* dei Creedence Clearwater Revival, *Sing a song* degli Earth Wind & Fire e *Black market* dei Weather Report.

Un discorso a parte merita Francesco Guccini, che

con *Incontro*, un classico tratto dall'album-capolavoro *Radici*, è l'unico italiano rappresentato (eccezion fatta per il Liga, ovviamente): «Se avessi dovuto selezionare gli italiani» spiega Luciano «avrei avuto bisogno di un altro film, allora i cantautori erano parecchi e producevano cose egrege, poi c'erano tante band».

Invece il secondo disco lo ha tenuto per sé, infilandoci un paio di stupende ballate (*Ho perso le parole* e *Metti in circolo il tuo amore*) e altro materiale originale composto appositamente per il film. Una bella chicca è il pezzo che chiude il disco, *Can't help falling in love* eseguita dalla banda Bonifazio Asioli di Correggio: «Sono rimasto piacevolmente sorpreso» racconta il Liga «dalla generosità del team che gestisce i diritti di questo brano, al quale sono particolarmente legato perché era quello che chiudeva i concerti di Elvis».

Riguardo il film, resta da dire che Luciano vi fa una brevissima apparizione: accade nella scena in cui Bruno, Freccia e gli altri ragazzi del gruppo vanno a spiare un'altra radio per studiarne la strumentazione e capire cosa dovranno procurarsi per allestire la loro futura emittente. Con malcelata invidia, vedono lo speaker (Ligabue, appunto) davanti a un microfono circondato da tre belle ragazze che hanno occhi solo per lui. Accanto a questa presenza in video, ce n'è un'altra in audio: è del Liga, infatti, la voce del dj della radio libera ascoltata dai ragazzi nel bar di Adolfo all'inizio della storia.

Ho già detto che il film è stato accolto molto bene sia dalla critica, sia dal pubblico. Ma siccome a Ligabue piace il ruolo del bastian contrario, si è lambiccato il cervello per trovargli qualche difetto. A Riccardo Bertoncelli all'epoca confidò che «è un film troppo denso, che certe volte manca di respiro. Siccome è il mio primo e unico film, non ne farò altri, ho voluto metterci dentro quanto più possibile e questo ha tolto spazio per approfondire certi argomenti» (da *Una vita da mediano*, Giunti).

In realtà *Radiofreccia* non merita queste critiche (né sarà il suo «unico film», come sappiamo). A fare da contrappeso ci pensa nientemeno che il critico del prestigioso «Los Angeles Times»: dopo una proiezione all'Istituto Italiano di Cultura di Los Angeles, scrive che secondo lui ci sono richiami a capolavori assoluti come *Gioventù bruciata*, *L'ultimo spettacolo* e *American graffiti*. Probabilmente esagera. Ma quando simili complimenti arrivano da un frequentatore abituale di Hollywood giù nella bassa padana si stappa qualche bottiglia di Lambrusco. Soprattutto in considerazione del fatto che all'inizio del 2006 la pellicola entra nell'archivio cinematografico permanente del MoMA, il Museo d'Arte Moderna di New York.

14

IL MIO NOME È MAI PIÙ

Maggio 1999. Da un paio di mesi la provincia autonoma serba del Kosovo, popolata in maggioranza da cittadini di etnia albanese, è in fiamme. Il governo italiano, all'epoca guidato da Massimo D'Alema, appoggia la richiesta della Nato e concede la base di Aviano e altre basi militari per consentire ai bombardieri «alleati» di decollare. C'è chi lo definisce «intervento umanitario»: le truppe serbe di Milošević si rendono protagoniste di autentici atti di terrore per costringere gli albanesi ad andarsene. Obiettivo dei bombardamenti, quindi, è costringere Milošević al negoziato. Anche per questo qualcuno conia il termine di «guerra giusta».

Però altri non ci stanno. Ligabue è tra questi. Si macera e non gli sembra giusto rimanere in silenzio. Anche perché oltre a quel conflitto di cui perlomeno l'opinione pubblica è informata, ce ne sono almeno altri cinquanta di cui, per i motivi più diversi, nessuno sa niente: mai un titolo in prima pagina sui quotidiani, mai un servizio nei telegiornali. Tutte guerre «dimenticate»: eppure la gente continua a morire.

Ecco allora che gli viene l'idea di scrivere una canzone per smuovere le coscienze. O perlomeno gettare un sasso nello stagno. Così butta giù un abbozzo e ne parla con Jovanotti e Piero Pelù. «Una mattina» racconta Jovanotti «chiamo al telefono il mio manager e gli dico che bisognerebbe fare qualcosa per quella brutta storia della guerra nei Balcani. Una magica coincidenza: lui mi dice che Luciano e Piero mi stanno cercando per propormi la stessa cosa.»

«Io e Luciano» conferma Piero «ci eravamo sentiti perché dovevamo partecipare insieme a un programma televisivo e abbiamo cominciato a parlare della guerra e di cosa si poteva fare insieme. E abbiamo pensato che sarebbe stato bello coinvolgere anche Lorenzo.»

Ligabue ha raccontato a Riccardo Bertoncelli: «Avrei dovuto sentirmi a posto come semplice cittadino, con i miei contributi e il mio sostegno morale. Invece ho voluto fare qualcosa di più e neanche la cosa più semplice: partiti e associazioni mi hanno chiamato più volte per fare qualcosa insieme a loro, e quella sarebbe stata una via facile. Fai conto poi che, a livello strategico, l'uscita del disco è stata scomoda per tutti; Lorenzo era fuori col suo disco, Piero stava finendo la storia Litfiba, io dovevo stare un po' nell'ombra prima dell'album nuovo. È stato un gran lavorare, tutto di corsa e tutto di fretta: curando poi anche i minimi dettagli, perché è un attimo venire fraintesi. Alla fine si è deciso di provare a impersonare nel testo qualcuno di diverso da noi, che è un'operazione che in generale non mi piace fare perché è sempre a rischio di retorica. Però è sembrato il modo migliore per affrontare quest'argomento. Ognuno si è scritto la sua strofa, ognuno si è preso la sua libertà. È venuto un pezzo abbastanza crudo e forte, lontanissimo dai vari *We are the world*: per niente ruffiano, per niente "buonista"» (da *Vivere a orecchio*, Giunti).

Nella canzone, Luciano interpreta il ruolo di un profugo che non ha più voglia di «capire» e vuole solo sapere il nome di chi si impegna a fare i conti con la propria vergogna e di chi gli ridarà la sua casa e la sua vita. Lorenzo è un aviatore americano e anche lui cerca un nome: quello di chi gli ha mentito parlando di una «guerra giusta» e di «sante bombe». Piero è un pacifista convinto che si può e si deve saper convivere, perché la pace è l'unica vittoria.

In quel periodo Luciano entra in contatto con Emergency e, d'accordo con gli altri, decide di devolvere tutti i diritti a questa associazione per vari motivi, non ultimo quello che trattiene per le spese di gestione una quota molto più bassa rispetto ad altre associazioni umanitarie. «Senza considerare il fatto» dice il Liga convinto «che quando guardi fisso negli occhi Gino Strada capisci che di lui puoi fidarti.»

Lorenzo e Luciano registrano le loro parti vocali allo Zoo Studio di Correggio, come se fosse un vero duetto; Pelù invece registra la sua parte successivamente all'Hyper Studio di Firenze con il supporto di Ben Frassinelli, poi la sua voce viene sovrapposta. La base ritmica è quella di Jovanotti (Saturnino al basso e Pier Foschi alla batteria), con le chitarre di Federico Poggipollini e Mel Previte e la produzione artistica di Fabrizio Barbacci e Michele Centonze. Le registrazioni vengono curate da Fabrizio Simoncioni, che inoltre programma e suona le tastiere. A occuparsi del mixaggio è Carlo Ubaldo Rossi.

Racconta Piero: «Mi fecero sentire i primi risultati, in attesa della mia parte, negli spogliatoi della Favorita di Palermo, dove la Dinamo era impegnata in una partita, nell'anniversario della strage di Borsellino e Falcone. Ricordo che mi emozionai molto, mi vennero i brividi. Pochi giorni dopo, finito il tour, incisi la mia parte. Il pezzo era completo».

«Subito dopo la masterizzazione» aggiunge Pelù «ci concentrammo sul video. In mezzo, la mia prima uscita pubblica, in conferenza stampa, per presentare il progetto. Ero agitatissimo, come se si trattasse di un esame. Lorenzo e Luciano cercavano di tranquillizzarmi, ma per loro era facile, essendo abituati a muoversi da soli. Andò tutto bene, e questo mi diede una spinta ulteriore.» (dall'autobiografia *Perfetto difettoso*, Mondadori.)

Il video lo realizza gratuitamente Gabriele Salvatores. Prodotto dalla Colorado Film di Maurizio Totti e dalla Fandango di Domenico Procacci, è ambientato a Milano in diverse location: due bar, un grande loft, per strada e davanti a una stazione ferroviaria. Dice Salvatores: «Quando me lo hanno proposto, non ho avuto il minimo dubbio. Mi hanno coinvolto con la loro energia: mi sono ritrovato di fronte tre artisti che si stavano facendo interpreti di un sentimento generale. Il video è volutamente molto semplice: tante facce di persone comuni mescolate a scene di guerra crude e drammatiche». Il clip viene registrato come se fosse un film vero, in 35 millimetri, utilizzando ottimi professionisti come lo scenografo Max Zucca e la costumista Florence Emir.

Tutta l'operazione viene realizzata a tempo di record, un mese e mezzo circa dal giorno in cui Luciano ebbe l'idea a quello in cui esce il disco: il 16 giugno inizia la programmazione radiofonica del brano, il giorno successivo *Il mio nome è mai più* è nei negozi. Sul lato B del singolo c'è la versione strumentale. All'interno della confezione c'è una mappa con le cinquantuno guerre in corso nel 1999 e le numerose zone a rischio bellico. Sul retro di copertina, c'è un messaggio di Luciano, Lorenzo e Piero: «A pochi mesi dal "giro" di millennio la nostra cosiddetta società "civile" conta al proprio interno cinquantuno guerre in corso. Allo stesso tempo essere contro la guerra (qualsiasi guerra) sembra voler dire assumere una posizione politica. Be', vogliamo essere liberi di sentirci oltre qualsiasi posizione del genere affermando che, per noi, non ci sarà mai un motivo valido per nessuna guerra».

Il disco ha un successo immediato: finisce al primo posto in classifica e ci rimane per nove settimane, poi per altre sette si alterna tra il primo e il secondo posto. Alla fine vende oltre cinquecentomila copie e frutta a Emergency circa due miliardi di lire, che vengono utilizzati per costruire due ospedali in Afghanistan e in Sierra Leone.

Eppure, nonostante questi risultati e la totale trasparenza dell'operazione (i diritti d'autore sono stati ceduti in maniera definitiva a Emergency), c'è chi storce il naso e non risparmia critiche ai tre: Elio, per esempio, dichiara che anziché cantare, avrebbero fatto meglio ad andare a combattere sotto le bombe. E persino il mensile specializzato preferito da Luciano, «Mucchio Selvaggio», avanza qualche dubbio. Altri invece accusano il trio di aver preso una posizione antiamericana, tanto che a un certo punto i tre artisti emettono un comunicato per chiarire meglio i contorni dell'operazione: «Il pezzo era una reazione a chi stava urlando che essere pacifisti volesse dire essere coglioni o fuori dalla realtà o appartenenti a un preciso schieramento politico. Noi non siamo contro gli americani: siamo contro qualsiasi guerra, contro qualsiasi pulizia etnica, contro qualsiasi soppressione della vita per qualsivoglia motivo. Ormai muoiono quasi solo civili nelle varie guerre: più o meno il novanta per cento delle vittime contro un dieci per cento di militari. Ecco, questo è un pezzo "per" le vittime di ogni tipo di guerra. Cioè per chi ha avuto solo la "colpa" di vivere in un paese che subisce un'aggressione. Con i soldi ricavati, abbiamo cercato di mettere alcuni di loro nella condizione di sperare di avere ancora una vita da vivere».

Nonostante la serietà del tema, c'è anche chi (ovviamente la firma è di fantasia: JavaLiscaPerù) registra una parodia intitolata *Non ci stiamo dentro più*, insinuando che la canzone sarebbe solo un'operazione commerciale per promuovere gli ultimi album dei tre.

Alcuni versi dicono «Io non lo so / chi c'ha ragione o chi no / se la guerra è magia oppure alchimia / ma se ci vendo dei dischi va bene che ci sia» e ancora «E voglio il nome / di chi ha comprato / questo disco e non si vergogna / di aver speso invano i propri risparmi / sparami sparami sparati.»

«All'interno del trio» racconta Piero «le reazioni furono diverse. Luciano se la prese moltissimo, anche perché Radio Popolare, con uno snobismo e un cinismo incomprensibili, programmava più la parodia dell'originale. Io pensavo che il nostro unico scopo fosse aiutare le vittime di guerra, e un po' c'eravamo riusciti, il resto non contava.»

Qualche tempo dopo, rispondendo a una domanda di Gigio Rancilio per il quotidiano cattolico «Avvenire» («Su un tema come la guerra si può ancora dire qualcosa con le canzoni o ormai sono confinate sempre più a essere solo intrattenimento radiofonico?»), Luciano risponde: «L'impatto che le canzoni avevano sulla società negli anni Sessanta adesso non c'è più. Non penso dipenda da chi le fa, ma da un cambiamento sociale legato anche al modo di sentire la musica. Eppure, anche per rispetto della canzone, non si deve smettere di provarci. Può darsi che non cambino più il mondo (ma in passato un po' l'hanno fatto), ma possono incidere sulle giornate delle persone, far maturare prima una riflessione o sollecitare un'emozione che doveva venire a galla. In fondo, lo sosteneva già De André: "Non ho nessuna certezza in tasca, non ho nessuna definizione assoluta, è già tanto se riesco a suscitare qualche emozione". Detto dal più grande di tutti è una lezione sul dovere di non svilire le canzoni, anche se questo mondo sembra purtroppo sempre più difficile da cambiare di quanto pensavamo. E non solo a colpi di musica».

15

MISS MONDO

Il 27 maggio 1998, mentre Ligabue è impegnato nelle riprese di *Radiofreccia*, viene al mondo Lorenzo Lenny: nasce prematuro, e questo spiega anche il suo doppio nome. Racconta Luciano: «Io lo volevo chiamare Lorenzo, la mamma Lenny. Non avevamo ancora scelto e lui è nato prima del termine. Il medico ci ha fatto fretta, così abbiamo deciso di dargli entrambi i nomi». Sia Donatella, sia Luciano desideravano quel figlio con tutte le loro forze, e il Liga gli dà il benvenuto scrivendo una canzone molto tenera, *Da adesso in poi*, e dedicandogliela esplicitamente. «È una canzone» spiega «sulle cose che io avrò da questa situazione più che su quelle che darò: anche se naturalmente parla pure di quanto io riuscirò a insegnare qualcosa a qualcuno.» Infatti il passaggio più importante di quel brano dice: «per te / per noi / non so se sarò pronto mai / prova a esser pronto tu per noi / ascolto: / mi insegnerai / che puoi / che vale la pena vivere / ti chiederò "dimmi perché" / tu che non parli dirai / "vale la pena vedrai" / da adesso in poi / ci proverò / a farti avere il meglio che ho / il peggio / lo troverai / da te / ma vale la pena vivere».

Dice a Patrizia Ricci di «Sorrisi e Canzoni»: «Lo so,

sono caduto nel trappolone della canzone dedicata al figlio, ma ho delle giustificazioni: Lorenzo è nato prematuro, dopo che io e mia moglie ne avevamo perso uno. Verificato che stava bene, mi sono reso conto che dovevo imparare a fare il padre e gli ho dedicato questa riflessione». Alla luce delle sue parole, assumono un diverso significato anche le prime righe di *Non sei diverso dalle altre puttane*, uno dei quarantatré racconti di *Fuori e dentro il borgo*: «Sia quando tua moglie è incinta e vedi tutto quanto da un'angolazione così diversa che proprio non te l'aspettavi; che quando quel figlio lo perdi e con lui le fantasie su di lui e il tuo "nuovo sguardo" sul mondo...».

Da adesso in poi fa parte dell'album *Miss Mondo*. Il Liga inizia a lavorarci a metà gennaio del 1999: la preproduzione dura tre settimane. Ci sono almeno ventitré canzoni che a suo avviso meriterebbero di essere prese in considerazione, così per un po' accarezza l'idea di pubblicare un album doppio. Poi si lascia convincere e ripiega sul cd unico, sfoltendo a malincuore i brani di troppo.

Importante notare che questa è la prima volta che registra per intero (con la sola eccezione degli archi) un disco nella sua Correggio: ha investito parte dei guadagni nell'allestimento di uno studio in un capannone industriale ai limiti del «borgo». Il neonato Zoo Studio in quanto ad apparecchiature tecniche non può certo competere con le migliori sale d'incisione italiane, ma questo a Luciano interessa poco. Successivamente spiegherà: «Stavo lavorando a un album intimo e volevo avere la sensazione, anche materiale, di avere le chiavi di casa». Infatti per renderlo più accogliente ci mette un flipper, un calcetto e un salottino dove accogliere gli amici.

Quando inizia a lavorare, con il Liga ci sono soltanto Fede, Mel, Robby e Rigo. Ma dopo un po' si unisce a loro Fabrizio Simoncioni, che già aveva collaborato come fonico durante l'incisione della colonna sonora di *Radiofreccia*: «Era il luglio del 1998. Andammo ad Atlanta, negli studi di Brendan O'Brian a realizzare i "southern tracks". Però Luciano non c'era, lui era ancora impegnato nelle riprese del film. La sua voce e le chitarre acustiche le registrai prima di partire all'Esagono di Rubiera». Stavolta fa di più: suona anche le tastiere (mentre come fonico lo assiste Stefano Cesca).

Invece non c'è Fabrizio Barbacci, che aveva coprodotto *Buon compleanno Elvis*: aveva già preso altri impegni e proprio non gli è possibile annullarli. Così Luciano decide di fare tutto da solo, come una volta. «Del resto» spiega «questo è un disco "mio" al cento per cento, è assolutamente intimo e le canzoni nascono dai disagi interiori che ho vissuto in quel periodo così travagliato. Quindi affidarmi a persone che non mi conoscono profondamente sarebbe un errore, meglio che mi occupi io degli arrangiamenti e di tutte le questioni più squisitamente artistiche. Invece per quanto riguarda la parte tecnica Simoncioni è una sicurezza, mi piace il suo atteggiamento sempre positivo. Quando chiedo se qualcosa si può fare, la sua risposta è sempre la stessa: "facciamolo, no?".»

Il disco lo registrano in primavera, con un'escursione a Londra per registrare gli archi diretti da Piero Milesi nei mitici Abbey Road Studios con Guy Massey: mentre sono lì, si palesa per qualche minuto *Sir* Paul McCartney. Simoncioni, che era presente, racconta come è andata: «Milesi incontrò McCartney nella mensa degli studios. Fu lo stesso McCartney a rivolgergli la parola, chiaramente scambiandolo per qualcun altro. Comunque Piero colse l'occasione e lo invitò da noi, in regia. Forse curioso di vedere all'opera una rockstar italiana, dopo un po' sua maestà in persona venne in studio, salutandoci cortesemente e facendo grandi complimenti per le cose che sentiva».

Tra giugno e luglio David Leonard assistito da Gabriele Gigli mixa il tutto al Logic Studio di Milano, mentre Stephen Marcussen masterizza l'album negli A&M Studios di Los Angeles. Viene fissata la data di pubblicazione: il 17 settembre (qualcuno farà notare «un venerdì 17»). Per presentarlo Luciano organizza due serate speciali all'Arena di Verona, il 10 e l'11 settembre. Il pomeriggio del 10 incontra la stampa ed è visibilmente nervoso, ha l'aria di uno che vorrebbe essere da un'altra parte e qualche volta risponde un po' sgarbatamente alle domande degli inviati. Del resto, che in quel particolare momento della sua vita non ami molto la stampa lo dimostra il video del primo singolo, *Una vita da mediano*: la clip inizia con una riunione in casa discografica in cui si pianifica la promozione. Da notare che il nome della casa discografica è di fantasia (XFB Records), ma i discografici sono tre alti dirigenti della Warner Bros. (Massimo Giuliano, Tino Silvestri e Alberto Cusella). Gli dicono che per la campagna hanno coniato uno slogan fortissimo: «Ligabue ne pensa una ne azzecca due». Poi Luciano fa qualche palleggio in un campo di calcio deserto, quindi inizia una lunga corsa tra due ali di fan adoranti. Ma c'è anche il «cattivo»: questa parte è affidata proprio a un giornalista (interpretato da Roberto Zibetti: il Boris di *Radiofreccia*), che gli fa lo sgambetto mentre corre e invece di riportare le parole che dice, «tengo botta», scrive «Ligabue si ritira».

Lo spirito di quel video girato da Luca Lucini sarebbe ironico, ma in realtà riflette lo stato d'animo del Liga, che in quel periodo è piuttosto turbato. Uno dei motivi di tanta rabbia verso alcuni giornalisti sono le critiche piovute addosso all'«operazione» *Il mio nome è mai più* di cui qualcuno ha messo addirittura in dubbio la buona fede: quelle critiche Luciano non le ha mai digerite e hanno fatto aumentare la sua disistima verso «certa stampa». Ma in quei mesi vive sulla sua pelle anche una sensazione di disagio dovuta alle troppe pressioni, alle aspettative, alle continue richieste (da qui un'altra battuta del video: «Questa volta» dice Cusella, che è davvero il capo della promozione «devi farmi almeno due prime serate»).

Per l'uscita di *Miss Mondo* lo intervisto per «Max». Come al solito parliamo di tutto, ma stavolta i temi ricorrenti sono l'insoddisfazione, un certo disagio esistenziale, il sentirsi inadeguato in quel ruolo di rockstar che il destino gli ha regalato. «È vero,» mi dice «uso spesso la parola insoddisfazione. Perché in me c'è un'inquietudine costante. Credo che sia un fatto di natura: ho una grande urgenza di buttare fuori le cose che ho dentro. Così scrivo in continuazione, e questo mi fa provare un senso di sollievo.» Poi aggiunge: «Credo a tal punto nella forza dei sogni da passare per buonista, tontolone, persino un po' scemotto. C'è persino chi crede che io non abbia un grande contatto con la realtà... Naturalmente penso che sia vero il contrario, ma non per questo voglio rinunciare ai miei sogni».

Mi spiega che quello è un disco assolutamente intimo, che dà voce al suo mondo interiore: «Da un po' di anni è difficile farsi un'idea della realtà filtrata dai media. Allora parlo di cose vicine, che conosco bene. All'inizio mi hanno accusato di essere troppo ristretto, e io dicevo: parlerò del condominio, stringerò ancora di più il cerchio. Ora ho saltato il condominio, parlo di me. Doveva succedere, del resto, anche rispetto allo spiazzamento portato dal successo, di una presunta rockstar che non si sente tale. Infatti in una canzone dico: "Sono quello che ti tiene su lo specchio, ma quello che ci vedi è quello che decidi"».

Poi si lascia andare a un lungo sfogo dicendo: «La strofa iniziale di *Uno dei tanti* recita: "È stato un piacere parlare comunque per me". Il fatto è che questo mestiere ti mette nella condizione di creare una certa confusione. Tutto nasce dalla percezione che la gente ha del te stesso che non sei: ognuno ti vede nella maniera in cui ti immagina. E i media, mettendoti in bocca parole talvolta non tue, contribuiscono ad aumentare la confusione... Personalmente quel che mi preoccupa e mi infastidisce non sono le critiche, e nemmeno gli insulti. Invece non sopporto le trame giornalistiche di chi cerca di dipingerti come non sei. È difficile fare arrivare il tuo vero pensiero alla gente, soprattutto se ti imbatti in persone che ti fanno dire cose che non hai mai detto. Purtroppo davanti a fatti del genere mi sento impotente».

Aggiunge che attraverso i testi delle sue canzoni si può capire molto di lui, «quasi tutto. Prendiamo per esempio *Una vita da mediano*: io sono nato, cresciuto e morirò mediano. Dio, o chi per lui, non mi ha dato le capacità tecniche di Maradona, di Platini o di Ronaldo. Io ho i mezzi tecnici del mediano, che non può far altro che allenarsi, impegnarsi e spolmonarsi per fare il gioco di squadra che ha in testa. Io da sempre ci metto questo tipo di impegno, cercando di sopperire alle mie carenze tecniche: purtroppo non scriverò mai come Bob Dylan, né avrò mai la genialità di un Jack Kerouac o di uno Stanley Kubrick. E non conta il successo che ho avuto o che avrò: questo è ciò che posso fare».

Incuriosisce parecchio anche la copertina, in cui appare una ragazza incinta con la fascia da Miss Mondo. «È una mia idea» racconta Luciano. «Volevo raffigurare un simbolo forte e potente come Miss Mondo, che è la massima espressione di quanto il successo sia fatuo e inutile. Per un minuto questa ragazza è la più desiderata dagli uomini e la più invidiata dalle donne. L'iconografia è perfetta: lei che piange, il trucco che si disfa, le altre ragazze fanno finta di essere contente per lei, anche se in realtà la odiano. Poi, trascorso questo minuto, nessuno si ricorda la sua faccia. Purtroppo, nasciamo e cresciamo con l'idea che avere successo sia quasi un obbligo. Già all'asilo siamo competitivi: vogliamo avere il gioco migliore ed essere al centro dell'attenzione. Così lo inseguiamo in maniera ossessiva, anche se è stato dimostrato che non è grazie al successo che si raggiunge la serenità o la felicità: si risolvono alcuni problemi, ma se ne creano altri.»

E aggiunge: «Chiaramente la nascita di Lorenzo mi rende particolarmente sensibile rispetto a questo tema. Ma stavolta volevo dire soltanto che le donne incinte mediamente sono belle, perché hanno una luce particolare negli occhi. Infatti non capisco perché non possano partecipare ai concorsi di bellezza. Inoltre, siccome l'album originariamente doveva intitolarsi *Miss Mondo '99*, mi piaceva l'idea che questo bambino nella pancia fosse una sorta di traghettatore verso qualcosa, un segnale di speranza per il nuovo millennio alle porte».

Ho già detto che per presentare *Miss Mondo* il Liga ha organizzato due serate speciali all'Arena di Verona. «Circa undici, dodici anni fa» dice in quell'occasione «accompagnai una ragazza a un concerto di Tina Turner all'Arena. Ero proprio nelle vesti di accompagnatore, perché non sono mai stato un fan della Turner. Be', quel concerto mi piacque tanto ma, soprattutto, invidiai moltissimo a quella star l'esperienza che stava vivendo in quel posto magnifico. Un paio d'anni dopo uscì il mio primo disco e l'estate seguente provai l'emozione forte di calcare lo stesso palco nonostante fosse per un playback. Immaginerete, dunque, cosa ha significato per me sentirmi proporre l'Arena per un concerto di presentazione di *Miss Mondo*. E vedere che i concerti diventavano due.»

E aggiunge: «Sopra un palco è il posto dove mi sento più a mio agio in assoluto. Questi ultimi anni hanno stravolto completamente la mia realtà. Il successo negli stadi, il film... È come se ci fosse un Ligabue-alias, gonfiato dai media e dalla gente, e più si gonfia più si allontana dal vero. Invece sul palco ci sarò io, e questo è un grande sollievo».

Per l'occasione, ha voluto rispettare l'ambiente che lo ospita. Infatti la scena è spoglia; il sistema di illuminazione è eccezionale, ma è installato sulle gradinate; e persino l'impianto audio non poggia per terra: resta sospeso a mezz'aria grazie a due gru gigantesche posizionate fuori dall'Arena.

Ormai sta diventando una tradizione: Claudio Maioli sale sul palco in jeans e grembiule impersonando il mitico barista del *Bar Mario* (canzone, tra l'altro che non viene inserita in scaletta) e da il «la» alla serata. Il Liga e i ragazzi è da un po' che non suonano dal vivo, proprio per questo hanno una gran fame e sono iperadrenalinici. Nonostante qualche imperfezione e un paio di cadute di gusto (per esempio l'inverosimile sfilata di una miss e un mister durante l'esecuzione di *Miss Mondo '99*) la serata va via tranquilla e i fan vanno a casa contenti. E sono ancora più contenti la seconda sera, quando alla fine del concerto viene eseguita una versione molto tirata di *Il mio nome è mai più*, e a sorpresa salgono sul palco Jovanotti e Piero Pelù.

Il tour vero e proprio inizia il 22 ottobre al Palasport di Firenze e si conclude poco prima di Natale a Milano, dopo trentanove concerti in venti città, seguiti da quasi trecentomila spettatori. Intanto il disco, pur senza replicare i risultati straordinari di *Buon compleanno Elvis*, fa bella figura nelle classifiche di vendita ed è bene accolto anche dalla critica. Tanto che a marzo, nell'edizione 2000 del P.I.M. (Premio Italiano della Musica, organizzato da «Repubblica»), vince nella categoria miglior album. Quella sera il Liga si porta a casa altri due premi per *Il mio nome è mai più* (miglior canzone e miglior video). Ma la cosa che incuriosisce parecchio, quella sera, sono le tante pacche sulle spalle, il parlare fitto fitto e i continui ammiccamenti con Vasco Rossi. Ma come, si domanda qualcuno, non erano nemici giurati?

Per capire quello che è successo bisogna riportare il calendario indietro di circa nove mesi: martedì primo giugno 1999 Massimo Riva, chitarrista storico, nonché amico intimo di Vasco Rossi, muore a soli trentasei anni a causa di un'overdose. Il giorno dopo il Liga è allo IULM di Milano per presentare il libro contenente la sceneggiatura di *Radiofreccia*, che come abbiamo visto parla proprio di droga e musica.

A un certo punto Luciano dice: «Negli anni Settanta non avevamo molte informazioni. Il pensiero comune era che si potesse smettere quando si voleva. Per i musicisti rock c'è ancora oggi l'alibi dello scotto da pagare per fare musica. Perciò, secondo il galateo della perfetta rockstar, io che non mi drogo sarei fuori target». Ovviamente, essendo pronunciate a poche ore dalla tragica scomparsa di Riva, e soprattutto estrapolate dal loro contesto da un giornalista all'affannosa ricerca di un «titolo», queste parole vengono associate alla sua morte e suonano come una critica fuori luogo (almeno in quel momento) al suo stile di vita.

Così Vasco replica con rabbia: «È morto un amico e

invece del silenzio... c'è chi, per accrescere la propria credibilità, ha scelto di "speculare" lanciando anzitempo inutili messaggi moralizzatori. Questo addio silenzioso non preserva noi dal solito e banale chiacchiericcio moralista sui rischi della droga e bla bla bla... Questa volta, però, non limitiamoci a scuotere la testa e a dirci tra amici che sono le regole del gioco, che il rock è maledetto e non conta più le sue vittime (e che Dio benedica Ligabue). Alziamo la testa e diciamo con forza che chiediamo rispetto per la verità e per la persona».

Seduta stante Luciano si rifiuta di commentare, ma fa sapere tramite il suo manager di sentirsi amareggiato per essere stato frainteso. Il 5 giugno invece scrive una lettera che il «Corriere della Sera» titola *Vasco ti chiedo scusa, ma sulla droga hai sbagliato bersaglio*, nella quale si legge: «Chiedo scusa a Vasco Rossi e a chi sta vivendo il lutto per la scomparsa di Massimo Riva: non sono stato sufficientemente "scafato" da immaginare che qualcuno potesse speculare sulla morte di un musicista, imbastendo polemiche di bassa lega. Io non ho mai espresso giudizi morali sull'uso di droghe, né mi sento di fare valutazioni su ciò che è giusto e ciò che non lo è, come si poteva invece dedurre da un'intervista pubblicata su un altro quotidiano che mi attribuiva frasi da me mai pronunciate. Quello che serve invece è, secondo me, che ognuno abbia corrette informazioni per poter fare liberamente le sue scelte. Mi soffermo su questa parte perché vorrei fosse chiaro: non sono pro o contro la droga. Sono contro la cattiva informazione che se ne fa. Sono amareggiato dal fatto che Vasco, che pure ha una certa esperienza su certe speculazioni, abbia creduto che fossi in malafede. Voglio pensare che tutto dipenda dal carico emotivo che si porta dietro questa tragedia e dalla impossibilità di viverla in silenzio. A farne le spese, però, è proprio chi merita di riposare in pace. E per questo sono mortificato».

Chiarito che sostanzialmente si è trattato di un grosso equivoco, il rapporto tra Vasco e Luciano torna nei binari di un civile rispetto reciproco e quella sera di marzo, in cui si rivedono al P.I.M., lo testimonia in modo inequivocabile: ecco spiegate le pacche sulle spalle e tutto il resto. Se qualche attrito rimane, è tra le opposte «tifoserie», una parte delle quali continuerà a punzecchiarsi in ogni occasione.

All'inizio di luglio riprende il tour che si era interrotto alla vigilia di Natale. Mentre la prima parte si chiamava *Miss Mondo tour*, la seconda parte ha un nome differente: si intitola *Ligabue live estate 2000* e ha un sottotitolo molto esplicativo, *1990-2000 dieci anni sulla mia strada*. Infatti è una sorta di celebrazione dei primi dieci anni di carriera.

«Ricordo» dice l'ultimo arrivato Fabrizio Simoncioni «che c'era una bella atmosfera, eravamo tutti molto carichi.» La parte estiva inizia il primo luglio al Molo Ichnuxa di Cagliari, poi continua in vari stadi (tra gli altri il Delle Alpi di Torino, il Nereo Rocco di Trieste, l'Adriatico di Pescara). «Personalmente» dice ancora Simoncioni «il ricordo più vivido che ho è quello della serata a Genova, stadio Marassi. Pioveva in modo esagerato e il palco era talmente scivoloso che a turno finimmo tutti per terra: il primo fu Mel, che cadde durante un a solo di sax in passerella. A un certo punto cadde pure Luciano, mentre cantava e suonava la chitarra acustica. Peraltro continuò a cantare e suonare come se niente fosse successo. Robby e il sottoscritto cademmo al rientro dal primo bis, convinti che la nostra zona fosse asciutta...» Comunque il tour prosegue, facendo registrare un ottimo afflusso medio di pubblico, fino a settembre: data di chiusura all'Ippodromo di Varese.

Poco più di un mese dopo, il 27 ottobre, il Liga ricompare on stage: stavolta è sul palco del Teatro Ariston di Sanremo per la sua terza partecipazione al Tenco. Propone un set acustico in coppia con Mauro Pagani. La loro collaborazione, che negli anni a venire si svilupperà in diversi capitoli, inizia proprio in quell'occasione. Racconta Enrico De Angelis del direttivo del Tenco: «Ricordo benissimo la telefonata di Claudio Maioli con la quale mi chiedeva appunto il telefono di Pagani». Quell'anno Luciano è anche vincitore della Targa Tenco nella sezione canzone dell'anno per *Ho ancora la forza*, brano che ha scritto a quattro mani con Francesco Guccini, e che supera di poco *Replay* di Samuele Bersani, *La disciplina della terra* di Ivano Fossati e *Parole di burro* di Carmen Consoli. Siccome anche Guccini è nel cast della rassegna, i due cantano assieme il pezzo, accompagnati da Pagani al bouzouki e da Juan Carlos Biondini detto «Flaco» alla chitarra. Il Liga introduce Guccini dicendo: «Questo è un mestiere che ti porta a casa dei privilegi e anche dei doveri. Tra i doveri ci sono certamente anche quello di aiutare dei giovani talenti, delle promesse quando noi li becchiamo. Io penso di averne individuato uno e mi piacerebbe molto che voi foste così benevoli da accettarlo bene. È al suo esordio qui all'Ariston, quindi cercate di capire la sua emozione nell'affrontare un palco così. Però ci tenevo molto a fare questa canzone assieme a lui».

Dietro le quinte raccontano di aver composto *Ho ancora la forza* nell'estate del 1999, quando Luciano passò qualche giorno di vacanza a Pavana, dove Francesco si rifugia da sempre quando ha voglia di starsene tranquillo. Soprattutto a causa di *Radiofreccia*, nell'ultimo anno i due si sono frequentati parecchio, così nasce l'idea di fare qualcosa insieme. Luciano, iperattivo come sempre, butta là addirittura la proposta di incidere un intero album. Francesco, più smaliziato e decisamente più pigro, dice che una bella canzone è più che sufficiente. Così scrivono *Ho ancora la forza* che poi Guccini inserirà nell'album *Stagioni*.

Quella è l'ultima partecipazione di Ligabue al Tenco. «Successivamente» racconta De Angelis «lo abbiamo invitato ancora ma, con rammarico suo e nostro, non è più riuscito a venire.»

Un paio di settimane dopo, il Liga, assieme a molti colleghi (tra gli altri ci sono Jovanotti e Vasco Rossi), è accusato da Renzo Arbore di essersi rifiutato di fare da testimonial a una campagna di Pubblicità Progresso contro l'uso dell'ecstasy promossa dal ministro Rosa Russo Jervolino. Con una lunga intervista apparsa su «Repubblica», Luciano spiega così il suo diniego: «Noi cantanti rock non siamo la Croce Rossa di tutti i mali, non siamo dei guru: tiri la leva ed esce il parere giusto. Gli artisti sono le cose che fanno, le cose che cantano, scrivono, dipingono. La mia testimonianza la do così». Poi aggiunge: «Io penso che venti secondi di Pubblicità Progresso non possano fermare nessun ragazzo che abbia deciso di sballarsi in discoteca. Con la droga, l'unica prevenzione è l'informazione: dire il piacere che si prova e il prezzo che si paga. Io ho addirittura girato un film sull'argomento, *Radiofreccia*, anche se forse il signor Arbore non se n'è accorto».

Dopo aver rivelato che in realtà «nessuno mi ha mai chiesto di fare questi benedetti spot. Nessun rappresentante del governo, nessun politico. L'ho letto sui giornali ed è stato molto imbarazzante», all'intervistatore che gli domanda cosa intende fare, risponde: «Proprio quello che faccio ora. Cantare le mie storie, e raccontare, come nel film che ho girato, le cose che ho visto: amici morire di eroina. Io non ho mai assunto droghe pesanti, non ho mai preso l'ecstasy ed è una cosa che non conosco, anche perché in discoteca non vado mai. Ma quando vedi un tuo amico andarsene per colpa dell'ero, fai qualche riflessione sulla società, sul libero arbitrio, sul rispetto dovuto ai deboli, ai troppo sensibili, a quelli che non accettano la logica della competizione, quelli che non riescono a sentirsi vincenti per forza. Io devo e posso parlare solo attraverso il mio mestiere... E in ogni caso prima di qualche concerto un discorsetto sulla droga lo faccio. Dico di stare attenti, di informarsi: è questa la vera libertà. Ma poi non giudico, non si giudica mai una scelta disperata.»

16

UNA VITA DA MEDIANO

Riparliamo di *Una vita da mediano*. All'inizio e alla fine del video Ligabue palleggia in perfetta solitudine in uno stadio vuoto. Bisogna sapere che quello è il pallone che il 29 agosto 1999 Christian Vieri ha infilato per ben tre volte nella porta del Verona nella sua partita d'esordio con la casacca nerazzurra. Le riprese di quel video le fanno il lunedì successivo ad Appiano Gentile, e Luciano chiede di poter utilizzare quel pallone come se fosse un talismano.

Del resto l'Inter è da sempre la sua squadra del cuore. Come è nata questa passione lo rivela in *Mariocorso*, uno dei racconti di *Fuori e dentro il borgo*: «Io, fra i 4 e i 6 anni, ho scelto l'Inter. Era la squadra di quasi tutti i miei amici con tre-quattro anni più di me, quelli che volevo imitare. La squadra che aveva appena vinto quello che si poteva vincere. La squadra il cui schieramento SartiBurgnichFacchettiBedinGuarneriPicchiJairMazzolaDomenghiniSuárezCorso lo recitano a memoria ancora, curiosamente, anche tifosi di altre squadre. Da allora qualche soddisfazione, un po' di tribolazioni, l'entusiasmo per qualche campione e per qualche stagione e le speranze eccessive sui Magistrelli, Cerilli, Libera, Ambu, Sabato,

Doldi... Tutte figurine difficili da trovare. Chissà se c'è un nesso».

Il Liga sostiene che l'Inter, anche se gli ha regalato più sofferenza che gioia, è una squadra con la quale ha parecchie affinità. «La cosa che più mi piace è che è imprevedibile: oggi magari perde con l'ultima in classifica e domani è capace di andare a vincere a casa di una grande in Champions League. Il giorno più brutto della mia vita, almeno sotto l'aspetto sportivo? Be', il 5 maggio 2002. Ma poi ha saputo ripagarci di quella delusione tremenda.»

Lui c'era il 28 maggio 2007 a San Siro per la festa del quindicesimo scudetto: è salito sul palco e ha cantato in coro con tutti i tifosi *Urlando contro il cielo* e *Balliamo sul mondo*. E l'anno successivo me lo ricordo bene: per fare un servizio finito sulla copertina di «Max» ci incontriamo due volte, prima e dopo Parma-Inter, la partita che assegna in modo definitivo il sedicesimo scudetto. Ovviamente l'umore tra il primo e il secondo incontro è diverso.

Mi dice nella seconda occasione: «Non ho mai smesso di amarla questa squadra, con lei penso di avere delle relazioni. Ma non credo che ci siano grandi parallelismi tra noi, anche se uno come Severgnini potrebbe trovarne chissà quanti. Un cardiopatico non può tifare Inter: è una squadra abituata a mostrare il meglio e il peggio nel corso della stessa stagione. Sicuramente la mia vita è più tranquilla, non vivo i patemi d'animo che mediamente mi ha fatto vivere l'Inter. Tra l'altro per lei ho fatto cose che normalmente non faccio: nella vita non sono scaramantico, per l'Inter sì. Per esempio, non ho mai guardato in tv le partite "decisive": quelle col Liverpool, il derby, quella col Siena. Non avevo visto nemmeno quella del 5 maggio. Invece ho visto Parma-Inter. E considerato come è andata, ho deciso che forse è meglio se le guardo... La passione per il calcio ti fa mettere da parte la razionalità, non ci fa esser lucidi, a volte fa fare cose stupide. A ben guardare il parallelismo più che tra me e l'Inter, andrebbe fatto tra il calcio e il nostro paese».

Da ragazzo Luciano ha anche giocato a calcio. La sua è una storia che ricorda un po' quella di *Una vita da mediano*, uno che deve pensare «a recuperar palloni, nato senza i piedi buoni, lavorare sui polmoni». Ha raccontato a Riccardo Bertoncelli: «A quindici anni giocavo nelle giovanili della Correggese, l'anno dopo avrei esordito in Promozione. Un giorno vennero i dirigenti della squadra e mi dissero che mi avevano cercato Parma e Cagliari, volevano che facessi dei provini per loro. Io fui un po' sorpreso, sulle prime pensai a uno scherzo. Non ero un asso, non avevo un fisico atletico, le mie doti erano un grande carattere e una forte intensità agonistica. Giocavo da marcatore puro, fra l'altro, neanche da mediano: proprio un mastino che sopperiva con la grinta a tutti i suoi limiti tecnici. Mi stupii di quella richiesta ma l'insistenza della società mi fece capire che non era uno scherzo. Anzi, per me che amavo il calcio sopra ogni cosa era un'occasione straordinaria, un sogno che poteva farsi realtà. Avevo però i piedi per terra. Chiesi ai dirigenti di spiegarmi cosa sarebbe successo se avessi passato i provini e loro mi risposero che avrei praticamente dovuto vivere in collegio, che avrei avuto libero solo, come tutti i calciatori, il lunedì. E allora no. Era troppo anche per un sogno. Aggiungi poi che quell'anno avevo una ragazzina di cui ero innamoratissimo... No, l'idea di andar via da Correggio, di sradicarmi, era insopportabile. Così non feci neanche i provini, non lasciai nemmeno che i dirigenti venissero a casa a cercare di convincere i miei» (da *Vivere a orecchio*, Giunti).

Morale della favola: Luciano resta nella Correggese e

continua a giocare in maniera molto idealistica. Per lui quel che importava era il divertimento. Infatti quando si rende conto che l'allenatore gli fa passare più tempo in panchina che sul campo decide che è meglio smettere. Questo succede alla fine del secondo anno in Promozione. Non prende nemmeno in considerazione l'ipotesi di passare a un'altra squadra dello stesso livello, perché le sue qualità non sono tali da garantirgli di poter scendere in campo: continua a giocare, ma a livello amatoriale.

«Il calcio» spiega «c'entra molto con la mia vita: avendolo praticato mi ha formato fisicamente e mi ha fatto sviluppare meglio il sistema immunitario. Ma è stato formativo anche sotto altri aspetti: disciplina, attenzione e rispetto per gli altri, oltre alla capacità di fare squadra: mi piaceva che ci fosse un senso di complicità, di attenzione, di rigore rispetto a una cosa che si faceva insieme, ognuno rendendosi responsabile per la parte di sua competenza. Olio canforato e grandi bistecche, le prime divise complete e la doccia coi compagni. Una volta che ci hai giocato ti restano dentro delle immagini che non ti abbandoneranno più.»

In verità non ha mai smesso di tirar calci a un pallone, nemmeno dopo che la musica ha iniziato ad assorbire buona parte delle sue energie. Ai tempi dell'album d'esordio, assieme a un amico dal nome curioso, Tolmino Menozzi, forma una squadra che si fa chiamare «i Deficienti», in cui giocano anche Gene Gnocchi, Paolo Belli e parecchi calciatori della Reggiana, del Parma, del Brescia. Vanno avanti per un paio d'anni e un bel giorno Luciano (che nel frattempo ha iniziato a giocare con la Nazionale Cantanti), butta là all'amico Tolmino un «perché non facciamo una cosa più seria?».

«Era il 1993» ricorda Tolmino. «Eravamo al raduno del fan club. L'idea era quella di fare una squadra formata da musicisti rock.» L'anno dopo nasce la Dinamo Rock: il 3 novembre a Correggio si danno appuntamento i componenti dei principali gruppi rock italiani con lo scopo di conoscersi, giocare a calcio e dare vita a un progetto con scopi solidaristici. A quella riunione partecipano componenti dei Timoria, dei Rats, dei ClanDestino, dei Negrita, dei Ritmo Tribale, dei Csi, Piero Pelù e altri. Otto giorni dopo eleggono il consiglio direttivo, composto da Tolmino Menozzi (presidente), Gigi Cavalli Cocchi (vicepresidente) e, in veste di consiglieri, Andrea «Briegel» Filipazzi dei Ritmo Tribale, Paolo Bruni detto Pau dei Negrita e Ulderico «Wilko» Zanni dei Rats. Il nome Dinamo Rock lo suggerisce Andrea Scaglia dei Ritmo Tribale. Le prime riunioni si svolgono a Ca' de Pomm, uno dei «rifugi» di Luciano, e i primi allenamenti li fanno in un campetto di Correggio davvero malmesso: «Sembrava di essere in un film di Fantozzi» ricorda Tolmino, che oltre al ruolo di presidente riveste quello di allenatore.

La prima partita ufficiale la giocano sabato 26 novembre allo stadio Borelli di Correggio: gli avversari sono quelli di Smemoranda e il risultato è un secco sette a uno per questi ultimi: siccome venti giorni prima in Piemonte c'era stata una grande alluvione, decidono di destinare l'intero incasso alla ricostruzione di una scuola di Alessandria. «In effetti» racconta Andrea Filipazzi «questa era la missione che ci eravamo prefissi: tutti gli incassi andavano in beneficenza. Noi prendevamo soltanto un modestissimo rimborso spese per il viaggio.»

Molte partite le giocano contro la squadra di Smemoranda, perdendo regolarmente. Negli annali della Dinamo Rock ci sono poche vittorie. La più memorabile è a Lucca, due a uno sulla fortissima Nazionale Cantanti: in quell'occasione il Liga gioca un tempo per parte, segnando il gol della Dinamo. Come giocatore, continua a mantenere le caratteristiche che aveva quando era nella Correggese: poca tecnica e poco estro, ma corre come un matto e si dà un gran da fare a recuperar palloni. «Lo definirei un "grande Oriali"» dice Tolmino Menozzi. «Si allenava seriamente e non aveva mai un chilo di troppo. Era un capitano perfetto e giocava da mediano: però voleva la maglia numero sette. Quel numero già allora per lui aveva un significato speciale, e quando realizzò che anche il mio nome e cognome erano composti da sette lettere lo prese come un segno di buon auspicio.»

Intanto la fama della Dinamo Rock aumenta: Ligabue e Piero Pelù sono una presenza fissa, ma di tanto in tanto si aggregano anche altri nomi famosi (Zucchero, Gianluca Grignani e Jovanotti, che gioca alcune partite in porta prima di rendersi conto che non è proprio tagliato per fare il calciatore). «Naturalmente» racconta Filipazzi «avevamo tutti un'anima rock, ma quando si trattava di scendere in campo ognuno si impegnava al massimo. Facevamo un sacco di riunioni e si svolgevano sempre in modo assolutamente caotico. Bevevamo del gran Lambrusco e discutevamo di tutto, fino alla noia. Comunque in quelle occasioni sono nate un sacco di amicizie che durano ancora oggi.»

Durante una di quelle riunioni qualcuno propone una più stretta collaborazione con la Nazionale Cantanti. La discussione si anima. I più integralisti non vogliono sentir ragioni, Luciano invece è tra i più convinti sostenitori di questa tesi e a un certo punto inizia a dire che se lui e Pupo si scambiano la palla non c'è niente di male. Pau dei Negrita salta sulla sedia e sbotta: «Pupo è molto più rock di te!». Apriti cielo! Permaloso com'è, Luciano se la lega al dito e per un pezzo toglie il saluto a Pau: successivamente Fabrizio Barbacci, produttore che Pau e il Liga hanno avuto in comune per un certo periodo, avrà il suo bel da fare per ricucire quello strappo.

Comunque, a parte rari episodi simili a questo, l'atmosfera è davvero bella e spesso la sera dopo la partita si improvvisano jam session indiavolate, alle quali però Luciano non partecipa quasi mai. Mel Previte a questo proposito ha una sua teoria: «Credo che il suo starsene in disparte durante le jam session dipenda dal fatto che in realtà, avendo sempre suonato cose sue, non conosce il repertorio delle cover. Per quanto mi riguarda, ricordo solo un paio d'occasioni in cui è salito sul palco e si è lasciato andare. Entrambe le volte suonavo con la mia band, i Gangster of Love, dalle parti di Modena. Forse grazie a una birra in più, a un certo punto si lancia sul palco e improvvisiamo *Knockin' on heaven's door* di Bob Dylan e *Roadhouse blues* dei Doors. Ma in generale è vero, i suoi freni inibitori lo bloccano. Ed è uno che fa fatica a fidarsi».

Questa diffidenza in parte dipende dal suo carattere schivo e defilato, in parte dal disagio interiore che sta maturando in quel periodo e che sfocerà nelle scrittura di *Una vita da mediano*. «La metafora calcistica» mi spiegherà durante un'intervista «è venuta perché gioco a calcio da sempre, l'ho fatto anche da semiprofessionista. E il calcio, anche se quello di oggi è un po' meno romantico, ti mette di fronte alla vera natura delle persone: non credo che nessuno nasca a caso terzino, mediano o stopper. Quella è l'espressione della tua natura.»

In quella canzone, come noto, cita Lele Oriali. Ecco come è venuto fuori il suo nome: «Hai presente la finale Italia-Germania del 1982? Quali sono le immagini che rimangono impresse nella memoria? Tardelli e Altobelli che esultano dopo il gol. Pertini che applaude e dice:

"Non ci prendono più". Nando Martellini che urla: "Campioni del mondo!". Io invece ricordo tutti i calci presi da Lele Oriali durante la partita. Se lo osservi bene, ti sembra di vedere uno che sta in un posto che forse è sopra le sue possibilità tecniche. Ma chi porta davvero a casa il risultato è lui, anche a costo di rimetterci fisicamente e di farsi massacrare di botte».

Ma torniamo alla Dinamo Rock: tra alti e bassi, quell'esperienza prosegue fino al 2005, poi viene messa in naftalina. «Gli anni passano per tutti» dice Tolmino Menozzi. «Magari uno conserva lo spirito, ma il fisico a un certo punto cede. Così abbiamo deciso di prenderci una pausa di riflessione...»

Il Liga naturalmente alla sua passione per il calcio non rinuncia. Ogni tanto due calci li tira ancora. Poi c'è l'Inter che continua a regalargli gioie e dolori. Proprio non se la leva dalla testa nemmeno quando avrebbe ben altro a cui pensare. Figurarsi che a pochi giorni dal concerto di Campovolo, in più di un'intervista trova la forza di dire: «Speriamo che l'Inter non mi rovini la festa a Palermo». In effetti i nerazzurri giocheranno a Palermo l'11 settembre, il giorno dopo Campovolo. Per la cronaca perdono tre a due. Comunque nelle giornate storte Luciano si consola col ricordo di *Mariocorso*, il campione dei campioni, quello che «fa apparire e sparire la palla, la dirige nei posti meno ovvi, la telecomanda con effetti antigravitazionali, ci offre un repertorio di magie».

17

DA ZERO A DIECI

Lo aveva sostenuto in quasi tutte le interviste rilasciate in occasione dell'uscita di *Radiofreccia*: questa è un'esperienza unica, non si ripeterà. «Chissà» ammette in un articolo scritto di suo pugno per il «Venerdì» «cosa mi è venuto in mente quando ho dichiarato che non avrei più fatto film. Voglio dire: chi me l'ha fatto fare? Potevo anche pensarlo... e basta. Senza dirlo ad alta voce. No, perché "quello", adesso, è l'argomento di partenza con chiunque: "ma come: non avevi detto che *Radiofreccia* era il primo e l'ultimo?". Sì, porca miseria: l'avevo detto. E dopo averlo detto una volta me lo hanno chiesto ancora centinaia di volte e ovviamente la mia risposta è sempre rimasta quella. Ma io, in quel momento, ero svuotato da quell'anno di lavoro. Mi dicevo che sarei stato scemo a ripetere una fatica del genere. E poi mi sembrava davvero un'esperienza bella perché unica, irripetibile.»

Invece solo due anni dopo il Liga ci ricasca: gli viene un'idea e la sottopone a Domenico Procacci, il produttore del suo fortunato primo film. Lui lo mette sul chi va là, domandandogli se immaginava quanto si sarebbero armati i «plotoni di esecuzione» per la seconda prova dopo aver detto quanto sopra. «Io» racconta Luciano «gli ho risposto che non sapevo se immaginavo bene, ma sapevo che se pensi ai "plotoni" non fai uscire dischi, libri, film... Tu fai quello che devi fare e loro faranno la loro parte. Compreso sparare, se lo riterranno giusto.»

Questo scambio di battute avviene a fine novembre del 2000. «Una volta dissolta la sua preoccupazione rispetto alla mia consapevolezza» racconta ancora il Liga «Procacci ha subito attivato la macchina produttiva per *Da zero a dieci*. Proponendo di non usare nessuno (né attori, né tecnici) del film precedente: quel clima era irriproducibile, bisognava cercarne uno nuovo e bello in maniera diversa.»

Gli unici legami con *Radiofreccia* sarebbero rimasti il luogo da cui la storia partiva (Correggio) e un legame familiare fra uno dei personaggi del film nuovo e uno del primo: nell'incipit si capisce che Giove è il fratello di Freccia, a rivelarlo è una foto di Stefano Accorsi/Freccia appesa a una parete.

In realtà *Da zero a dieci* è stato interamente girato a Rimini, anche l'inizio in cui i protagonisti partono da Correggio: lo si nota dal palazzo che s'intravede sullo sfondo, nella scena i quattro stanno organizzando il viaggio. Quel palazzo in realtà si trova a Rimini.

«Ho scelto di girare a Rimini» spiega Ligabue «per vari motivi. Prima di tutto perché chi, come me, abita a un'ora da lì non può non portarla nel cuore. Poi perché questa località è un contenitore di estremi che offre una senzazione di artificiosità, in un certo senso è molto vicina a Las Vegas. A Rimini ci sono gli elefantini e i cavallini fuori dalle sale giochi, ci sono pensionati che ci vengono da trent'anni e alloggiano sempre nella stessa pensione e fanno sempre le stesse cose, e ci sono gli scambi di coppia nei parcheggi degli ipermercati. In ogni caso quando te ne vai ti rimane in testa un'idea di luminosità. Ed è una città vera. In tanti ci siamo sverginati lì e oggi è ancora così. Cambia il modo di incontrarsi, di vestirsi, ma Rimini è sempre all'avanguardia.» Ovviamente, nel mondo del cinema, uno dice Rimini e pensa a Fellini. Ma il Liga a questa domanda ha sempre risposto con grande umiltà: «È un nome che mi agita, lasciamolo perdere. È troppo importante, evitiamo accostamenti imbarazzanti».

Girato tra giugno e settembre del 2001, *Da zero a dieci* racconta la storia di quattro amici tra i trentacinque e i quaranta anni (Stefano Pesce interpreta Giove, Massimo Bellinzoni è Libero, Stefano Venturi è Baygon e Pierfrancesco Favino è Biccio). Vivono a Correggio e fanno una vita piuttosto tranquilla. Durante l'estate del 2000 decidono di trascorrere un fine settimana a Rimini, esattamente vent'anni dopo quello che hanno dovuto annullare all'ultimo momento a causa di una tragedia: la morte del loro amico Mirco nell'attentato alla stazione di Bologna del 2 agosto 1980.

Questo, rivela il Liga, è un episodio che ha un risvolto personale autentico. «In quel periodo» racconta «stavo facendo il servizio militare. Ero artigliere di montagna a Belluno. Mi avevano dato una licenza e quel 2 agosto ero lì, a Rimini con gli amici, eravamo andati per rimorchiare. Decidemmo di non prendere il treno perché era sabato, temevamo che la stazione fosse imballata, così andammo in auto. Quando arrivò la notizia pensammo che l'unica differenza tra noi e quelli che erano rimasti seppelliti sotto le macerie era nella sola casualità. Non voglio entrare nel merito della strage: penso agli effetti, non solo i morti e la grande macchia di dolore allargata ai parenti e agli amici, e nel film la riflessione è sulla fine del sogno dell'adolescenza. E di altri grandi sogni: la strage è l'inizio degli anni Ottanta, ben diversi dai Settanta.»

Dopo vent'anni da quel weekend a Rimini, Luciano e alcuni amici decidono di ritornarci insieme. L'idea rimane solo un progetto, ma anche lo spunto per il film, come spiega in un articolo che scrive per «Bar Mario»: «Quello spunto mi sembrava interessante: cosa succede se quattro amici incontrano quattro ragazze con cui sono stati vent'anni prima? Voglio dire, non han fatto in tempo a conoscersi, si sono frequentati solo per pochi giorni, giusto un po' di complicità e sesso; avevano quindici, diciotto anni. Ora ognuno ha una famiglia, una storia, soprattutto ha progetti diversi rispetto a vent'anni prima... Vent'anni che cambiano, costringono a crescere, modificano la memoria. È chiaro che si tratta di un incontro fra sconosciuti. Gente che forse vuole riattaccarsi volentieri, anche solo per un weekend, ai proprio quindici anni. Insomma, come andrebbe a finire? Qualcuno ripartirebbe da lì? Si divertirebbe e basta?».

Ne scaturiscono, scrive ancora il Liga «tre giorni di scherzi e di giochi, ma anche di forti emozioni, di confessioni, di litigi, di paure mai risolte e ricordi incancellabili. Improvvisamente le ragazze intuiscono che i quattro amici sono a Rimini per fare tutto ciò che non hanno potuto fare, proprio tutto, perché devono concludere il weekend interrotto da un passato che non passa».

Uno di loro (Libero) si dà un gran da fare affinché ognuno abbia il suo momento di gratificazione. Così Giove, che ha sempre sognato di diventare una star suonando musica blues, almeno per una sera lo sarà davvero. Baygon, latin lover fallito, avrà a sua disposizione tre donne (pagate). Mentre Biccio, un medico omosessuale, vivrà la sua notte da drag queen.

Alcuni hanno riscontrato parecchie somiglianze tra il protagonista del film e il suo sceneggiatore e regista. Durante un'intervista all'«Unità», il Liga dice: «Giove rappresenta alcune parti di me. Mi sono divertito a mettergli addosso i miei stivali, a farlo cantare su un palco con i ragazzi del mio gruppo. Ma c'è una grande differenza tra me e lui: Giove cerca nella musica una purezza estrema, suona della musica, il blues, che conoscono in pochissimi, sapendo che non potrà mai viverne. Ma è anche uno che, come me, va molto verso la vita, crede nel lavoro quotidiano, nel dover affrontare la fatica».

L'idea forte del film è riassunta nel titolo, ma è un po' anche il suo limite: Giove è ossessionato dal fatto che tutto debba essere valutato secondo una scala che va da uno a dieci. Questa trovata all'inizio piace, ma a lungo andare dà un po' fastidio.

Comunque se uno dei punti forti di *Radiofreccia* era il cosiddetto «credo di Freccia», in *Da zero a dieci* è il monologo iniziale di Giove, in cui dà un primo assaggio della sua mania: «Con i voti cominciano appena nasci, se vieni fuori con tutti i pezzi a posto, se piangi abbastanza forte e se sei sopra i quattro chili puoi beccarti addirittura un dieci, altrimenti giù a scalare. Se sei precoce, se sei uno di quelli che cominciano a camminare e chiamare mamma prima dei dieci mesi... ti possono dare anche un nove, nove e mezzo... altrimenti anche lì si scende. Inutile dire che non appena cresci e vai all'asilo, be' insomma, lì si fa sul serio e i voti cominciano a fioccare. A scuola, ovviamente, devi fare i conti con l'esplosione, la compilation, il festival del voto! Forse però il peggio deve ancora venire... perché poi ti aspettano per darti il voto per le ragazze con cui esci, per la macchina che hai, per la casa in cui vivi, per il lavoro che fai. Siamo qui per prendere e dare voti... Non c'è niente di male... Se non c'è niente di male a smettere di fare quello che vuoi per fare solo quello che ti fa avere buoni voti. Da zero a dieci ho un presente... da sei... meno... meno. Ho un appartamento di ottantacinque metri quadri, cabina doccia con bagno turco, letto giapponese... Ho un'ulcera e un'esofagite da otto e mezzo... Anche il mio passato remoto è da otto e mezzo, quello più recente da sei. Ho avuto un fratello che qui in paese era un mito, se n'è andato qualche anno fa... si chiamava Ivan ma nessuno lo chiamava così. Da più di vent'anni ho tre amici che se volete ve li regalo tutti, anzi, se li portate via ci metto anche un Motorola e il calendario con la Ferilli. Ho una moglie, Fabiana, una che ha moooolta pazienza. Ho un furgone dell'82, ci vado a fare le serate di blues col mio gruppo (sempre più raramente). Ho una carta d'identità che ogni tanto consulto... beati voi se sapete sempre chi cazzo siete. Ho anche altra roba, ma adesso sta' a vedere che vi faccio il mio settequaranta. Ho un futuro da nove o da quattro. Dipende da come mi alzo».

A proposito dei protagonisti del suo film, il Liga dice a Maria Pia Fusco di «Repubblica»: «Sono ragazzi cresciuti in fretta, a quindici anni sono passati subito dall'adolescenza alla maturità, hanno tutti una forte dose di purezza, credono ancora fortemente che ognuno di noi può essere felice se lo sono anche gli altri. La purezza di Giove è nella passione per il blues, una musica che non concede niente, che non vende, che si fa solo per esprimere se stessi senza vantaggi economici; Biccio è un gay che non si nasconde, è se stesso ed è pronto alla battaglia per difendere la sua identità ed è un gay virile che non si compiace di atteggiamenti femminili; in Libero l'idea di purezza passa attraverso il dolore anche fisico per la sua malattia ai reni, ha paura di perdere la sua energia; Baygon, con la sua ostentazione di virilità, è solo una maschera che si svela quando cerca la violenza dello scontro fisico per sfogare il dolore quando il dolore è insopportabile».

Poi aggiunge che nel film non ci sono buoni e cattivi:

«Mi piacciono tutti i miei personaggi, anche quelli femminili. Mi piace Lara, maestra d'asilo e madre felice ma pronta all'amore fisico; mi piace Caterina, mi piace il modo di vivere l'omosessualità di Carmen e di Betta. So che il non avere contrasti può essere criticato come un difetto del film, ma io voglio bene a tutti. E un altro difetto è che c'è tanto, troppo, spero che sia considerato un peccato veniale, un eccesso di generosità».

Le protagoniste femminili sono Elisabetta Cavallotti (Caterina), Barbara Lerici (Carmen), Stefania Rivi (Betta) e Fabrizia Sacchi (Lara). Racconta quest'ultima: «Ero curiosa di lavorare con Ligabue, una rockstar. All'inizio ero molto scettica, tutti dicevano che la sua prima regia l'aveva fatta Antonello Grimaldi. Poi, noi che eravamo stati scelti, siamo stati convocati a Correggio senza aver letto la sceneggiatura perché era tutto segreto. Siamo arrivati lì e abbiamo cominciato a leggere. E Ligabue era da solo e se la cavava molto bene, diceva: "l'unico modo in cui so lavorare è musicale, poche storie, pochi psicologismi". Così ci ha dato a tutti e otto degli stimoli rispetto al timbro di voce. Mi diceva: "secondo me Lara ha questo timbro di voce che stai usando, segui questa strada". Facendo un salto da un universo all'altro, Leo De Berardinis ha sempre lavorato così: pochi psicologismi e molti stimoli musicali, visivi».

Curioso notare che anche in *Da zero a dieci* il Liga si riserva un cameo, come già aveva fatto con *Radiofreccia*: compare per qualche istante nella parte finale del film con Domenico Procacci e insieme interpretano due *buskers* vestiti di nero che suonano per strada.

Anche stavolta un ruolo importante lo riveste la colonna sonora, che mescola classici del rock a pezzi sconosciuti, ovviamente molto blues ma nella sua versione meno commerciale (due brani di John Lee Hooker), la disco anni Settanta (rappresentata dal superclassico *YMCA* dei Village People), il pop, Van Morrison, John Hiatt e gli Who di *Baba O' Riley*. Apposta per il film, Luciano scrive anche una canzone in stile musical, *Libera uscita* (quella che dice: «E non ci prendono i quarant'anni / e non ci prenderà Bill Gates / e non ci prendono con i sondaggi / che non ci prendono con noi...»), qualche brano orchestrale e *Questa è la mia vita*, utilizzata per far scorrere i titoli di coda del film e per fare da trait d'union fra *Da zero a dieci* e il nuovo album *Fuori come va?*, che sarà pubblicato ad aprile. Da notare che la versione che si ascolta nel film di *Libera uscita* la canta Cesco Signa, un cantautore modenese; mentre la versione che si ascolta sui titoli di coda la interpreta Ligabue.

«C'è una grande differenza» spiega Luciano «tra comporre una canzone per una colonna sonora e un pezzo che finirà in un album. Nel primo caso hai davanti agli occhi delle scene, una situazione. *Questa è la mia vita*, in particolare, l'ho composta pensando ai personaggi di *Da zero a dieci*: parla del loro modo di sentire la vita.»

Il film approda nei cinema l'8 febbraio 2002. L'accoglienza del pubblico è discreta, ma meno calorosa rispetto a *Radiofreccia* (anche gli incassi alla fine saranno inferiori: al cinema lo vedono 478.274 spettatori, per un incasso di 2.855.806 euro). Più tiepida la critica, che rimprovera alla pellicola una certa sfilacciatura a causa di un plot principale debole, oltre all'eccessiva prevedibilità di alcune scene. Il montaggio è discontinuo e ricorre misteriosamente a soluzioni differenti per marcare passaggi temporali o sottolineare alcuni dettagli. C'è chi parla di «un nuvolo di eccessi, di forzature, e soprattutto di spiegazioni che non lasciano allo spettatore la gioia di rincorrere da solo certe simbologie che così risultano decapitate».

Comunque la critica non è unanime, né in un senso né nell'altro. Per esempio Lietta Tornabuoni sulla «Stampa» pubblica un elogio al film e al suo regista: «Luciano Ligabue (...) mostra una creatività nuova, una sensibilità viva e allegra per i personaggi, un realismo inedito rispetto alle occasioni sociali contemporanee. Non s'era mai vista prima nel cinema italiano una immagine tanto esatta del divertimento di massa, condensata a Rimini: l'affollamento, la frenesia da concerto, la volgarità mescolata al sentimentalismo, l'euforia dei corpi e della musica, la voracità, lo sperdimento di sé negli altri. Non s'era vista spesso un'identificazione tanto precisa di quella sensazione d'essere perpetuamente sotto esame che rende infelici, insicure e autolesioniste le persone giovani».

Di tutt'altro avviso il Mereghetti, che nel suo celebre dizionario liquida il film con una sola stella: «Ligabue (...) ammicca ad alcuni successi italiani recenti (...) e mette troppa carne al fuoco; accenna l'affresco stile *Rimini* di Tondelli e affronta i massimi sistemi (la strage alla stazione di Bologna del 1980, la malattia, la diversità, il bilancio di una generazione di quasi quarantenni delusi) senza avere la statura per farlo, ma sciorinando sconfortanti luoghi comuni e chiacchiere da bar. E il film si spappola a poco a poco, tra buchi di sceneggiatura, inadeguatezze di regia, videoclip autopromozionali, scivoloni di dubbio gusto».

Comunque qualche soddisfazione Luciano se la toglie anche questa volta: *Da zero a dieci* viene scelto come evento di chiusura della Semaine de la critique del festival di Cannes, una sezione votata all'esplorazione di nuovi talenti. Quando Procacci gli annuncia l'invito, con la schiettezza che lo ha sempre contraddistinto il Liga dice: «Sono contento, è chiaro. Però nutro un triplice sentimento. Orgoglio, certamente, curiosità, ma anche un bel po' di strizza». Il film viene proiettato il 23 maggio. Per la cronaca, non ci sono standing ovation, ma nemmeno fischi.

Da notare che prima dei titoli di coda c'è una dedica: «A Giovanni Ligabue». «Il giorno più brutto della mia vita» racconterà qualche tempo dopo «è stato il giorno in cui ho saputo che mio padre era malato e poi quello dell'operazione, dopo la quale ci dissero che non sarebbe guarito... In quel periodo stavo girando *Da zero a dieci*, che sin dall'inizio doveva essere un film che ruotava attorno alla morte. Lo è diventato ancora di più.»

Il padre di Luciano è morto dopo una lunga malattia che lo ha consumato piano piano l'8 dicembre 2001 («proprio nel giorno della madonna» come dice il verso conclusivo del *Guscio rotto*, una delle poesie di *Lettere d'amore nel frigo*). Quella sera era in programma un concerto per gli iscritti al fan club: nel palazzetto dello sport di Modena si erano date appuntamento circa ottomila persone.

«Avevo deciso» racconta Luciano «che avrei detto tutto prima di cominciare, perché comunque sarebbe stato impossibile dare quello che di solito la gente si aspetta da me. Avevo anche pensato che, per una volta, avrei potuto prendere l'energia dai fan senza poter garantire la mia.»

Quando Luciano arriva al palasport avverte un disagio fortissimo: non può fare né autografi, né foto. C'è comunque aria di festa: ovviamente i fan non sanno che il signor Giovanni è in fin di vita. A un certo punto arriva una telefonata: Luciano e suo fratello Marco corrono al capezzale del padre morente. Però prima di andarsene Luciano chiede ai suoi musicisti di suonare ugualmente le sue canzoni, che vengono cantante in coro da tutti i presenti.

Ricordando suo padre, qualche tempo dopo il Liga dice: «Ho sempre parlato pochissimo dei miei affetti, e se mi mettessi ora a raccontare quello che ha rappresentato Giovanni per me credo che le pagine di un giornale non basterebbero. Un paio di cose però voglio proprio dirle: ho sempre detto di essere una persona molto fortunata. Ebbene, una delle fortune più grosse che ho avuto, forse la più grossa, è stata quella di avere come padre una persona così speciale. Se un giorno a qualcuno capitasse di valutare i miei comportamenti, magari apprezzando robe tipo dignità, onestà, coerenza, attenzione per gli altri, sappia che non è merito mio. È tutta roba che viene da lui».

18

FUORI COME VA?

La copertina di *Fuori come va?* ne rappresenta perfettamente i contenuti: dopo aver pubblicato un album tutto sommato cupo e pensieroso come *Miss Mondo*, voleva inciderne uno più spensierato, che sapesse trasmettere una sensazione di leggerezza. E la persona che emerge da acque limpidissime, con sopra di sé un cielo azzurro chiazzato di belle nuvole bianche (in contrasto con quel cielo inquietante sulla copertina del disco precedente), regala un'idea positiva di rinascita e di rinnovamento.

La genesi della copertina l'ha raccontata Corrado Minervini nel booklet allegato alla «deluxe edition» di *Fuori come va?* uscito come supplemento del «Corriere della Sera». Quell'immagine la trova quasi per caso lo stesso Ligabue su un archivio di internet durante le fasi di produzione del disco: c'è qualcosa di misterioso in quel volto che si nasconde dietro le mani; non è chiaro se si tratti di un uomo o di una donna, nessuno sa se si stia asciugando gli occhi per guardare fuori o se quel gesto sia determinato dalla paura di vedere.

Luciano decide di realizzare autonomamente la grafica del disco. Lo fa affidandosi a suo fratello Marco, che accetta la proposta dopo aver superato qualche perplessità. «Un giorno» racconta il più giovane dei fratelli Ligabue «Luciano entrò in ufficio dicendomi: "Perché non facciamo noi la grafica del prossimo disco?". Lo guardai un attimo per capire se stava scherzando. Faceva sul serio. Io curavo la grafica del sito internet e della fanzine, e non avevo mai lavorato su un progetto così grande, ma bastarono pochi secondi per convincermi a buttarmi in questa nuova avventura. Coinvolsi Cesare Ferioli, grafico di Bologna e batterista del mio vecchio gruppo, i Del Rio. Con Luciano facemmo subito un'ottima squadra.»

Il contributo di Marco e Cesare per la copertina in realtà si limita al lettering del nome e del titolo. Molto più significativo il loro apporto al booklet interno: i dodici testi diventano parte integrante di altrettante fotografie. Ne scaturiscono delle composizioni artistiche abbastanza originali dominate da colori caldi (giallo, arancio, rosso). «La luce del sole che bacia la misteriosa figura in copertina» spiega Minervini «si spande dentro le parole e dentro le canzoni: l'immagine che accompagna il disco è diretta, immediata, luminosa come le canzoni contenute al suo interno.»

In occasione dell'uscita di *Fuori come va?* feci una lunga chiacchierata con Luciano, per ricavarne un'intervista per «Max». Tanto per cominciare, mi spiegò che alla domanda del titolo non aveva cercato di dare, né doveva trovare alcuna risposta: «Veramente non è una domanda che rivolgo a me stesso, ma ad altri. E più che trovare una risposta, mi interessava fare la domanda».

Poi aggiunge che «per capire questo disco occorre una premessa: è molto simile al primo, nel senso che è una raccolta di canzoni senza rapporti di parentela stretti l'una con l'altra. Tutti gli altri avevano l'ambizione di avere un unico comun denominatore: realtà e sogno

(*Lambrusco coltelli rose & pop corn*), la resistenza umana (*Sopravvissuti e sopravviventi*), il rapporto con i miti e le leggende della musica (*Buon compleanno Elvis*), la crisi d'identità (*Miss Mondo*). Stavolta sono dodici canzoni svincolate l'una dall'altra; e se già non lo avessi usato per il primo, lo avrei intitolato semplicemente *Ligabue*. Alla fine ho scelto *Fuori come va?* perché mancavo da due anni e in quel periodo erano successe cose importanti come l'attentato alle Torri Gemelle, quindi volevo chiedere al mio pubblico che aria tirasse».

Quando gli ricordo che in *Voglio volere* dice: «Voglio riuscire a non crescere / voglio tenere qualcosa per me / io voglio un mondo all'altezza dei sogni che ho», lui ribatte deciso: «Dico anche che voglio un mondo comico, un mondo che mi faccia ridere, voglio una vita che mi faccia il solletico. Sono sogni proibiti, ai quali in molti hanno rinunciato, ma io voglio continuare a crederci, voglio sperare ancora, anche a costo di passare per coglione».

Poi spiega come mai tra i suoi temi ricorrenti ci sono l'amicizia e la malinconia: «Penso che tutti rimpiangiamo i nostri quindici anni. Io ho avuto la fortuna, o la sfiga, dipende dai punti di vista, di averli in un periodo in cui parte di quei sogni sembrava più a portata di mano. Ci credi a tal punto, che poi fai fatica a rinunciare a quel sogno per il resto della tua vita. Ecco perché continuo a dire che non mi va di crescere, e credo in quel che diceva Oscar Wilde: essere immaturi vuol dire essere perfetti».

I musicisti con cui registra *Fuori come va?* sono i soliti quattro della Banda (Mel, Capitan Fede, Robby e Rigo), ai quali si affianca nuovamente Fabrizio Simoncioni (aveva già collaborato a *Miss Mondo*), che suona piano e tastiere, partecipa ai cori e fa il tecnico del suono. Ricorda Simoncioni: «Ebbi immediatamente l'impressione di trovarmi di fronte a un gran disco fin dal primo ascolto delle canzoni, che avevano già un'anima molto ben delineata. Eppure, nonostante il lavoro di sgrossamento fosse già stato fatto in fase di preproduzione, le session in studio iniziarono un po' faticosamente. Passammo almeno una decina di giorni a montare e smontare batterie, provando ogni tipo di soluzione. Il fatto è che avevamo in testa un suono particolare e facemmo un sacco di tentativi per trovarlo».

Per la produzione, Luciano chiede a Fabrizio Barbacci di affiancarlo. Non è la prima volta che i due coproducono un album, era già successo con *Buon compleanno Elvis*. «Però è stata la prima volta» racconta Luciano «che ho delegato nel vero senso della parola gran parte del lavoro. Fino a quel momento ero sempre stato molto diffidente, in pratica mi fidavo solo di me stesso. Con Fabrizio invece ho avuto la conferma che il suo modo di muoversi in sala combacia totalmente con le mie aspettative.»

Luciano racconta pure che prima di entrare in sala aveva una trentina di canzoni «ma nessuna idea precisa su quale direzione seguire». Tanto è vero che a un certo punto si mette a lavorare anche con Mauro Pagani, realizzando quattro provini. Uno di questi, che originariamente si intitolava *Luna senza peli*, lo inciderà lo stesso Pagani in duetto con Ligabue: il titolo definitivo è *Fine febbraio* e fa parte dell'album *Domani*, pubblicato dalla Nun nel 2003.

Comunque quando entrano in sala per iniziare a incidere *Fuori come va?* le trenta canzoni sono state dimezzate e alla fine ne restano dieci, alle quali vanno ad aggiungersi *Questa è la mia vita* e *Libera uscita*, composte per la colonna sonora di *Da zero a dieci*. «Una volta che ci siamo chiariti le idee» racconta Luciano «il lavoro è andato avanti senza intoppi, anzi in modo ancor più rapido rispetto agli album precedenti: gli arrangiamenti sembravano racchiusi nell'idea stessa del pezzo e persino la fase del mixaggio si è svolta in modo assolutamente indolore: se fino ad allora avevo sempre impiegato tre, quattro giorni a pezzo, stavolta in pratica licenziavamo un pezzo al giorno, massimo un giorno e mezzo.»

Insomma, anche grazie ai consigli di Barbacci, Luciano riesce a non farsi prendere da manie perfezionistiche: privilegiano l'energia e l'impatto emozionale, che poi sono l'essenza del rock. Probabilmente è anche per questo che quando il disco esce (26 aprile 2002) l'accoglienza dei fan e della critica è più entusiastica di quella riservata a *Miss Mondo*.

Ci sono canzoni immediate come la già citata *Questa è la mia vita*, *Il campo delle lucciole*, *Eri bellissima* e *Tutti vogliono viaggiare in prima*, «il cui senso» spiega Luciano «è chiaro: a tutti piace la vita confortevole, però esiste anche altro. Si può cedere all'umana debolezza senza però smarrire mai il valore delle piccole cose... Tra l'altro lo spunto per scrivere questa canzone me lo ha dato il Maio: passiamo sempre molto tempo in auto; dopo i concerti, a meno che non siamo a ottocento chilometri di distanza, preferiamo tornare a casa. Siccome viaggiamo quasi sempre di notte, deve esserci uno che parla, e questo è il suo compito. Spesso Maio si lascia andare a considerazioni filosofico-esistenziali. Quella volta si rifletteva sulle emozioni che cambiano dopo i quarant'anni e a un certo punto dice: "Le giornate mi sembrano sempre più corte. Oddio, è vero che mi alzo quasi sempre all'una...". Mi è sembrato un grande spunto per scriverci una canzone, anche se in realtà nella strofa iniziale il protagonista lo faccio svegliare alle tre».

Altro tema che affronta con una certa frequenza nelle

interviste concesse in quel periodo, ma più inerenti il film *Da zero a dieci* che non le nuove canzoni, è l'uso sbagliato che a volte si fa di alcuni termini: «Secondo me» mi dice nel corso di quella lunga chiacchierata a cui accennavo all'inizio di questo capitolo «si usano spesso a sproposito parole come pubblico, gente, generazione: un ragazzo di vent'anni nato nel Salento e costretto a vivere di mezzucci non è uguale a un suo coetaneo figlio di un industrialotto brianzolo. Che cos'hanno in comune oltre all'età? Sondaggi e statistiche mi hanno rotto. A me piacciono le differenze. Mi piace condividere alcuni sentimenti con tante persone, però voglio mantenere la mia identità e desidero che ognuno lo faccia».

Un argomento di cui continua a parlare volentieri è il suo approccio con la scrittura e con il rock. A Massimo Cotto spiega: «L'emozione è così forte che non riesco a trattenerla e mi abbatte il pudore, la paura, la timidezza. E allora scrivo e me ne frego. Quando poi arriva il momento di raccontare, ho il timore di svilire un po' quel che ho fatto e ho paura che la gente pensi: tutto qui? No, è tutto nella canzone, quel poco o quel tanto che c'è. Il racconto imbruttisce, magari è il mio racconto a non essere all'altezza. Altri sono sicuramente più bravi di me. Io non riesco a raccontare bene. Ancora oggi, in tanti mi chiedono cosa si prova a stare sul palco davanti a centomila persone. Ma come cazzo si fa a raccontare una cosa così? È come il rock, come fai a definirlo? L'arte è indefinibile, quando è vera arte, perché mai nessuna definizione sarà così calzante come una canzone, un quadro, un film, uno spettacolo teatrale. Che cos'è il rock? È *Satisfaction*, *Born to run* o *Pinball wizard*. Ma se vuoi che ti spieghi i Rolling Stones, Springsteen o gli Who, mi metti in difficoltà. E non mi bastano le parole: devo accendere lo stereo (...) Se avessimo trovato, in questi primi cinquant'anni di vita, una definizione completa di rock, vorrebbe dire che avremmo fregato noi il rock e non il contrario. Il rock ci strega perché non si lascia catturare. È un'entità viva e spudorata, che ti scivola dalle mani perché solo così può entrarti sottopelle. Spiegarlo è esercizio inutile, raccontarlo è mestiere tuo e dei tuoi colleghi giornalisti, viverlo è privilegio di chi sa abbandonarsi senza troppe domande. È quando se ne frega che il rock è davvero rock, quando continua a coltivare il seme dell'incoscienza e non accetta di farsi ingabbiare dalle parole e dall'inquadrabilità, magari fatta dal critico più figo del mondo. Persino il commento del più grande giornalista di tutti i tempi potrebbe togliere risorse al rock».

Luciano conclude la sua lunga analisi dicendo che «canzone ed emozione fanno rima sul serio quando sono una costruzione non smontabile. Puoi analizzare centimetro per centimetro e parola per parola o nota per nota, ma non sarà sufficiente. Puoi prendere le congiunzioni e i congiuntivi, le metafore e le similitudini, ma non farai altro che smontare l'effetto d'insieme di un quadro meraviglioso per descrivere la bellezza di ogni singola pennellata. Il senso del rock, la sua inarrivabile grandezza è in quella nota lì cantata da quella voce lì con quella parola lì con quell'arrangiamento lì con quella produzione lì. Punto. Ma ci pensi alla meraviglia di un qualcosa che non puoi mettere in un cassettino e lucidare tutti i giorni? Il fascino di questa musica indefinibile è il motivo che mi spinge ad andare avanti. Io ho bisogno del mistero del rock così come della sua forma. È vitale, per me, anche se non ti so spiegare perché ho bisogno di lei per esprimermi e non di un'altra forma» (da *Urlando contro il cielo*, Aliberti).

Tutti sanno che per il Liga il «mistero del rock» ancor più che nelle canzoni e nelle session in sala d'incisione, risiede soprattutto nei concerti. Per lui suonare dal vivo è sempre stata una necessità. Così a luglio inizia da Milano un nuovo tour estivo. Torna a suonare negli stadi, come già aveva fatto nel 1997 e nel 2000. Ma stavolta sono previste ben diciassette repliche. Inizia il 5 luglio da San Siro, con replica il giorno successivo: fa due pieni, totalizzando centotrentamila spettatori, ventimila in più rispetto al 1997. Su un palco enorme (centosessanta metri di lunghezza, ventisei di altezza), propone uno show tirato e con parecchi effetti speciali, il più scenografico dei quali è una gru che lo preleva dal main stage per depositarlo in mezzo ai fan: da lì dialoga con i suoi musicisti, pure loro dispersi tra la folla del prato, e propone un siparietto semi-acustico cantando *Viva*, *Non è tempo per noi* e *Una vita da mediano*. Insomma, non è il *Rock'n'roll circus* di cinque anni prima, ma è pur sempre uno spettacolo ad alta gradazione rock che entusiasma il popolo del Liga.

Dieci giorni dopo è all'Olimpico, dove si ripete una scena già vista: il concerto si svolge sotto una pioggia tropicale che rende la serata magica e adrenalinica. Dopo altri dodici show in altrettante città (molte delle quali nelle isole o al sud: Palermo, Cagliari, Sassari, Pescara, Lecce, Cosenza, Napoli), gran finale il 18 e 19 settembre con due spettacoli davvero coinvolgenti nel fantastico scenario dell'Arena di Verona: proprio all'Arena sabato 7 settembre aveva ricevuto dalle mani di Andrea Salvetti il trofeo come vincitore assoluto dell'edizione 2002 del Festivalbar.

Qualche mese dopo, all'inizio del 2003, esce un doppio dvd intitolato *Fuori come va? – Tour*. Il primo dvd è incentrato sul concerto-evento che il Liga e la sua Banda hanno tenuto il 15 luglio a Roma. Il secondo dvd contiene invece sei brani registrati dal vivo a San Siro (*Ti sento*,

Non è tempo per noi, *Viva*, *Tutti vogliono viaggiare in prima*, *Tra palco e realtà* e *Urlando contro il cielo*) e sedici mini-storie girate nelle varie città toccate dal tour.

Verso la fine del tour, per l'esattezza il 5 settembre, Luciano è protagonista di un fatto piuttosto insolito... per chi è ancora in vita: il comune di Capo d'Orlando, in provincia di Messina, intitola alla rockstar di Correggio un tratto del lungomare, per la precisione quello compreso tra via Torrente Forno e via Cordovena.

«Mi lusinga molto» è il commento del Liga quando viene a sapere la cosa «che il comune di Capo d'Orlando abbia deciso di intitolarmi un tratto del lungomare, ma per ora tocco ferro.» Infatti, secondo le norme della toponomastica, dovrebbero essere trascorsi almeno dieci anni dalla scomparsa della persona. Ma il sindaco Roberto Vincenzo Sindoni sostiene che la delibera comunale è perfettamente valida, infatti emana la «determinazione sindicale N° 76 del 31-12-2002» che ha per oggetto «intitolazione luoghi e strutture comunali».

«Una volta presa la decisione» racconta il sindaco «andai a Bologna per incontrare Ligabue e Claudio Maioli. Ricordo perfettamente che mi dissero che avevano rinunciato a un sacco di soldi per suonare davanti al papa, perché i loro fan non gli avrebbero mai perdonato una cosa del genere. La mia idea invece era stuzzicante».

Nel corso della cerimonia viene scoperto un «totem» con una chitarra stilizzata e la dedica della strada «A Luciano Ligabue, artista contemporaneo». Durante la conferenza stampa in comune, il Liga dice: «Quando il mio manager mi ha chiamato per dirmi che in Sicilia mi avrebbero dedicato una strada ho pensato di essere vittima di *Scherzi a parte*. Poi ho avuto un colloquio col sindaco e per quanto l'idea fosse bizzarra mi è subito piaciuta. Così, eccomi qua». Alla cerimonia, segue un breve show acustico di cinque o sei canzoni: ad ascoltare Luciano che si accompagna con la chitarra c'è una marea di gente, valutabile tra le dieci e le quindicimila persone (Capo d'Orlando ha tredicimila abitanti).

In quell'occasione, tra l'altro, conosce Beppe Grillo. Il comico genovese aveva in programma uno spettacolo in paese il 2 settembre, ma fu annullato a causa di una pioggia torrenziale. Lo recupera due giorni dopo, la sera prima della cerimonia di intitolazione. Luciano è già in paese e decide di andarlo a vedere, accompagnato dal sindaco. Dopo lo spettacolo, vanno a cena tutti assieme in un agriturismo. Grillo è vulcanico come al solito, Luciano ascolta i suoi discorsi interessato. Evidentemente deve essere rimasto molto colpito dalla verve e dalle argomentazioni del suo interlocutore, tanto è vero che qualche anno dopo, in occasione del primo V-Day (8 settembre 2007) organizzato da Beppe Grillo, la manifestazione che sancisce ufficialmente l'esplosione dell'«antipolitica», Luciano non solo aderisce, ma registra un video-messaggio in cui spiega perché approva quella protesta: «Ciao a tutti, vi rubo due minuti sperando di non annoiarvi troppo. Allora, è sotto gli occhi di chiunque il fatto che la politica e il paese reale vivono su due mondi staccati e non c'è nessuna congiunzione tra le due parti. Questo perché la politica è arroccata su se stessa e questo perché il paese reale non si fida più del sistema politico. Io credo che fare politica seriamente, cioè nel senso di seriamente far funzionare un paese, seriamente riuscire ad ascoltare tutte le parti che lo compongono, seriamente riuscire a far stare un paese al passo coi tempi sia un mestiere difficilissimo e proprio per questo servono persone speciali che soprattutto abbiano un forte senso etico. Ecco allora, io voglio a questo proposito ringraziare Beppe Grillo, non solo per il solito coraggio, per la solita cocciutaggine e anche per il fatto che continua a essere il guastatore che è. Ma anche perché ha fatto delle proposte che per questo sistema politico sicuramente sono cazzutissime, ma nella realtà sono normali proposte di buon senso. E soprattutto sono proposte che possono veramente permettere alla politica di essere molto più vicina alla gente. Mi piace moltissimo il fatto che queste siano proposte di leggi popolari, perché ogni tanto dobbiamo ricordarci tutti quanti che i politici non è che sono lì per fare i loro comodi e noi dobbiamo accettare con rassegnazione tutto quello che non ci piace. In realtà i politici hanno la funzione di essere lì per rappresentarci, quindi dare delle risposte chiare ai nostri bisogni, desideri e aspirazioni. Quando ci ricorderemo con forza che questo è quello che dobbiamo pretendere da loro, forse un minimo di avvicinamento ci sarà. Nel frattempo, grazie ancora Beppe e auguri a tutti».

19

GIRO D'ITALIA

Come al solito, il Liga è affamato di concerti. Ne ha appena collezionati diciassette, seguiti da quasi mezzo milione di spettatori. Ma, come canta in *Tra palco e realtà*, ha sempre «fame / di quella fame». Così, dopo nemmeno due mesi di sosta, riprende a girare su e giù per l'Italia. Stavolta con una formula che prima non ha mai sperimentato: nella stessa città propone una sera uno show nei teatri e la sera successiva replica nei palasport. Ovviamente la produzione, l'impostazione artistica e la scaletta sono differenti, così come è diversa la formazione che lo accompagna: nei palasport, dove porta un concerto più classico, più tirato, per dirlo con una parola sola più rock, al suo fianco c'è l'ormai collaudata Banda; nei teatri, dove tutto è più rilassato, più morbido, si aggiungono Mauro Pagani e D.RaD degli Almamegretta.

Ovviamente è nella parte teatrale che può permettersi una maggiore libertà, sia andando a ripescare canzoni «minori» (quelle che lui ama definire «le sorelline sfigate») che solitamente non suona dal vivo, per esempio *Walter il mago*, *Angelo della nebbia*, *Kay è stata qui*, *Non fa più male*, sia sperimentando soluzioni nuove, cioè «sbudellando» (per usare un termine a lui caro) alcuni brani e rivestendoli di suoni e colori nuovi. Prendiamo come esempio *Dove fermano i treni*: la versione che si ascolta in *Sopravvissuti e sopravviventi* è dura, cattiva, quasi hard; quella proposta nel tour teatrale diventa irriconoscibile, D.RaD le ha innestato un campionamento da *Trans Europe express* dei Kraftwerk rendendola sinuosa e accattivante. Altro esempio, la trasformazione di un inno come *Tra palco e realtà*, stavolta per opera di Mauro Pagani, reso quasi vellutato nella sua versione per voce, chitarra e bouzouki.

I primi quattro concerti, una specie di «prova generale» allungata, il Liga li fa nella sua Correggio, in quella bomboniera che è il Teatro Asioli. Per capire quanta importanza abbia per lui questa scelta bisogna tornare indietro di dodici anni, ai tempi del suo primo album. «Sono stato l'ultimo» racconta «a calcare il palcoscenico del teatro della mia città. Era il 1990, cercavo un posto a buon prezzo per girare due video, *Non è tempo per noi* e *Marlon Brando è sempre lui*. Ovviamente avevamo un budget molto ridotto, così pensai che organizzare uno show lì dentro e fare delle riprese sarebbe stata la cosa migliore. Pochi mesi dopo il teatro fu chiuso per mancanza di agibilità. Avevo persino paura di avergli portato sfortuna. Così quando Claudio Ferrari, all'epoca sindaco di Correggio, mi annunciò l'imminente riapertura dell'Asioli, dopo oltre dieci anni di lavori, ho chiesto il privilegio di inaugurarlo con questi quattro concerti benenefici a favore della comunità di recupero La Collina, che sostengo da sempre.»

Incontrando i giornalisti, quella sera il Liga dice: «Si tratta di una sfida assoluta su vari fronti. Noi rocker non siamo abituati a suonare seduti, non sappiamo cosa sia un pubblico silenzioso, anzi, ci sembra ovvio che la gente ci rilanci in faccia le nostre note. Poi c'è l'aspetto economico. Si tratta di tenere insieme due produzioni. Quella acustica vede la partecipazione di Mauro Pagani e D.RaD, che in qualche modo portano una linfa di segno opposto. Pagani immette il respiro degli strumenti tradizionali, D.RaD tutto ciò che arriva dall'elettronica. Amo stare al centro di tutto questo. Anche se la formula è insensata a livello di costi-ricavi, appaga la mia voglia di suonare e cantare».

Poi aggiunge: «Lo scopo di questo spettacolo semiacustico (uso questo termine perché in realtà i fili della corrente ci sono, e ci sono computer che generano suoni e campionamenti) è anche quello di dare spazio a canzoni belle, ma schiacciate dal successo di altre. È inutile illudersi che la gente conosca più di quattro canzoni di ogni album: ovviamente non parlo del fan, ma dell'ascoltatore medio. Eppure sono convinto che in alcuni miei dischi ci sono tante buone canzoni, così ho inserito in scaletta, per esempio, *Tutte le strade portano a te*, oppure *Tu che conosci il cielo*, belle ma sulle quali nessuna casa discografica investirà mai somme ingenti per pubblicarle come "singoli" con tanto di video promozionali».

Lo show teatrale prevede anche parti recitate: a un certo punto il Liga legge *Che te ne fai di un titolo*, una poesia di Bukowski che serve a introdurre *Kay è stata qui*. E più avanti legge un'altra poesia di Bukowski, *Furbi* (quella che parla di persone «con facce furbe e furbi peli del naso»), un collegamento ideale con *Tutti vogliono viaggiare in prima*.

Pochi giorni dopo, il 14 novembre, ha inizio il tour vero e proprio. Prima tappa, il prestigioso Teatro Regio di Torino, con replica nei due giorni successivi al Palastampa. Ma se lo show in versione rock è abbastanza collaudato e regge bene l'impatto col pubblico fin dalle prime uscite, lo spettacolo teatrale all'inizio zoppica un po' e per essere centrato avrà bisogno di un po' di rodaggio.

Spiega Luciano a Riccardo Bertoncelli: «Eravamo partiti con delle belle idee, però da chiarire. Mi sembrava troppo "telefonato" andare in certe sale e suonare acustico, troppo ovvio; Ligabue va a teatro e ci fa sentire le canzoni voce e chitarra, mentre il pubblico sta seduto comodo. Io in realtà volevo rispettare quegli spazi, ma non suonare "in funzione di". Con il tempo invece ho preso gusto alla dimensione acustica – perché al di là di ogni intenzione teorica o filosofica, fai quello che puoi o che ti va di fare. E sempre più di frequente mi andava di fare canzoni all'osso, che appunto fossero voce e chitarre – più gli interventi di Mauro Pagani, più le idee elettroniche di D.RaD, insomma tutto il non-solito che abbiamo messo in circolo» (da *Vivere a orecchio*, Giunti).

Nella parte finale del tour, meritano una menzione speciale i dodici concerti a Roma: undici all'Ambra Jovinelli e l'ultimo nella sala grande dell'Auditorium Parco della Musica (duemilaottocento posti), che normalmente ospita i concerti dell'Accademia di Santa Cecilia: è l'esordio di un rocker italiano tra i velluti e i legni lisci di quel tempio della musica (prima di lui ci aveva suonato Ivano Fossati, ma al musicista genovese il termine rocker mal si adatta) e lui si danna l'anima per non sfigurare. E ne esce benissimo, dimostrando che il rock quando è suonato con l'anima non teme confronti.

Pochi giorni dopo, il 26 aprile, chiude quel particolarissimo tour con un'esibizione speciale: un insolito concerto a duemilacinquecento metri di altezza, nei pressi del rifugio del Mottolino, nell'Alta Valtellina.

Per l'occasione è stata allestita un'imponente struttura coperta, simile a una sezione di igloo, larga trenta metri e alta dodici, costruita sullo spartiacque montano che domina da un lato Trepalle e dall'altra Livigno. Che da lassù è un puntino in fondo alla valle. Tutt'attorno al palco c'è un metro abbondante di neve (non a caso questa zona viene chiamata «Piccolo Tibet»). Tanta gente è salita fin lassù già il giorno prima. Impossibile contarli, ma sono parecchi: c'è chi dice cinquemila, chi addirittura settemila persone. Tra loro ci sono anche personaggi noti, come il campione di casa Giorgio Rocca, il pilota Gigi Galli, Brigitte Nielsen e numerose autorità locali. Il freddo è pungente, e per «scaldarsi» il pubblico si affida ai «bombardini», un miscuglio di vov, whisky e panna che a quelle quote qualcuno chiama «il paraflu dello sciatore».

Giubbotto nero e maniche a strisce rosse, ovviamente tutto in cuoio, poco dopo le due del pomeriggio il Liga sale sul palco circondato dai musicisti della Banda e attacca con *Figlio di un cane*, una canzone che sembra scritta apposta: «Abituato a morso e fuga / mi sporco di fango, catrame e di ruggine / l'istinto mi spinge a un sole che mi asciuga / a un metro dalla grandine». A un certo punto dice: «Questo è il mio ultimo concerto dopo nove mesi. Per un po' mi tolgo dalle palle». E più avanti gli vien pure la battuta di pancia, quando annuncia di essere «al Mottolino disco club» e riveste di sonorità dance *L'odore del sesso* unendola con *Piccola stella senza cielo*. Al termine del concerto, stanco ma visibilmente soddisfatto, commenta: «È stato emozionante salire fin qui».

I mesi successivi li trascorre prevalentemente a Correggio, ma non «a far niente», come aveva detto al Mottolino: ascolta e riascolta le registrazioni degli ultimi quindici, diciotto concerti, soprattutto cose di Roma e Milano. Gli piacciono talmente tanto che decide di far uscire un disco dal vivo. All'inizio l'idea è di pubblicare un doppio album che, proprio come nei concerti, avesse una parte più elettrica e una più acustica. Poi invece decide di fare una specie di «best of...», puntando prevalentemente sulla parte teatrale: del resto solo sei anni prima aveva pubblicato il doppio album dal vivo *Su e giù da un palco*, e lì la sua anima rock era molto ben rappresentata.

Il 21 novembre arriva nei negozi *Giro d'Italia*, un doppio cd con ventuno pezzi nell'edizione normale, addirittura triplo nella versione deluxe: contiene trentadue brani e una serie di fotografie scattate dallo stesso Ligabue durante il tour. Ne vengono messi in commercio cinquantamila esemplari, che vanno subito esauriti e diventano un oggetto di culto per i collezionisti (nell'autunno del 2004 uscirà una ristampa di diecimila copie, ma senza fotografie).

A Gino Castaldo di «Repubblica» racconta: «È stato il tour più bello che potessi immaginare. Ho suonato in tutti gli spazi che avevo a disposizione ed ho avuto la possibilità di confrontarmi con una cosa del tutto nuova. Io, è ovvio, lavoro con le emozioni, e se per esempio ascolti *Il giorno di dolore che uno ha*, hai la possibilità di misurare il mio lavoro, perché ci senti l'emozione di chi scrive una frase fortemente emotiva, l'ho scritta mentre stava morendo il mio amico Stefano Ronzani, se prendi il testo da solo e ci togli la musica, ne vedi per forza di cose la retorica, l'incoraggiamento alla speranza, se le mie canzoni le vivi solo da un punto di vista critico-intellettuale, allora ti becchi tutta la retorica che non ti piace. In questo tour eravamo seduti, senza il coinvolgimento dello stadio quando corri sul palco e l'intonazione è un'optional, col pubblico seduto, e questo ti costringe a lavorare su una gamma che va dal sussurro all'urlo, e ti spinge anche a rivedere il tuo modo di suonare la chitarra. Di sicuro, molte persone mi hanno detto di aver apprezzato veramente certi testi dopo averli ascoltati in questa versione acustica. Non solo, ho potuto alternare questa dimensione a quella dei palasport dove potevo sfogarmi fisicamente. Un tour perfetto».

Durante la stessa intervista, dice anche che comincia

a non poterne più di essere definito «un bravo ragazzo», un'immagine che contrasta un po' con la figura della rockstar: «È una rottura di scatole, perché ti fa passare, ahimè, da buonista. Ma io rispondo alla mia natura. Se faccio rock è perché credo fermamente al senso originale del rock'n'roll, che in gergo nero voleva dire "trombare", nel senso della celebrazione della vita, tant'è che all'inizio non c'erano neanche le parole, era erotico, selvaggio, vitale. Poi nel tempo è uscita fuori la figura della rockstar lontana dal genere umano, con una forte pulsione autodistruttiva, che è il contrario netto dei motivi per cui è nato il rock'n'roll. Io ho la condanna di essere stato cattolico e comunista, per cui ho un'elaborazione di sensi di colpa da record: la predisposizione al bravo ragazzo ce l'hai, volente o nolente. Ma penso anche che non esistano diavoli e santi al cento per cento».

Quell'anno lo avrebbero voluto nuovamente come ospite al Club Tenco. Ma Luciano declina l'invito. Ecco il testo di una e-mail inviata da Maioli a Enrico De Angelis in data 14 luglio 2003: «Caro Enrico, ho affrontato in questi giorni con Luciano l'argomento "impegni prossimi futuri" e, in riferimento alla tua gentile richiesta di partecipazione al Tenco 2003, devo confermarti la nostra intenzione di "non apparire" fino a 2004 inoltrato sostanzialmente per 2 motivi:

1) troppa esposizione negli ultimi due anni (film, disco, tour lunghissimo, eccetera).

2) periodo di vacanza/riposo (penso meritato) di Luciano dopo tanto lavoro. Escludo quindi la possibilità di partecipare al Tenco di quest'anno (come a tante altre manifestazioni a cui ci hanno invitato) e spero che in futuro ci siano altre possibilità per onorare la vostra bella rassegna, magari già l'anno prossimo con un progetto a cui stiamo lavorando... Sicuro che capirai i motivi del

no, ti ringrazio per l'invito e ti auguro un in bocca al lupo per la rassegna 2003. A risentirci. Ciao».

In quel periodo avviene anche un grosso cambiamento nella sua vita privata: finisce ufficialmente la storia con sua moglie Donatella Messori. Si erano conosciuti prima che lui iniziasse a incidere dischi e sposati il 4 gennaio 1991. Lei è sempre rimasta dietro le quinte, rifiutandosi di apparire in pubblico al suo fianco, tanto che le sue foto sono rarissime. Per diversi anni, anche dopo l'«esplosione» di Luciano, ha continuato a lavorare come operaia in un maglificio di Carpi.

Il rapporto con Donatella in realtà era finito almeno un anno prima: Luciano sta vivendo un'altra storia con Barbara Pozzo, la sua ex massaggiatrice per i concerti.

Quello è stato l'unico periodo della sua vita in cui ha affittato un appartamento a Milano, in zona San Siro: «Dal terrazzo di casa sentivo le urla dei tifosi, peccato che in quel periodo a gioire di più fossero i tifosi del Milan e non quelli dell'Inter... Ma ho resistito meno di un anno, tra l'altro continuando a far la spola con Correggio: Milano è una città a cui devo molto, ma non riuscirei mai ad abitarci, troppa confusione, troppo stress per trovare un parcheggio».

Riguardo la sua situazione sentimentale, per un po' tutti mantengono il segreto: ma verso la metà del 2003 questa condizione diventa insostenibile, le «voci» stanno diventando sempre più insistenti. Così Donatella e Luciano decidono di rendere ufficiale la loro separazione. Lo fanno in un modo un po' bizzarro, diffondendo una sorta di comunicato, che finisce in calce a una lettera ai fan scritta per la fine del tour nel palazzetti e nei teatri. Racconta il Liga a «Sorrisi e Canzoni»: «Una delle mie necessità era quella di proteggere mia moglie. Non ha mai voluto apparire, non è sempre stato facile per me tenerla nascosta. Allora le ho proposto di parlare a nome di tutti e due direttamente ai miei fan attraverso il sito. Lei ha detto di essere d'accordo. E l'ho fatto».

Ecco il contenuto di quella lettera: «Visto il rapporto di onestà che cerchiamo di mantenere fra di noi, vi devo dare una notizia personale. Come ben sapete non mi piace parlare del mio privato e ho sempre cercato in merito di proteggere mia moglie, che ha sempre rifiutato fortemente di apparire come "la donna di". Abbiamo sempre chiesto rispetto per questa nostra volontà di riservatezza. Ora proprio perché quel bisogno di rispetto è rimasto inalterato, sono costretto a dirvi una cosa importante. Io e lei siamo in fase di separazione. Da alcuni mesi ognuno di noi sta vivendo vita propria. Vi chiediamo di non essere "morbosi" rispetto ai motivi che portano a una decisione così grossa. Vi chiediamo di non emettere sentenze troppo facili. Vi chiediamo di capire che in momenti così si soffre tutti e che il lavoro che stiamo facendo per proteggere il nostro rapporto futuro e per le nostre responsabilità di genitori non ha certo bisogno della "cultura" del pettegolezzo gratuito. Grazie per il rispetto che vorrete portare al nostro momento più difficile».

Se sul versante fan era facile prevedere che rispettassero la volontà del Liga, era un po' più difficile pronosticarlo da parte dei giornalisti. Invece tutti, comprese le cosiddette riviste «rosa», evitano di speculare su questa separazione, anche se gli ingredienti per farlo ci sono tutti: una rockstar, una nuova love story, un figlio di pochi anni. In diverse interviste rilasciate negli anni successivi, Luciano dirà di essere rimasto molto colpito dall'atteggiamento della stampa, soprattutto perché in passato i suoi rapporti con i giornalisti non sempre erano stati idilliaci. Una volta ne abbiamo parlato anche noi: «È vero, l'atteggiamento della carta stampata in quell'occasione mi ha colpito molto favorevolmente: hanno rispettato due persone in difficoltà. Non sono in grado di spiegarne le ragioni, forse la nostra onestà nel dichiarare pubblicamente la fine di un rapporto li ha un po' spiazzati. In ogni caso devo essere grato ai giornalisti per questo trattamento».

Altro tema di quell'intervista, il figlio Lenny: «È un bambino con un carattere forte. Già dimostra una grande predisposizione verso la musica, suona la batteria e per la sua età è fortissimo. È pienamente cosciente del fatto che i suoi genitori sono separati, ma è sereno e ora gli dedico più tempo di prima. Considerato il mestiere che faccio, quando non sono in tour ho la possibilità di occuparmene praticamente a tempo pieno. Tutto sommato credo di essere un buon padre. La mia ex moglie è una donna eccezionale e il nostro rapporto non è mai degenerato in liti stupide quanto sterili. Il modo che abbiamo di vivere il nostro tempo col bambino non è dettato da nessuna regola, non ci sono disposizioni stabilite da avvocati. Fra noi basta una telefonata: "Oggi ho tempo, passo a prenderlo io". Insomma, tutto è molto semplice».

Il Liga parla spesso di questo rapporto «speciale» con Donatella negli anni successivi alla loro separazione. Nel 2005 le dedica persino una canzone, *L'amore conta*, inserita nell'album *Nome e cognome*. Quella che dice: «Grazie per il tempo pieno / grazie per la te più vera / grazie per i denti stretti / i difetti / per le botte d'allegria / per la nostra fantasia. / L'amore conta / conosci un altro modo per fregar la morte? / Nessuno dice mai se prima o se poi / e forse qualche dio non ha finito con noi».

A Morena Pisto di «Donna Moderna», dopo aver smentito che il suo matrimonio è naufragato per «colpa» della sua nuova compagna Barbara («Lei non c'entra niente. Semplicemente, una storia d'amore è finita e un'altra è cominciata. Succede un sacco di volte nella vita»), spiega: «Questa canzone l'ho scritta soffrendo come un cane... È un dialogo tra due persone che si sono lasciate alle spalle la parte più dolorosa dell'addio. Quando si smette di recriminare su quello che sarebbe potuto succedere e si diventa capaci di riflettere su quello che di bello c'è stato». Poi aggiunge: «A un certo punto, quando dico "Peccato per le promesse oneste ma grosse", mi riferisco al "per sempre" che si pronuncia quando ci si sposa. Un impegno quasi disumano: uno non può sapere cosa succederà da lì a dieci anni. Però una promessa è una promessa, e andrebbe mantenuta: quando non ci riesci hai fallito. Io ho fallito, e in un certo senso era inevitabile. Io e Donatella siamo stati insieme quindici anni e ci siamo amati profondamente. Ma, vivendo tutti i giorni fianco a fianco, la chimica dell'amore cambia. Lei, comunque, resta una persona speciale. Talmente speciale che tra di noi c'è un ottimo rapporto, senza rancori».

Qualche tempo dopo torna sull'argomento con Raffaele Panizza, che lo intervista per il settimanale «A». Stavolta è ancora più esplicito, anche se nega che dedicare una canzone così intensa all'ex moglie sia un modo tutto maschile di trascinare all'infinito una storia ormai conclusa. Luciano dice: «Sentimentalmente vivo un momento molto chiaro, ed è ormai da tempo che sto bene con la mia ex moglie. Però sentivo lo stesso la voglia di scrivere questa canzone, e dire esattamente quella cosa lì: conosci un altro modo per fregar la morte?». Poi spiega che non sa come si chiama il sentimento che rimane vivo con la donna che abbiamo amato per anni e che ci ha dato un figlio: «Si usa dire tenerezza, ma non mi piace. Si potrebbe chiamare affetto, che poi è l'amore al netto di gran parte della complicità. Ma alla fine, amore è sempre la parola giusta. Però mi rendo conto di non poterla usare, è una parola che verrebbe fraintesa».

20

LA NEVE SE NE FREGA

L'aveva già detto ai tempi di *Radiofreccia*: «È un'esperienza unica, irripetibile». Ma pochi anni dopo si era rimesso dietro la macchina da presa per firmare la regia di un altro film. Durante le presentazioni della raccolta di racconti *Fuori e dentro il borgo* ripete all'incirca la stessa cosa, specificando a Marinella Venegoni della «Stampa»: «Un romanzo non l'avrei scritto mai». Invece il 6 maggio 2004, in coincidenza con l'inaugurazione del Salone del Libro di Torino, per la collana I Canguri della Feltrinelli esce *La neve se ne frega*, il primo romanzo del Liga.

«In realtà» racconta il rocker «con la Feltrinelli avevo già firmato un contratto per pubblicare una raccolta di poesie. Ma un bel giorno, se la memoria non m'inganna direi un giorno d'agosto, vengo preso da un'autentica smania di scrivere. Quando mi prendono eccessi creativi come questo, proprio non ce la faccio a rimanere indifferente. Così ho iniziato a scrivere e ho buttato giù il romanzo. La scrittura è stata quasi febbrile. In questo caso direi che è stata una fortuna aver preso un diploma da ragioniere: di quei cinque, inutili, anni ho conservato i due utili di dattilografia. Scrivo con dieci dita e sono velocissimo. Quando sono assalito dai pensieri e da una storia, riesco a scrivere quasi come se fossi sotto dettatura e a seguire il flusso delle idee in tempo reale. Per scrivere *La neve se ne frega* ho impiegato venti giorni soltanto, in pratica un capitolo al giorno. Più difficile ed elaborata è stata la rifinitura; in questo caso ci ho messo quattro mesi e ci sono state ben sette stesure differenti.»

Il romanzo è ambientato in un futuro remoto (inizia nel 2179) e la vicenda si svolge in una sorta di paese ideale dove tutto è regolato da un protocollo infallibile, il Piano Vidor: entrato in vigore nel 2095, regola tutti i «diritti individuali» dei trentatré milioni di abitanti che sono rimasti sulla Terra. Al punto uno, per esempio, recita: «Hai diritto a un partner con cui condividere la vita. Hai diritto al numero di adulteri previsti dalla programmazione del Piano caso per caso». E al punto tre dice: «Hai diritto al sostentamento materiale, alla fornitura di vestiario e alla dotazione mensile di beni supplementari. Il rifornimento alimentare sarà sempre legato alla produzione naturale e stagionale e completa soddisfazione del bisogno vitaminico, proteico e calorico di ogni tipologia fisica». Ma sono previsti anche il diritto all'informazione e allo svago, il diritto alla dignità garantito dalla «posizione sociale paritaria che ogni individuo ricopre», il diritto alla salute e, soprattutto il «diritto ai diritti. Grazie a questo diritto non potrai mai, sotto la legislazione del Modello, venire privato di alcuno dei tuoi diritti, per alcun motivo, in alcun modo. Tranne in caso di detenzione».

Insomma, è un mondo praticamente perfetto: i bisogni delle persone sono rispettati, tutti hanno una lavoro dignitoso, le risorse sono sfruttate con intelligenza, omicidi e suicidi praticamente non esistono, l'aria è pulita, la natura rigogliosa e le stagioni si succedono con mirabile puntualità. Sono stati risolti persino il problema del razzismo e dei conflitti religiosi, immaginando un uomo preconfezionato in provetta con misture di varie razze, così che la tolleranza diventi anche un fatto biologico.

Peccato che il Piano Vidor preveda anche una serie di «doveri individuali». Per esempio: «È tuo dovere svolgere la funzione affidatati nel nome di nascita». Oppure «compiere gli adulteri prescritti per il mantenimento della stabilità della coppia» e «comunicare alle autorità di controllo ogni anomalia rilevata nel sistema o nel comportamento di qualche individuo». È persino «vietato organizzare gruppi di contestazione al Piano di qualsiasi tipo» ed è «tuo dovere godere dei tuoi diritti». Insomma, il famigerato Piano Vidor in definitiva tende a controllare il linguaggio, i sentimenti e persino i pensieri dei cittadini. Ma soprattutto nega loro di essere totalmente umani, impedendogli di procreare. Non esistono padri, madri, fratelli, figli: la nascita è un evento artificiale programmato e tutti vengono al mondo da una «bolla fattrice». Ma c'è un altro aspetto da considerare in questa sorta di «mondo perfetto» immaginato da Ligabue: tutti nascono già vecchi, quindi fin dall'inizio sanno esattamente quanto vivranno. I due protagonisti, DiFo e Natura, per esempio, nascono rispettivamente a settantanove e ottantuno anni, per ringiovanire, regredire con gli anni fino all'infanzia e poi morire in una sorta di gioiosa incoscienza.

Ognuno ha già scritta tutta la sua storia nel nome che porta. Il nome completo di DiFo, per esempio, è Sogno DiFo 79orcu39%se Natura dove Sogno è il suo cognome e vuol dire che lavora in ambito artistico; DiFo è il suo nome e indica il suo mestiere: direttore della fotografia; settantanove vuol dire che è nato a settantanove anni; orcu vuol dire che fa parte del progetto «Orizzonte curvo»; trentanove per cento se significa che la composizione del suo sangue è per il trentanove per cento sud europea. Infine Natura indica il nome della sua compagna per la vita.

Il nome completo di Natura, invece, è Natura ViPa 81 39%ca Sogno. Natura è il cognome e vuol dire che lavora a contatto con l'ambiente. ViPa vuol dire che si occupa di «vigilanza e protezione parchi». Ottantuno è l'età; trentanove per cento ca indica che la sua composizione del sangue è per il trentanove per cento centroasiatico. Sogno, infine, indica il nome del suo compagno, al quale ovviamente è stata legata sin dalla nascita.

La vita, dunque, in questa sorta di città perfetta dove gli spazi abitati e quelli verdi sono distribuiti in giusta misura, le case sono moderne e ipertecnologiche e tutti hanno ogni tipo di comfort, in realtà è caratterizzata da una totale mancanza di privacy e nessuno può scegliere nulla: come in una sorta di «grande fratello» globale, migliaia di telecamere, sensori e apparecchi satellitari controllano ogni istante, ogni movimento delle persone. E in realtà non si sa nemmeno se sono esseri umani o robot umanizzati, infatti DiFo si chiede in continuazione se è una macchina o una persona.

Comunque Ligabue ha sempre sostenuto che il suo non è un romanzo di fantascienza: «Tutt'al più lo definirei fantasy. In realtà credo che sia un romanzo d'amore. Ambientarlo nel futuro è stato un escamotage per non parlare di me, come avevo sempre fatto fino ad allora nelle canzoni, nei film, nei racconti. Questa è la mia prima opera interamente di fantasia, anche se DiFo un po' mi somiglia: il suo modo di esprimersi ha molto a che vedere col mio, e sono parecchie le sovrapposizioni tra il mio temperamento e il suo carattere».

«Credo che la cosa più difficile per il lettore» continua Luciano «sia affrontare i primi capitoli. Infatti per farti assorbire completamente dalla storia bisognerebbe cancellare la memoria di quello che sei, di come sei abituato a pensare e pensare quindi a una vita del tutto diversa. Devi cancellare i concetti di famiglia, padre, madre, figli, continuità, addirittura il concetto di soldi: ti devi estraniare. Però, lo ripeto, qui la fantascienza non c'entra: gli elementi classici della fantascienza sono quasi inesistenti, la tecnologia non è ingombrante, ma quei pochi elementi secondo me sono tutti bellissimi, come la possibilità fisica di spostarsi in terra e in volo, di avere a disposizione a casa propria tutte le opere d'arte o i film o l'intrattenimento».

Uno dei temi ricorrenti è la felicità. «I due protagonisti» spiega il Liga «prima di provare questa "nostalgia" in realtà sono felici. È vero che il modello di società in cui vivono li controlla, chiede un pegno, ma funziona. Loro impiegano il tempo libero con soddisfazione, hanno amici, fanno quello che vogliono, la loro forma fisica è splendida, il sistema riesce persino a mettere insieme le persone in maniera perfetta, i due protagonisti sono innamorati per tutta la vita. Ma c'è una conclusione importante: anche il migliore dei modelli ha il difetto di essere un modello, e da quando esiste l'uomo non c'è un modello che possa far contenti tutti, quindi è fallibile. Perché ognuno di noi ricerca la felicità a modo suo.»

Resta da spiegare il titolo: *La neve se ne frega* nel senso che il Piano Vidor può controllare tutto, tranne certi fenomeni naturali come una nevicata. La neve interferisce con le riprese delle telecamere e manda in tilt i sensori, facendo in modo che il governo non possa controllare i cittadini almeno durante le nevicate. Quindi assume un significato simbolico: rappresenta quella libertà negata a DiFo, Natura, ProSca, FaMo e agli altri protagonisti del romanzo, ed è un elemento che serve a combattere ogni forma di ingiustizia sociale, tutti gli strumenti di potere e di oppressione che si servono delle tecnologie più avanzate. Infatti verso il finale del libro si legge: «Grazie per la neve che sta scendendo. Mi è sempre piaciuta, ma adesso mi sembra proprio puntuale. Tempestiva. Porta pulizia. Porta bianco. Costringe all'attenzione. Ai tempi lunghi. Lima rumori e colori. Lima le bave dei sensi. Ce n'è bisogno. Ancora per un po'».

Il Liga racconta pure che in un primo momento aveva pensato di usare questa storia come soggetto per il suo terzo film. «Ma ho cambiato idea dopo averne parlato con Domenico Procacci. Lui ha ascoltato con attenzione tutta la storia, poi mi ha detto con franchezza: "Meglio se scrivi un libro". Vero, il soggetto è poco cinematografico, e in ogni caso per diventare un film richiederebbe un investimento economico così imponente che la cinematografia italiana non può permetterselo. Pensa soltanto alle scenografie: ogni ambiente dovrebbe essere ricreato ex novo.»

Luciano rivela anche qual è stato lo spunto iniziale e quali sono stati i suoi punti di riferimento: «L'idea della vita vissuta al contrario mi frullava in testa già da un po'. Del resto Fernanda Pivano mi aveva detto che per la letteratura non era affatto una novità: l'aveva già usata persino Francis Scott Fitzgerald. Io questa idea l'avevo già accennata in *Da zero a dieci*, in quella scena dove Biccio, Baygon e le due ragazze lesbiche sono sulla terrazza del bar Nettuno a prendere il sole e una delle due dice: "Come siete vecchi...". "Come, vecchi? Siamo nel mezzo del cammin di nostra vita", risponde Biccio. "Sì", conclude Baygon, "peccato che la metà più divertente sia passata"... Riguardo i punti di riferimento, direi che sono abbastanza scontati: il più evidente credo che sia *1984* di George Orwell, in cui si racconta di un dittatore che attraverso raffinate tecniche di sorveglianza ha il pieno controllo delle azioni e dei pensieri dell'uomo. Poi c'è *Farenheit 451* di Ray Bradbury per quel sussulto di umanità che spinge i protagonisti a ribellarsi contro il totalitarismo di un apparato perfetto. Aggiungerei *In senso inverso* di Philip K. Dick, in cui si parla di ringiovanimento del corpo umano e, passando al cinema, *Blade runner* con i suoi uomini-macchina».

Curioso notare che solo pochi anni prima (nel 2000), sempre per la collana I Canguri di Feltrinelli, un autore poco conosciuto, Francesco Piccolo, avesse pubblicato un romanzo intitolato *Il tempo imperfetto*, che narrava della storia d'amore lunga una vita tra Carlo e Teresa ambientata in un mondo sottosopra, dove le macchine hanno il controllo e hanno riprogrammato il ciclo biologico degli umani, che nascono vecchi e vanno a scuola, mentre gli adulti lavorano e i giovani si godono la pensione. Ma è solo una coincidenza, quasi certamente il rocker di Correggio questo libro non lo ha mai letto.

Invece ha sicuramente letto la stroncatura di Giorgio De Rienzo pubblicata sulle pagine della Cultura del «Corriere della Sera». «L'idea» scrive tra l'altro il noto critico «potrebbe essere buona se Ligabue sapesse organizzare la propria narrazione: ma pasticcia e tutto diventa banale e sciatto. Come la scrittura. Capita, per esempio, che dei "rumori" si facciano "spigolosi", che un pensiero invadente diventi "spilloso". Peccato.»

Di opinione totalmente contraria Fernanda Pivano che, sempre sul «Corriere», pubblica un autentico panegirico sul romanzo del Liga: «Ah, Luciano. Vorrei dirti che ancora più bello della tua storia è il tuo modo di scrivere. Non c'è mai una parola di troppo nelle tue descrizioni e quando le descrizioni ci sono è poesia pura, perché oltre che un grande scrittore sei un grande poeta».

Per lanciare *La neve se ne frega* la Feltrinelli organizza

un minitour promozionale. Luciano è accompagnato da amici prestigiosi: al Salone del Libro di Torino l'incontro col pubblico è coordinato da Michele Serra, a Roma c'è Alessandro Baricco e a Recanati Fernanda Pivano. Quest'ultima il 2 agosto gli consegna a Santa Margherita Ligure il Premio Fernanda Pivano. Circa un mese prima, il 4 luglio, il Liga aveva vinto anche il Premio Fregene (da notare che alla serata di gala si presenta in jeans e maglietta da calcio). Mentre il 5 settembre, a Ivrea, riceve il Premio Giuseppe Giacosa (il cui sottotitolo è *Parole per la musica*) con la seguente movitazione: «Luciano Ligabue, con un testo particolarmente ispirato e felice, riesce a vincere tutte le difficili sfide cui un testo del genere lo obbligava: misurarsi con un tema di spessore filosofico-esistenziale scrivendo però un romanzo tenero, coinvolgente, commovente; muoversi dentro un genere dalle regole consolidate – la fantascienza – senza scrivere un romanzo di genere; misurarsi con un tema come quello dell'amore – anzi della felicità dell'amore, e della maternità-paternità – riuscendo a inventare ancora un linguaggio nuovo e personale, una trama che riesce a sorprendere fino all'ultima parola».

In occasione della pubblicazione del romanzo, Ligabue torna a collaborare con Stefano Facchielli, in arte D.RaD, l'anima dub degli Almamegretta che era stato chiamato per curare la parte elettronica del tour teatrale dal quale sarebbe scaturito l'album *Giro d'Italia*. Ma stavolta il suo impegno non è in veste di musicista. Stefano infatti è anche un bravo artista grafico, e la foto che appare sulla copertina del libro è sua.

Pochi mesi dopo, alle quattro e trenta del mattino del primo novembre, Stefano perde il controllo della sua moto in viale Sabotino a Milano e rotola nell'altra corsia di marcia mentre sopraggiunge un'auto, che lo travolge trascinandolo per una ventina di metri. I soccorsi sono immediati ma inutili. Qualcuno sottolinea che, per ironia della sorte, il nome d'arte che Stefano aveva assunto era identico a quello di un modello di motocicletta prodotto nel 1930. Ma in realtà il suo pseudonimo, coniato in giovane età quando iniziò la sua attività di graffitaro, è l'acronimo di «demoni radicali».

In una nota del suo Diario di bordo pubblicato sul sito LigaChannel, Luciano lo ricorda scrivendo, tra l'altro, che Stefano «aveva una qualità sempre più rara: era discreto». Nel 2006 esce postumo *Il lato D*, cofanetto di tre cd che è una sorta di tributo a D.RaD: Luciano contribuisce con la lettura di una poesia di Charles Bukowski in un brano intitolato *Abduction*.

Tornando alla *Neve se ne frega*, come già detto questa storia non diventerà mai un film. Invece si trasforma in un ottimo soggetto per un fumetto, realizzato da Matteo Casali (sceneggiatore) e Giuseppe Camuncoli (disegnatore) e pubblicato dalla Panini. Racconta Casali: «Eravamo entrati in contatto con Luciano grazie a un amico comune, Fabrizio Orsi, e verso la fine del 2005 gli avevamo proposto di disegnare con lui qualcosa di originale sulla musica, ma in quel periodo non aveva tempo e ci ha dato il suo romanzo. La creazione del fumetto, durata un anno, è cominciata così: abbiamo lavorato insieme, e lui è sempre stato disponibile. All'inizio ci ha anche dato alcuni suggerimenti, per esempio rappresentare visivamente il personaggio di DiFo come un mix tra l'attore Adrien Brody e un Bob Dylan giovane. Noi e Luciano veniamo dalla stessa terra e abbiamo la stessa sensibilità: si può dire che lui ha scritto il romanzo con la pancia, io l'ho sceneggiato con lo stomaco e Giuseppe l'ha disegnato con il cuore».

Inizialmente, la graphic novel della *Neve se ne frega* è

stata pubblicata in tre albi mensili (usciti a marzo, aprile e maggio del 2008), e successivamente (a novembre) in versione deluxe: un solo volume di centoventotto pagine arricchito da nuovi contenuti. Gli albi mensili vengono presentati a Mantova Comics il 29 febbraio; la versione deluxe a Lucca Comics & Games il 31 ottobre, con la partecipazione dello stesso Ligabue, che così dimostra tangibilmente il suo interesse verso questo lavoro. Del resto una testimonianza concreta l'aveva già data in occasione dell'uscita dei tre albi mensili: per aiutarne la «promozione», scrive di suo pugno un lungo articolo dove racconta come si è sviluppata questa idea, ma soprattutto dove racconta la sua passione per il mondo dei fumetti. Quell'articolo lo pubblica «Max» sul numero di febbraio del 2008. Rileggendolo, è evidente che l'amore di Luciano per il mondo dei fumetti è pari quasi a quello per la letteratura: qualcuno ricorda le considerazioni sul «mischiare in maniera devastante la cultura cosiddetta "povera" con la cultura "alta" della letteratura» fatte dal Liga mentre parla di Tondelli (capitolo 10)? Ma ecco cosa scrive il Liga:

«Qualche tempo fa mi hanno contattato Camuncoli e Casali per provare a mettere in piedi qualche collaborazione.

Evidentemente avevano saputo della mia antica passione per i fumetti, ma c'era anche di mezzo una proposta fatta da un mensile musicale che aveva deciso di allegare l'eventuale fumetto che ne fosse nato alla rivista stessa.

I due mi avevano portato un po' del loro materiale pubblicato e sono rimasto subito colpito dalla qualità del loro lavoro.

Insomma l'idea di fare qualcosa mi piaceva molto, ma ero nel bel mezzo di un tour che sarebbe durato un anno, e non sarei proprio riuscito a trovare il tempo né la testa per farlo.

Dopo un paio di giorni mi venne in mente che mi sarebbe sempre piaciuto che *La neve se ne frega* potesse avere una sua rappresentazione visiva, e siccome di film non se ne poteva parlare (con Procacci avevamo già ampiamente capito che il budget per un lungometraggio del genere poteva essere solo hollywoodiano, non certo italiano) il fumetto poteva essere la cosa giusta.

Lo proposi ai ragazzi consegnando loro un paio di copie del romanzo.

Il tempo che lo leggessero e il progetto è partito.

Da allora il lavoro è soprattutto loro.

Il mio contributo è stato soprattutto divertimento.

Che faccia ha DiFo?

Una via di mezzo fra Adrien Brody e il Bob Dylan di *Highway 61 revisited.*

E Natura?

Ali McGraw addolcita un po' da Lyv Tyler.

Com'è ProSca?

Tiriamola vicina a Bette Midler.

Che aspetto deve avere un olovisore?

E i mezzi di trasporto?

Insomma il confronto è stato molto, ovviamente, sull'impostazione visiva.

E il lavoro si è soprattutto concentrato all'inizio, quando c'era da decidere tutto rispetto al non detto del romanzo ma anche (e soprattutto) sui pesi narrativi visto che, comunque, sempre di riduzione stavamo parlando.

Poi qualche periodico confronto sui progressi che stava facendo il lavoro: lo sviluppo della sceneggiatura, la composizione delle tavole, i colori, le chine, la copertina e via andare.

Era sempre appassionante non solo verificare il cammino del lavoro, ma anche poter "giocare" con una delle mie grandi passioni.

Ora, a bocce ferme, mi sento di dire che la passione e la qualità che ci hanno messo il Cammo e Matteo sono evidenti e spero tanto che siano premiati per come meritano.

Per quello che riguarda il mio rapporto con i fumetti comincio col dire che ho imparato a leggere con loro.

Ancora oggi mia madre mi ricorda che un giorno mi sentì parlare da solo in salotto, venne a dare un'occhiata e, sorpresissima, mi trovò a leggere a voce alta un fumetto.

Non avevo ancora cominciato le elementari ma evidentemente qualcuno mi aveva insegnato le lettere.

Io frequentavo sempre bambini più grandi di me e li vedevo leggere quello che per me erano sempre e solo figure.

Si vede che quel giorno avevo capito il meccanismo di mettere insieme le lettere per avere parole.

Mi sembra di ricordare (ma stiamo parlando del '65, credo, quindi è un miracolo se il ricordo è esatto) che fosse un albo di Pierino.

Comunque da allora ne ho letti di ogni tipo.

Cucciolo, Tiramolla, Geppo, Braccio di Ferro, gli albi di Topolino, Nonna Abelarda, Trottolino, Soldino.

A parte i libri di scuola erano l'unica cosa che leggevo.

Il pezzo di strada che mi portava all'edicola vicino casa era il percorso che facevo di più in assoluto.

Su «Vitt» (settimanale alternativo a «Il Giornalino») trovavo Cocco Bill e Zorry Kid di Jacovitti.

Il sabato uscivano, in concomitanza con un programma in prima serata su Rai Uno, gli albi di Pappagone (con tanto di vocabolario dei suoi termini inventati in ultima pagina) o di Franco e Ciccio.

Poi ci furono i fascicoletti a strisce di Il grande Blek e Capitan Miki.

Ero onnivoro, purché fossero fumetti andavano bene.

Ovviamente ci fu lo scatto verso i Tex, gli Zagor ma anche il Comandante Mark (e, decisamente più avanti, Mister No).

C'era Batman ma anche e soprattutto Superman (o meglio: Nembo Kid).

Li conservavo tutti gelosamente dentro un'ex gabbia per polli, in solaio.

Nel frattempo ce li giocavamo a carte a sette e mezzo.

Ovviamente ognuno metteva in gioco solo gli scarti che aveva fra le mani.

Oppure c'erano gli scambi.

Un giorno un tipo che conoscevo solo di vista (ma che doveva aver avuto una soffiata sul mio "patrimonio" fumettistico) mi propose uno scambio assurdo, tipo il numero 4 di Comandante Mark per un paio di albi di Topolino recenti.

Mi sembrava un matto e lo portai nel mio rifugio per fare subito il baratto.

Senonché poche settimane dopo, mentre io e i miei eravamo in vacanza, riuscì a entrare con un paio di complici nel mio condominio, andò in solaio (che non aveva nessuna chiusura) e mi fregò tutti i giornalini. Un mio vicino li aveva visti ma a tutto aveva pensato meno che a un furto.

Mai più visto quel piccolo criminale: mi dissero che si era trasferito in un'altra città.

Imperterrito ripresi a collezionare albi e allora furono Kriminal (visto che tutti gli altri leggevano Diabolik) qualcosa di Satanik (che però mi inquietava troppo) e, più tardi, Alan Ford (e un certo Johnny Parker che un po' lo imitava).

Un'edicola aveva anche l'espositore con l'usato.

Un giorno ci trovai miracolosamente il numero uno originale di Alan Ford (a metà prezzo, non so se mi spiego) un attimo prima che ci mettessero sopra le mani i miei amici.

Che per un po' non mi vollero vedere.

Al mercato coperto di Reggio riuscivi a trovare delle rarità a buon prezzo.

Nella mia compagnia era tutto un ricercare, mercanteggiare e un vantarsi dei propri pezzi pregiati.

Arrivò la botta Marvel.

Il primo Uomo Ragno che mi finì fra le mani fu sconvolgente.

Ma anche Devil non scherzava.

Poi i Fantastici Quattro, Thor e Capitan America andavano ancora bene ma non arrivavano ai livelli dei primi due.

Ci fu anche la parentesi conturbante dei fumetti per adulti e allora giù di Jacula, Zora (mannaggia: tutte vampire) Lando, Peter Paper ecc.

Un amico di cinque anni più vecchio di me, un certo giorno, mi fece conoscere Linus.

Fu un'altra botta: non riuscivo a capire quasi niente delle rubriche e anche i fumetti erano misteriosi per me, ma si trattava di roba irresistibile: Peanuts, Pogo, Lil' Abner, Doonesbury e compagnia bella.

Anche i Linus li collezionai come pure gli Alter Linus e i supplementi (Linus Estate ecc.).

In seguito ci aggiunsi anche le testate che gli assomigliavano tipo Eureka e, un po' dopo, Il Mago.

Quante strisce ho letto partendo da quelle raccolte: Colt, B.C, the Wizard of Id, Beetle Bailey, Mafalda, Sturmtruppen, Lupo Alberto…

Poi la cosa svanì.

Di botto il feticismo del fumetto mi passò.

Un po' li regalai, un po' li vendetti, un po' li persi in qualche trasloco.

Vai a capire perché.

Da allora la mia lettura di fumetti è sporadica.

Ogni tanto c'è stato qualche ritorno di fiamma.

Con Ken Parker, con Dylan Dog, con qualcosa di Magico Vento.

Continuo a leggere le strisce di Linus e mi piace Julia.

Mi sono appassionato a qualche fumetto d'autore e alle graphic novel.

Hugo Pratt, Crepax, Pazienza, Manara, Frank Miller, Igort.

Il bellissimo Maus di Art Spiegelman.

Il delicatissimo Blankets di Craig Thompson.

L'ultimo, in ordine di tempo, ad avermi davvero colpito è Black Hole di Charles Burns.

Ma mi sa proprio che anche se non li conservo più, anche se non me li gioco più a carte, anche se non faccio più estenuanti baratti, anche se non aspetto più ansiosamente un certo giorno d'uscita, evidentemente mi aspetto ancora qualcosa da loro».

21

UNA LAUREA HONORIS CAUSA

In quel periodo se qualcuno lo chiama «dottore», soprattutto se è uno dei suoi amici un po' burloni di Correggio, lui si schermisce rispondendo gentile: «Non è necessario che mi chiami dottore». Eppure avrebbe diritto a quel titolo onorifico, perché il 28 maggio 2004 l'Università di Teramo gli conferisce la laurea honoris causa in editoria, comunicazione multimediale e giornalismo. Nella conferenza stampa che segue la cerimonia, un Luciano visibilmente emozionato dedica la laurea a papà Giuanin, scomparso poco più di due anni prima: «Glielo dovevo. Soprattutto ora che non c'è più. Finita ragioneria, volevo fare lettere e filosofia. Ma in quel periodo lui non stava lavorando, mia madre continuava a fare la casalinga, insomma non c'erano fonti di reddito. Così decisi di cominciare a lavorare per portare uno stipendio a casa. Una cosa che mio padre non mi ha mai perdonato, dicendomi che, comunque, mi stavo facendo carico di problemi che non erano miei, che bene o male si sarebbe risolto tutto. Lui voleva che andassi all'università. Non che ci tenesse particolarmente che mi laureassi: desiderava solo che facessi quello che volevo fare. Per questo motivo non mi perdonò mai che io avessi rinunciato a studiare».

Nel discorso che precede la consegna della pergamena di laurea, il magnifico rettore Luciano Russi dice che Ligabue è «un artista eclettico, multimediale, un intreccio raffinato di sensibilità culturali e linguistiche (...). È un interprete profondo e intelligente della contemporaneità e i giovani, ma non solo i giovani, lo apprezzano, lo amano e vedono in lui un punto di riferimento positivo».

Citando il poeta americano James Russell Lowell («Se la gioventù è un difetto, essa è un difetto di cui ci liberiamo troppo presto»), il rettore basa buona parte del suo discorso sulla giovinezza, quella dell'Università di Teramo (che è stata fondata nel 1993) e quella del «giovane artista» che sta per ricevere il prestigioso titolo: in effetti Luciano ha quarantaquattro anni, certo non è vecchio, ma trattandosi di una rockstar quell'aggettivo sembra un po' fuori luogo.

Il professor Francesco Benigno, preside della Facoltà di Scienze della comunicazione, basa la motivazione della laurea sul concetto di «multiforme attività creativa» di Ligabue, definendolo «autore impegnato in una ricerca personale, condotta al di fuori dei binari delle scuole, delle strade battute, dei luoghi comuni e che ha come riferimento la comprensione del mondo contemporaneo interpretato attraverso un'originale, inconfondibile cifra espressiva».

Aggiunge poi che «è in ragione di questa attenzione alla realtà che Luciano Ligabue ha saputo intercettare e reinterpretare i bisogni, i linguaggi, i sogni delle generazioni più giovani. Che hanno trovato nel suo discorso artistico non una facile ricetta adesiva alle istanze più diverse e discutibili del grande circo mediatico ma una chiave critica attraverso cui leggere un oggi spesso opaco e sfuggente».

Nella sua *laudatio* il critico cinematografico e docente di Storia delle comunicazioni di massa Italo Moscati fa notare che il conferimento della laurea a Ligabue cade in un anno molto particolare. Il 2004 è infatti l'anno in cui il rock ha compiuto cinquant'anni: il 23 aprile 1954 fu pubblicato *Rock around the clock*, un brano di Bill Haley che subito diventò il contrassegno di un'epoca. Essendo nato nel 1960, Luciano è dunque cresciuto «con i ritmi del rock e con le con le immagini dei film che trovavano in questa nuova musica qualcosa di più che il semplice apporto di una colonna sonora. Significa entrare in una sfera della comunicazione che ha ben poco da spartire con gli anni della guerra o del dopoguerra. Significa poter entrare in una contemporaneità in cui le violenze, tutte le violenze s'intrecciano soprattutto con le domande dei giovani e ancor più dei giovanissimi agli adulti, domande che riguardano sia le violenze che si trascinano nel tempo delle vicende belliche che quelle derivanti dalle ingiustizie sociali e dalla ricerca continua di nuove e aggiornate soluzioni di convivenza umana e civile».

Leggendo la sua biografia, sottolinea il professor Moscati, «scopriamo che – pur seguendo un itinerario personalissimo, e senza far nulla per ottenerlo o per riuscirci come progetto individuale – l'artista Ligabue si fa interprete e portavoce di una generazione desiderosa di darsi un'identità, ragazze e ragazzi alla ricerca di un'identità tra gli scogli delle vecchie, sopravvissute ideologie, delle contestazioni obbligatorie, dei luoghi comuni dei consumi d'avanguardia (chiamiamoli così), delle prospettive illusorie dell'effimero nella cultura e nello spettacolo, dei nuovi giochi dei molti, troppi Grandi Fratelli comparsi sul video, o delle tante Veline che volano nello spazio di un labile mattino».

Dopo aver analizzato le incursioni del Liga in vari settori artistici (la musica, il cinema, la letteratura), Moscati torna al rock notando che «le canzoni migliori non si limitano a rispecchiare il tempo; i cantanti, i cantautori non sono semplici sensori di qualcosa che cambia. Certe canzoni, certe tendenze, certi artisti possono essere degli acceleratori della trasformazione: non rappresentano il cambiamento, lo determinano».

La sua lezione dottorale Ligabue la intitola *Il tempo dell'emozione*, e nella conferenza stampa che segue in conferimento della laurea spiega: «L'ho intitolata così perché al centro di tutto quello che faccio c'è sempre l'emozione. Nelle mie canzoni, i miei film e i miei libri non si trova la freddezza che normalmente un autore deve avere nel maneggiare il suo materiale, si sente però l'impulso che lo ha generato, il bisogno che ho di scrivere certe cose».

Dopo un rapido preambolo, Luciano dice: «Ho sempre pensato che qualsiasi forma di comunicazione, per essere efficace, debba rispettare o, ancora meglio, rispecchiare il bisogno che la produce. Un bisogno che, quanto a impellenza, non può non essere catalogato fra i primari. Questo sostanzialmente perché ha a che fare con un'altra necessità vitale ingombrante quanto preziosa: l'emozione. Per il mittente come per il destinatario. E qualsiasi modalità d'espressione, artistica o no, se è figlia vera di un bisogno così essenziale, è per forza legata all'emozione».

Dopo aver chiesto scusa per l'abuso che farà della parola «emozione» («nessun sinonimo la può sostituire degnamente»), fa una serie di esempi che aiutano a chiarire il suo pensiero: «Pier Vittorio Tondelli (...) sosteneva che l'unica scrittura possibile era la cosiddetta "scrittura emotiva". L'esempio di un tipo di espressione che non può permettersi il pudore della propria emozione. Deve anzi consentire all'urgenza che la provoca di superare per importanza la qualità tecnica della frase, del lessico scelto, della punteggiatura relativa.

«Kerouac stesso è stato un esempio evidente di quella ricerca di purezza emotiva nella propria scrittura. Credo non sia stato un caso che il suo stile venisse accusato da più parti di ridursi a essere un semplice battere a macchina. Un'accusa così forte è la testimonianza di una forte emozione provata anche quando negativa. Quindi la testimonianza che l'intenzione di Kerouac era comunque realizzata, e la sua scrittura era riuscita.

«Thomas De Quincey sosteneva che la letteratura emotiva è una letteratura di potenza. E poi divideva la letteratura stessa in due grandi gruppi: letteratura di conoscenza e letteratura di potenza. Concludendo poi che mentre la prima invecchia e sparisce senza lasciare tracce, la seconda esiste finché dura la lingua.

«Louis-Ferdinand Céline diceva "il mio metro emotivo prende su tutto. I miei libri prendono su tutto". Aggiungendo poi che il suo obiettivo era restituire tutta l'emozione del linguaggio parlato attraverso il linguaggio scritto.

«Tornando a Tondelli, per finire finalmente con le citazioni, chiudeva un suo breve testo sulla scrittura con queste parole: "il testo emotivo fotte l'inconsolabile solitudine di essere al mondo". Una conclusione forse eccessivamente romantica e che addirittura può sembrare paradossale, visto che leggere e scrivere sono attività notoriamente solitarie, ma nella realtà una conclusione che ci riporta al punto di partenza, cioè alla *necessità* di una forte circolazione delle emozioni, come autori e come lettori. Come esseri umani».

La sua personale esperienza, dice Ligabue, gli ha fatto maturare la tesi che la canzone ha l'ambizione di perseguire lo stesso modello di purezza emotiva. E aggiunge che le considerazioni che farà lo vedranno forse più nelle vesti del fruitore che in quelle dell'autore: «Innanzitutto permettetemi di soffermarmi su un elenco di difetti, o presunti tali, che la canzone in tanti anni di vita non è mai riuscita a correggere a se stessa. Intanto un problema di spazio: la canzone, per la sua brevità e per le costrizioni cui la obbliga la musica che la compone, forza l'autore a un uso limitato di cento-duecento-trecento parole. Quindi lo costringe a un'operazione di sintesi. Inoltre l'autore è spesso obbligato a usare non tanto le parole che vorrebbe quanto quelle che assolvono una loro funzione ritmica o di rispetto metrico o addirittura di rima. Insomma, soprattutto parole che "suonano"».

Poi analizza le limitazioni di carattere strutturale, cioè il classico «strofa-ritornello-strofa-ritornello», e quindi quelle dovute al «famoso vecchio discorso delle note che sono soltanto sette (in realtà sono dodici) e quindi le combinazioni derivanti sarebbero sempre e solo quelle che sono».

«Ma siamo veramente sicuri» si domanda Luciano «che quelli che ho appena elencato siano veramente, o siano soltanto difetti? Personalmente credo di no.»

E spiega: «Lo spazio esiguo e la necessità di sintesi conseguente, se da un lato sono una limitazione, dall'altro costringono l'autore a lavorare fino a quando non si imbatte nell'emozione necessaria. Necessaria e "raccolta", perché nella canzone non ci può essere dispersione. Soprattutto, quando dovrà fare a meno di termini o di immagini letterarie che gli piacciono ma che non si adeguano al suono della canzone (io, per inciso, rinuncio di frequente ai congiuntivi quando sento che si oppongono a una sensazione di parlato che in certi casi mi sembra necessaria), l'autore, nel costringersi a parole che "suonano" per forza, si troverà a doversi accertare che l'emozione resti viva parola per parola, suono per suono. Con tutto il sollievo che proverà di fronte a un ritornello che comunica finalmente ciò che voleva, con la leggerezza necessaria, con la sensazione di precisione che testimonierà l'emozione che ha vissuto a scriverlo e con la musicalità delle parole fluida come serve. Sempre che, ovviamente, il ritornello arrivi.

«E a proposito di refrain, l'obbligo alla struttura consolidata, e quasi inevitabile, di strofa-ponte-ritornello porterà naturalmente l'autore a livelli d'intensità emotiva diversa in base alla "parte" che sta scrivendo. Ben sapendo che la temperatura del ritornello dovrà essere la più calda, quella della strofa offrirà maggiori possibilità in fatto di sfumature e quella del ponte svolgerà la funzione implicita nel nome stesso, cioè farà da ponte.

«Detta così, sembra che ci si possa servire di una specie di "tecnica dell'emozione" mentre, in realtà, l'autore arriva solo a una sorta di consapevolezza che lo allerta sul fatto che, secondo quel termometro emotivo, certe parti non funzioneranno fin quando non saranno figliate dall'emozione adeguata.

«Per quanto riguarda la parte musicale, è vero che le note sono dodici e che le canzoni scritte sono tante, ma anche questi dati di fatto obbligano chi ne scrive una nuova a battere strade che siano il più possibile personali come personale deve essere l'emozione che confluirà in una melodia ariosa o, in qualche modo, significativa».

A questo proposito, Luciano fa l'esempio del blues che si serve sempre e solo di tre accordi (che alla fine sono sempre gli stessi) e di un numero di note minore rispetto agli altri generi musicali: «Il risultato» spiega «è che l'emozione trasmessa da chiunque metta così tanto sentimento in poche note, suonate per di più così lentamente, sia decisamente maggiore che non quella sparata da qualsiasi chitarrista preoccupato soprattutto di mostrare la propria abilità tecnica e la propria velocità d'esecuzione».

Pertanto, conclude, «sono proprio i "limiti" della canzone a fare da garanti per la presenza dell'emozione».

«Nel tempo» aggiunge «ho verificato che le mie canzoni più riuscite sono quelle che ho scritto di getto, in meno di un'ora. Mi è capitato ovviamente di verificare che, con un lavoro più attento e preciso, in qualche modo più rigoroso, uscissero immagini più raffinate, passaggi più ambiziosi, sulla carta qualitativamente migliori, però la loro combinazione con la musica dava un risultato che aveva, in qualche modo, poca forza rispetto alla (chiamiamola) "incoscienza" della scrittura d'impulso.»

Più che del concetto romantico e un po' troppo elitario di «ispirazione», preferisce parlare di «tempo dell'emozione». «Un tempo» spiega «che non è mai possibile provocare o indurre. Ma la curiosità, l'indignazione, la propria vulnerabilità o fragilità, l'entusiasmo di una fase della vita possono sicuramente favorirlo. Molti autori sostengono che scrivere tutti i giorni provochi l'arrivo di quel tempo. Personalmente mi è capitato di utilizzare quel metodo. Ma, a prescindere dal fatto che possa funzionare e dalla qualità che riesce a produrre, continua a sembrare un modo per assediare l'emozione, per espugnarla, invece di lasciarla ai suoi tempi naturali.»

Dopo aver analizzato «i tempi del bisogno di raccontare», nonché «alcuni trucchi di gestione e progettazione» della scrittura di un racconto, di un romanzo o di una sceneggiatura, parla di regia, che a suo avviso «si basa su ciò che può sembrare un ossimoro: la progettazione dell'emozione. Si tratta di un confronto costante con tutti i collaboratori per la realizzazione di tanti piccoli pezzi di film di pochi secondi che, tra l'altro, non vengono mai girati in sequenza. Quindi con l'ulteriore complicazione di non procedere seguendo un flusso emotivo, ma realizzandone parti che andranno pensate in testa ad alcune già girate oppure in coda ad altre ancora da filmare. Ma anche in quel caso, una volta terminati i tempi di allestimento, ogni minima sequenza funzionerà solo se in quei pochi secondi ci sarà tutta l'emozione apportata dal direttore della fotografia con le sue luci, i filtri e gli obiettivi, dallo scenografo che ha realizzato il set, dal costumista che aiuta la caratterizzazione dei personaggi con stili e cromatismi, dagli operatori e macchinisti che riprendono e fanno girare i carrelli e i dolly e, ovviamente, dagli attori».

Poi riprende a parlare di canzone, dicendo che «anche qui ci sono alcune tecniche, chiamiamole piccole malizie o trucchi di bottega, di cui di solito un autore o un compositore un po' esperto fa uso nell'illusione di domarla.

«Intanto la concisione. Una canzone dovrebbe stare dentro i cinque minuti, meglio se quattro o anche tre. D'altro canto non si può dire che, per esempio, *La locomotiva* di Francesco Guccini, che di minuti ne dura nove, non sia una canzone popolare.

«In genere scrivere in tonalità minore aiuta a comunicare meglio malinconia, o tristezza o introspezione mentre scrivere in tonalità maggiore predispone a comunicare sentimenti più netti, aperti, leggeri. Eppure, *Ancora tu* di Lucio Battisti, scritta in tonalità minore, racconta l'allegria di un re-incontro sentimentale.

«Al contrario *La donna cannone* di Francesco De Gregori e *Com'è profondo il mare* di Lucio Dalla sono in maggiore. Bellissime ma con tutte le caratteristiche che si trovano di solito nelle canzoni in tonalità minore.»

Dopo aver rivelato altri «trucchi», vira una volta ancora sul tema dell'emozione: «Per quanti trucchi possa conoscere un autore, risulta abbastanza facile dire che, da soli, produrranno poco e che, soprattutto, non gli basteranno mai per "domare" una canzone. Perché, altrimenti, ognuna di esse sarebbe un successo. E qui arriviamo a una delle maggiori qualità della canzone: la sua inafferrabilità.

«François Truffaut sosteneva che le canzoni che ha amato di più probabilmente erano le più stupide.

«Io sono convinto che l'intellettuale più integerrimo che dichiara solo passioni per il jazz o per la classica o certa musica cosiddetta "alta", nel buio della cabina (non elettorale ma) della propria doccia, canticchia parecchie melodie pop che non confesserà mai ma che gli restano in testa tutto il giorno.

«Inafferrabile, imprevedibile e potente, la canzone. Talmente potente da non curarsi di nessun tipo di distinzione sociale, etnica, anagrafica, religiosa o di sesso. Per lei tutte le orecchie sono buone. Quante volte avrete sentito che certi generi che le dovrebbero contenere, uno per tutti il rock, sono morti? Quante volte avrete letto o sentito raccontare di nuove ondate di mode o tendenze entro cui piazzarne qualcuna? Quante volte vi sarà capitato di imbattervi in un aggettivo che maldestramente provava a specificarne l'identità? Canzone d'amore o sociale o psicanalitica o politica o esistenzialista? Quante volte, piuttosto, vi sarete accorti che la canzone se ne frega di tutti quegli incasellamenti e si fa strada oppure o no a seconda di elementi misteriosi che sicuramente esulano da certe "appartenenze"?

«Hanno provato a farne un'analisi geometrica stabilendo che la melodia è la parte orizzontale e l'armonia quella verticale. Hanno provato a ridurla a una semplice somma algebrica. Ovvero la canzone sarebbe "soltanto" l'emozione dell'autore delle parole più quella del compositore delle musiche più quella dell'arrangiatore più quella del produttore più quella di chi la suona e più naturalmente quella di chi canta.

«Se le combinazioni delle note sono tante, immaginerete quante possano essere quelle delle emozioni di chi ne contribuisce alla scrittura e alla realizzazione. Senza considerare che la canzone è emozione in movimento, e quindi doppiamente inafferrabile, perché l'esecuzione dal vivo la rinnova e modifica ogni volta in chi la canta o suona o ascolta. Perché, poi, alla somma di prima manca ancora un fattore determinante: l'emozione di chi la sta ad ascoltare.

«Una canzone è sempre il risultato dell'incontro fra la penna (o il piano o la chitarra) di chi la scrive, la voce di chi la canta e l'orecchio di chi l'ascolta. Questo non per continuare a rimestare nell'ovvietà né per lasciarsi andare a una piccola constatazione anatomico-vibrazionale, quanto per ricordare la potenza del sentimento di immedesimazione che un preciso connubio di melodia, armonia, ritmo, parole e voce riesce a produrre in chi è emotivamente "sintonizzato" grazie a un particolare momento della propria vita. E se parlo di "preciso connubio" non è per caso. Perché un'altra caratteristica fondamentale di questo strumento di comunicazione è la sua irripetibilità.»

A questo punto cita Francesco De Gregori («sostiene che la canzone è come un paio di scarpe fatte da un calzolaio. Un lavoro artigianale realizzato con gli strumenti che si possiedono in quel momento: è unica») e Fabrizio De André («ha detto: "non ho nessuna verità assoluta in cui credere, non ho nessuna certezza in tasca e, quindi, non la posso regalare a nessuno e va già molto bene se posso regalare qualche emozione"»).

E conclude la sua *laudatio* dicendo: «Vi chiedo di perdonarmi se ho fatto così tante generalizzazioni sulla canzone che, in realtà, come ben sapete e come ho fino a qui sottolineato, è composta di tante piccole unità indipendenti e quindi non catalogabili. Tutte le differenze fra intenzioni, tipo di coinvolgimento e qualità degli autori, tutte quelle di forma, onde sonore, arrangiamenti, tutte quelle delle voci, insomma tutte le numerosissime differenze fra ogni canzone non permettono un'analisi d'insieme se non, a mio modesto parere, per la presenza dell'emozione che la deve originare.

«A me piace pensare che non si possa decidere oggettivamente se una canzone è bella o brutta. Mi piace pensare che le valutazioni siano sempre fortemente soggettive in base ai diversi effetti emotivi, molto difficilmente analizzabili, che quella canzone ha avuto sulla persona che la giudica. E infine mi piace pensare che le canzoni che più di altre sono finite nella vita di un grosso numero di persone siano tutte frutto dell'emozione che le ha originate: scritte solo perché qualcuno aveva *bisogno* di dire quelle cose.

«Forse tutto questo non è nient'altro che una specie di autoconvincimento visto che l'emozione è parte integrante e forse ingombrante se non addirittura prevaricante della mia natura e in questo modo ho cercato di far passare per teoria quello che era un punto di vista. E quello che vi ho appena esposto punto di vista lo era in pieno.

«Di una cosa però sono certo. Il bisogno espressivo derivante da quell'emozione riesce a sconfiggere una forma di presunzione che io trovo molto fastidiosa: la presunzione quasi intollerabile per cui si scrive una canzone pensando che ci sarà sicuramente qualcuno che l'ascolterà».

22

CAMPOVOLO, IL GIORNO DEI GIORNI

Tutto ha inizio un giorno di fine gennaio 2005. Nella testa di Claudio Maioli balena una pazza idea: perché non organizzare un megaconcerto in quello spazio immenso che è Campovolo, alle porte di Reggio Emilia? Un unico, grande evento per festeggiare i quindici anni di carriera del Liga. «Proprio in quello spazio» racconta Maio «il 20 settembre 1997 avevo visto gli U2, che con i loro centoquarantaseimila biglietti venduti detenevano il record europeo di biglietti venduti per un concerto. Certo, all'inizio l'obiettivo non era battere quel record, o perlomeno mi guardavo bene dal parlarne con chiunque per non rischiare di essere preso per matto...»

Almeno a livello inconscio, l'idea di una produzione grandiosa da organizzare proprio in quello spazio sterminato doveva esserci da un pezzo; infatti Campovolo appare in una scena del film *Radiofreccia*, girato sette anni prima. Ma ci vuole coraggio e anche una buona dose di incoscienza per metterla in pratica davvero. Tant'è: Maioli ne parla con Ferdinando Salzano della Friends & Partners e con Claudio Trotta della Barley Arts. Il primo problema da risolvere è proprio questo: Salzano e Trotta sono ai ferri corti già da un pezzo. Verso la fine del 2002 avevano provato a unire le rispettive società, ma dopo un po' avevano capito che le cose non avrebbero funzionato a causa delle abissali differenze caratteriali, così ognuno ha continuato ad andare per la propria strada, guardandosi in cagnesco e senza un briciolo di stima l'uno nei confronti dell'altro. Ciò nonostante, fino all'inizio del 2006 avrebbero continuato a lavorare entrambi per il Liga, quindi anche Campovolo lo hanno organizzato assieme, in accordo con la società Riservarossa di Claudio Maioli, che racconta un aneddoto che pochi conoscono: «Il giorno in cui feci la telefonata decisiva per l'organizzazione di questo concerto, nel giardino davanti a casa mia trovai un quadrifoglio... non potevo che considerarlo come un buon auspicio, infatti l'ho sempre tenuto con me e durante i giorni in cui ci avvicinavamo al concerto l'ho appeso a una parete del mio ufficio all'interno di Campovolo».

«Quando Maioli mi parlò della sua idea» racconta Trotta «ero abbastanza in disaccordo sulla scelta della location. Tanto è vero che proposi alcune alternative, a cominciare da un grande spazio vicino a Bologna, dove facemmo anche un sopralluogo. La cosa che mi spaventava di Campovolo era la sua piattezza: molti anni prima in Germania avevo visto un megaconcerto dei Genesis in uno spazio simile e non mi era piaciuto: i musicisti erano puntini distanti e chi era lontano dal palco per forza di cose sentiva male.»

Un bel giorno Trotta se ne va a Campovolo solo soletto. Armato soltanto di una macchinetta digitale, si mette a scattare fotografie da ogni possibile angolazione: «È così che ebbi l'illuminazione: qui ci vogliono quattro palchi, dissi a me stesso. Non deve esserci un solo palco con la gente davanti, ma bisogna mettere il pubblico in mezzo con l'artista che si sposta da una parte all'altra». Dopo aver verificato la fattibilità con i suoi collaboratori, corre a depositare l'idea, poi ne parla con Maioli e Ligabue. Che se ne entusiasmano: ovviamente che tipo di significati artistici dare ai singoli stage è farina del sacco di Luciano.

Meno approvazione suscita invece la prima ipotesi scenografica elaborata dai collaboratori di Trotta: propongono di caratterizzare i quattro palchi con altrettanti pezzi di un Boeing schiantatosi al suolo, idea scenografica dal forte impatto visivo, ma con troppi risvolti negativi: il concerto si sarebbe svolto il 10 settembre, un «quasi anniversario» della tragedia delle Torri Gemelle, avvenuta solo quattro anni prima.

Luciano invece propone l'idea dei quattro palchi assolutamente diversi l'uno dall'altro sotto l'aspetto musicale: il «*main*» dove si sarebbe esibito con La Banda (ovvero il gruppo col quale stava suonando in quel periodo); il «palco solo», dove avrebbe cantato soltanto tre brani accompagnandosi con la chitarra; il «vintage», dove avrebbe ritrovato i ClanDestino, e il «palco teatro», dove si sarebbe ritrovato al fianco di Mauro Pagani.

«Nei mesi che precedettero l'evento» racconta Trotta «ricordo una crescente eccitazione. C'era una forte tensione operativa, ma grandi scazzi non ce ne sono mai stati.» L'obiettivo iniziale che si erano prefissi di raggiungere era tra i novanta e i centoventimila spettatori. Ma che le cose sarebbero andate decisamente meglio lo capiscono già il primo giorno di prevendita: il 4 maggio in sole dodici ore, dalle sette del mattino alle sette di sera, vengono venduti oltre quarantamila biglietti (il prezzo è di trenta euro più quindici per cento di diritto di prevendita). Col trascorrere dei giorni sale la febbre. Quotidiani e periodici danno grande spazio all'evento già in fase di preparazione: «Panorama» mette il Liga in copertina a metà luglio, il titolo di quel servizio diventerà una specie di tormentone: *Ligabue. La mia Woodstock lambrusco e gnocco fritto*. A un certo punto Luciano, rispondendo a una domanda di Stefania Berbenni, dice una frase che col senno del poi suona quasi profetica: «Al Campovolo saranno cazzi, perché non possiamo provare. Spero che il pubblico mi perdoni gli eventuali errori».

All'alba del 20 agosto inizia l'allestimento dell'area. A mano a mano che passano i giorni aumenta l'entusiasmo e quella che otto mesi prima era soltanto una folle idea nella testa di Maioli sta prendendo corpo. Anzi, la realtà sta superando il sogno: oramai è chiaro a tutti che il record detenuto dagli U2 sarebbe stato battuto, si trattava solo di capire di quanto.

Non potendo fare prove prima del concerto, per prepararsi Luciano decide di fare due spettacoli «di riscaldamento» in due club all'estero: alla Volkshaus di Zurigo (un teatro capace di contenere non più di milleduecento spettatori) e alla Georg Elser Halle di Monaco di Baviera (mille persone al massimo). Quel viaggio il Liga e i suoi musicisti lo fanno in pullman: «Siamo su questo autobus» racconta Luciano ad Andrea Scarpa, che fa un reportage per «Vanity Fair» «perché mi piaceva l'idea di ritrovarsi tutti insieme in un clima disteso e di cazzeggio. E poi perché non sta scritto da nessuna parte che fra i miei due gruppi si crei un bel clima. Questa situazione on the road può aiutare. Speriamo funzioni. A questi ragazzi voglio bene davvero».

Poi aggiunge: «Sì. L'ansia c'è, cazzo se c'è. Tecnicamente, in un tour normale, ci vuole sempre un po' di rodaggio: tutto comincia a girare bene dopo sei-sette date. Questo concerto, invece, si gioca tutto sulle emozioni forti, uniche. Qui si tratta di un colpo e via. Ma mi sta bene: è roba per me».

Nei due giorni che precedono Campovolo, aumentano la tensione e le paure: «Come ci si sente a poche ore dall'evento?» dice Claudio Maioli. «Ovviamente c'è un po' di ansia da prestazione, perché ci siamo messi in gioco non poco, ma siamo anche sicuri di essere pronti. Praticamente tutto quello che abbiano fatto è stato pensato per far felice il pubblico, a cominciare dall'idea dei quattro palchi che consentirà a più persone di essere vicine, almeno per un pezzo del concerto, all'artista». Nelle quarantotto ore antecedenti il concerto il cielo è quasi sempre scurissimo e minaccioso, tanto che il sound check generale viene rinviato a tarda sera per evitare il rischio pioggia. Invece il giorno del concerto le nubi scompaiono come per magia, e verso le cinque del pomeriggio il cielo è assolutamente terso.

I cancelli li aprono alle nove e un quarto del mattino e ci sono già parecchie persone che aspettano. Molti, specie quelli che arrivano da più lontano, sono lì già dalla sera precedente e hanno improvvisato una sorta di tendopoli. Su una canadese marrone hanno scritto con una bomboletta-spray: «Napoli-Reggio magari avessimo viaggiato in PRIMA!!!». Chi lo desidera, può iniziare a «riscaldarsi»: nell'area di fianco a Campovolo c'è la Festa dell'Unità e presso l'Arena/Tunnel, a partire da mezzanotte fino all'alba, sul palco si alternano i migliori gruppi blues di Reggio Emilia: Roots Connection, Oracle King's Band, Johnny La Rosa, con dj set «riempitivi» curati dal Tempo Rock.

Intorno a mezzogiorno, quando Luca De Gennaro e D. Trot (Claudio Trotta) iniziano il loro dj set per intrattenere il pubblico, a Campovolo ci sono già parecchie migliaia di persone. Un paio d'ore dopo arrivano notizie che l'autostrada sta iniziando ad andare in tilt: a un certo punto compaiono cartelli luminosi che annunciano «dieci chilometri di coda per l'uscita di Reggio Emilia».

Il Liga in concerto a Parma (1993).

Caricature di Luciano e dei ClanDestino realizzate da Gigi Cavalli Cocchi per la prima t-shirt ufficiale del fan club (1991).

I Pechino Politic (1988).

Locandina del secondo concerto di Luciano con gli OraZero all'oratorio di Campagnola (9 settembre 1987).

Locandina del primo concerto del Liga coi ClanDestino a Correggio (9 luglio 1990).

Studi del logo di *Lambrusco coltelli rose & pop corn*.

Copertina originale di *Lambrusco coltelli rose & pop corn*, disegnata a mano da Gigi Cavalli Cocchi.

Una caricatura di Luciano pubblicata dalla fanzine del fan club (1991).

La prima versione di Gino, personaggio ideato da Luciano e disegnato da Cavalli Cocchi.

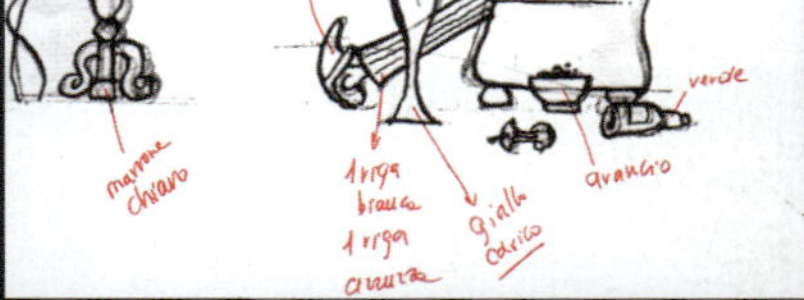

Il bozzetto con le indicazioni dei colori per la realizzazione del Gino definitivo (1994).

Studi di Gigi Cavalli Cocchi per le maschere di animali da utilizzare per la copertina di *Sopravvissuti e sopravviventi* (1993).

Invito per la presentazione di *Sopravvissuti e sopravviventi*.

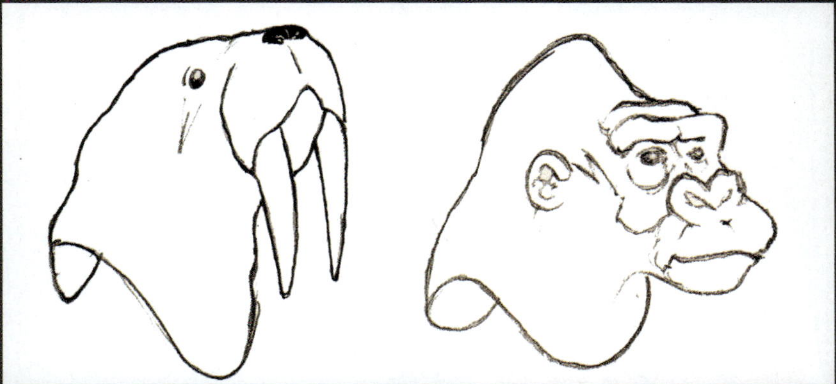

Altri studi per le maschere.

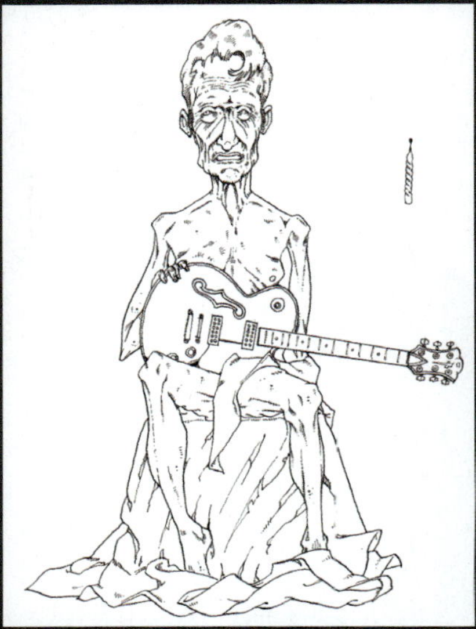

Bozzetto di Gigi Cavalli Cocchi per un'ipotesi di copertina di *Buon compleanno Elvis*.

Progetti non realizzati di copertine per *Buon compleanno Elvis* (1995).

Liga al Premio Tenco '94.
Vinse la targa per *Certe notti*.

Albertino intervista Luciano (1997).

Luciano col produttore cinematografico Domenico Procacci (1998).

Il Liga col cast di *Radiofreccia*.

Marco Ligabue, Piero Pelù e Little Taver (La Spezia, 1998).

La Dinamo Rock a Catania (1998).

Luciano abbraccia Jovanotti (San Lazzaro di Savena, 2005).

Concerto in alta quota, nel rifugio del Mottolino, vicino a Livigno (26 aprile 2003).

Luciano a Correggio (2007).

Il Liga passeggia per le vie di San Francisco (2007).

Luciano nella campagna attorno a Correggio.

Già nel primo pomeriggio all'ingresso principale si crea una specie di «tappo»: chi è già dentro non si sposta, e questo crea parecchi disagi a chi deve ancora entrare. Si crea una folla di circa dieci, quindicimila persone.

Verso le tre sale sul palco il primo gruppo di supporto, i reggiani Piccoli Omicidi. Seguono Il Nucleo, i Rio, i Folkabbestia, L'Aura, Edoardo Bennato ed Elisa: quasi otto ore di musica dal vivo prima che arrivi lui.

Un emozionatissimo Claudio Maioli dà il via al momento più atteso: rivela i numeri al publico, spiegando ai fan che hanno stabilito il record europeo di presenze a un concerto. Subito dopo sugli otto maxischermi appare un'immagine della Terra, che poi si restringe all'Europa, all'Italia, all'Emilia, a Reggio, a Campovolo... Luciano sale sul palco alle 21,17 e attacca con *Il giorno dei giorni*, il nuovo singolo che ha anticipato di una settimana circa l'album *Nome e cognome* (sarà pubblicato il 16 settembre). Accanto a lui ci sono ben tre chitarristi (Federico Poggipollini, Mel Previte e Niccolò Bossini), Antonio Righetti al basso, e Robby Pellati alla batteria.

Cinque minuti più tardi introduce così *I "ragazzi" sono in giro*: «...Ciao! Quindi ci siete... cioè... non era una balla, ci siete davvero! Allora ho una comunicazione di servizio per voi: anche noi ci siamo! Vai Robby...». Pellati picchia forte sui tamburi, ma c'è qualcosa che non va, la gente inizia a rumoreggiare: l'audio è pessimo, soprattutto chi è vicino al palco «vintage» non sente quasi niente.

Riguardo i problemi di audio, Trotta tende a ridimensionare i fatti: «Che ci siano stati nessuno può negarlo, ma le reazioni del pubblico non sono state così negative come hanno detto alcune televisioni locali o hanno riportato alcuni quotidiani il giorno dopo. Sì, sono arrivate alcune telefonate di protesta alla linea verde che avevamo allestito e successivamente, in seguito a un esposto fatto dal Codacons, quarantatré persone hanno chiesto il rimborso del biglietto. Inoltre alcune e-mail di protesta sono arrivate al fan club, ma non sono state affatto migliaia come ha scritto qualcuno».

«La cosa che non mi spiego» continua Trotta «è che il giorno prima durante le prove si sentiva perfettamente fino a Reggio Emilia e durante l'esibizione dei supporter è andato tutto nel migliore dei modi. Poi sale sul palco Luciano, e dopo cinque minuti succede il disastro... Cosa è successo realmente forse non lo sapremo mai. Un'ipotesi potrebbe essere il boicottaggio. Ma quella più attendibile resta l'errore umano: magari il fonico ha sbagliato il peso specifico del volume.»

Intanto il concerto prosegue con *Hai un momento, Dio?* e *Vivo morto o x*. Poi Luciano dice: «Di lui alcuni hanno detto che fosse uno stronzo colossale. Altri hanno detto che fosse uno dei più grandi geni mai esistiti. Come al solito la verità la sapeva soltanto lui, ma non ce la può più raccontare perché se ne è andato. Quelli come lui non se ne vanno per sempre ma restano incastrati in qualche pellicola, in qualche pezzo della nostra anima o in qualche parte della nostra vita. Perché? Perché *Marlon Brando è sempre lui*!».

Altre quattro canzoni (*L'odore del sesso*, *Eri bellissima*, *Sulla mia strada* e *A che ora è la fine del mondo?*), poi Luciano si sposta sul «palco solo»: con voce e chitarra propone *Sogni di rock'n'roll*, *Non è tempo per noi* e l'inedito *Sono qui per l'amore*, che viene introdotto con queste parole: «Quello che arriva adesso è un pezzo nuovo che non potete conoscere: è la canzone che chiude l'album che sta per uscire. Io vi devo chiedere un grosso favore. Proprio perché non la conoscete ed è un po' difficile farla voce e chitarra, vi chiedo un po' di silenzio. Anche perché vorrei che insieme facessimo una spedizione. Io cantandola, e voi con il vostro silenzio, vorrei che la spedissimo verso New Orleans cercando in qualche modo di fargli capire che anche noi stiamo pensando a loro».

Ma quello che doveva essere un momento di grande intimità diventa una delle parti più imbarazzanti della serata: durante l'esibizione acustica del Liga (durata in tutto dodici minuti) il livello dell'audio è decisamente basso e alcuni (una stima approssimativa parla di circa tremila persone) abbandonano l'area anzitempo. Un gruppetto intona a mo' di sberleffo *Albachiara* di Vasco Rossi (su YouTube circolano ancora video che lo testimoniano), ma a questo proposito Claudio Trotta ha una teoria: «Secondo me» dice «quella era una cosa organizzata. Non ho prove, ma sono convinto che qualche fan club di Vasco abbia acquistato un po' di biglietti con l'idea di venire a dar fastidio. Del resto che la rivalità tra le opposte tifoserie sia forte è cosa risaputa».

Finito il breve set acustico, il Liga corre verso il «palco vintage», dove ad attenderlo trova i ClanDestino nella formazione originale (Max Cottafavi alla chitarra, Luciano Ghezzi al basso, Giovanni Marani alle tastiere e Gigi Cavalli Cocchi alla batteria) e in più, per l'occasione, un secondo chitarrista, Niccolò Bossini.

Il primo brano di questa terza parte di show, *Libera nos a malo*, viene introdotto dal Coro del Monte Cusna di Reggio Emilia. Racconta Cesare Grappi, presidente del Coro: «Il 20 luglio un musicista dei ClanDestino passa a salutare in negozio uno dei nostri coristi. Riceve i complimenti per il concertone che faranno e si sente chiedere se era prevista *Libera*, e se magari avevano pensato a noi. Non ci avevano pensato. Ma ai primi d'agosto arriva una lettera formale d'invito. Solo che i coristi erano in ferie. Non è stato facile convincere tutti a tornare indietro. Il 16 però, quando ci siamo ritrovati per le prove, non ne mancava uno» (da *Un giorno da Liga*, Rizzoli).

Quella del «vintage» a detta di tutti è stata la parte migliore di Campovolo, per mezz'ora Luciano e la band che lo ha accompagnato fino alla metà degli anni '90 tirano via dritto come un treno e il pubblico è letteralmente rapito da *Bambolina e barracuda*, *Sarà un bel souvenir*, *Bar Mario* (con un divertente siparietto che ha per protagonista Maioli: prima che il brano inizi, sale sul palco imbracciando una scopa e la "suona alla Hendrix" come se fosse una chitarra autentica), *Lambrusco e pop corn*, una grande versione con l'aggiunta della tromba di Daniele Moretto di *Ho messo via* e *Salviamoci la pelle*.

Poi Luciano si sposta ancora sul «palco teatro» dove, assieme a un Mauro Pagani «armato» di mandola, bouzouki e violino, esegue quattro brani arrangiati in modo molto particolare: attacca con *Una vita da mediano* e prosegue con *Il giorno di dolore che uno ha*, dedicandola alle persone care che ha perso per strada (il giornalista Stefano Ronzani, per il quale la canzone fu scritta, ma anche D.RaD, suo cugino Gianni e soprattutto suo padre «che stasera qui avrebbe fatto il burbero, ma sotto sotto sarebbe stato molto contento»). A seguire canta *Piccola stella senza cielo* e *Questa è la mia vita*.

Racconta Pagani poco prima di salire sul palco: «Mi è successo una sola volta di suonare davanti a un pubblico più grande di questo ed è stato trent'anni fa, in America, con la PFM. Qui a Reggio sarà altrettanto impressionante. Ma non è solo l'enormità dell'evento ad avermi spinto ad accettare l'invito. C'è soprattutto l'amicizia che mi lega a Luciano da diverso tempo. Di lui mi è sempre piaciuta la franchezza e il fatto che sia venuto su insieme alla sua compagnia, la famosa "cumpa". Lo spirito di gruppo è molto vivo nella mentalità di Luciano. Dopo i concerti si usa andare a cena tutti assieme e se qualcuno non viene, lui se ne dispiace veramente. All'estero le star affermate hanno un rapporto molto meno intenso con i propri musicisti. Li vedono e li salutano giusto sul palco. Finito lo show, tutti se ne vanno per la propria strada. Trovo quindi molto bello che Luciano condivida molto tempo con i musicisti anche fuori dal palco. Per me, essere qui significa ritrovare facce amiche ma anche tornare in un albergo che conosco bene e frequentare un ristorante dove sono già stato altre dieci volte con Luciano. Piacevoli rituali, insomma, che si ripetono identici» (da *Un giorno da Liga*, Rizzoli).

Dopo un'ultima corsa, alle 23,24 Luciano torna sul «palco main». È il momento dei classici che tutti attendono: in rapida sequenza suonano *Happy hour*, *Tutti vogliono viaggiare in prima*, *Balliamo sul mondo* e *Tra palco e realtà*. Intanto in cielo vengono sparati dei fuochi d'artificio molto spettacolari. Poi il Liga torna in scena per i bis: *Ho perso le parole*, *Certe notti*, *Urlando contro il cielo* e *Leggero*. Tutti i palchi sono accesi, suonano entrambe le band più Pagani sul «palco teatro» e il pubblico sembra finalmente contento, lasciandosi andare a una grande festa collettiva, anche se nelle zone più lontane del Campovolo permangono problemi di audio.

Due giorni dopo il concerto, Ligabue scrive di suo pugno una lunga lettera per ringraziare i fan del loro entusiasmo, ma soprattutto per chiedere scusa per i problemi che hanno parzialmente rovinato la festa: «Lasciatemi cominciare con la parola con cui ho finito il concerto: grazie. È ancora oggi sbalorditivo, per me, immaginare che così tanti di voi abbiano deciso di esserci. E l'avete fatto pur sapendo le difficoltà che, inevitabilmente, ci sarebbero state, nell'arrivare sul posto e nel tornare a casa. Nonostante questo eravate lì e tutti, dai tecnici, agli addetti ai lavori, ai giornalisti, non facevano che ripetere, prima del concerto, di quanto foste belli nel vostro essere civili e festosi. Gli ultimi pezzi dello show, come sempre, vi illuminavano tutti e io non potrò mai dimenticare il colpo d'occhio con cui finalmente vi ho visti nella vostra completezza, a mani alzate, ballare, tenere il tempo. Doveva esserci emozione al cubo e così è stato. Quindi, scusate se mi ripeto ma: grazie.

«Il tempo di fare la doccia e le emozioni vanno avanti: i ladri sono entrati in casa. Be', onestamente speravo in ben altro postconcerto ma si sa… non si può avere tutto. Non vi sto a tediare troppo su questa cosa ma, chiunque di voi abbia vissuto un'esperienza del genere, lo sa che, al di là dell'entità del furto, si subisce una violenza forte nel vedere la propria casa violata, rovesciata, non così protetta come speravi.

«Ma il furto più grosso l'ho subito dopo. Perché si tratta di un furto all'anima. Quando sono venuto a sapere che una parte di voi non è stata servita bene dall'audio per una buona parte del concerto. Da sempre si sa che nei grandi spazi è molto difficile assicurare una perfetta resa sonora a tutti quanti. Questa volta però, abbiamo chiesto per mesi, a chi si sarebbe occupato dell'audio, le più ampie garanzie perché questo succedesse. Volevamo fortemente che si riuscisse anche dove di solito non si riesce, anche in uno spazio così grande e nonostante la natura sperimentale del concerto. Controlli su controlli. Prove su prove.

«Sappiate che c'è stato il nostro più forte impegno economico di sempre perché questo ci venisse garantito e, pure, quella garanzia ci è stata data ripetute volte. Purtroppo, abbiamo saputo che non è andata così fino in fondo. Ecco, venire a sapere che una parte di voi (ci dicono quelli in prossimità del palco vintage e, a dire la verità, quando ho suonato su quel palco avevo visto facce scontente e un cartello con scritto "non si sente" e l'ho fatto presente ai tecnici vicini) che una parte di voi, dicevo, possa non avere goduto del concerto per come l'avevamo pensato e studiato e organizzato è il vero furto che mi è stato fatto. Volevo che tutti foste felici. Che tutti poteste sentire quello che io rovesciavo sui vari palchi. Perché ve lo meritavate tutti. Chiedo scusa personalmente a quelli di voi che non hanno potuto sentire come si doveva. Anche se non sono quello che smanetta gli impianti. Casomai quello che subisce l'amarezza di avere indirettamente insoddisfatto qualcuno di voi.

«Ancora una volta grazie a tutti per questa giornata pazzesca».

Quella lettera gli sarebbe costata una denuncia per diffamazione da parte del titolare della società che aveva l'appalto del servizio di amplificazione: ha ritenuto che in quelle frasi ci fosse un contenuto denigratorio e diffamatorio e che fossero lesive della sua onorabilità professionale. Dopo essere finita in procura a Reggio Emilia, per la precisione sul tavolo del sostituto procuratore Giampiero Nascimbeni, a metà ottobre 2008 la notizia di reato è stata giudicata infondata: il magistrato non ha rilevato intenti denigratori nella lettera di Ligabue, scritta con toni moderati e sorretta dal legittimo esercizio di diritto alla critica come previsto dalla Costituzione, rimarcando inoltre che la diffamazione non è ravvisabile anche perché il querelante non è mai menzionato.

Come accennato da Luciano nella sua lettera, la notte del concerto a Campovolo ha subito anche un furto nella sua abitazione nella campagna di Correggio. Secondo la ricostruzione fatta dai carabinieri, l'irruzione dei ladri sarebbe avvenuta intorno all'una e venti di notte. Dopo essere penetrati nel cortile, hanno forzato le inferriate delle finestre poste al piano terra dell'abitazione e hanno portato via un videoproiettore, un televisore al plasma, due computer portatili e l'auto che Luciano era solito usare per spostarsi in zona, una Renault Clio. Subito dopo i malviventi, indisturbati, hanno visitato anche altri appartamenti della palazzina.

«Be',» commenta a caldo Luciano «non me lo sarei proprio immaginato che mentre stavo cantando, durante un momento di immensa gioia e divertimento, che aspettavo da tanto tempo, qualcuno ne avrebbe approfittato per ripulirmi la casa. Quello che mi ha più turbato è stato il furto di uno dei due computer portatili, un MacIntosh, sul quale sono salvati, in un file, molti appunti e diverse nuove canzoni.»

Comunque, dopo un'indagine lampo, poco più di ventiquattr'ore più tardi le forze dell'ordine recuperano l'intera refurtiva: la Renault Clio era stata abbandonata in perfette condizioni, con all'interno tutti gli oggetti rubati a casa del Liga e negli altri due appartamenti «visitati», a San Maurizio, nei pressi del cimitero. «Di sicuro non erano miei fan» dice Luciano sollevato. «Prima di tutto perché altrimenti sarebbero stati al concerto. E poi perché se lo fossero stati non credo che mi avrebbero restituito i file con le canzoni inedite.»

Ma torniamo a Campovolo. Quel giorno il Liga stabilisce un record che ancora resiste: con 165.264 biglietti venduti (dati ufficiali Siae) è il concerto europeo con il maggior numero di spettatori di tutti i tempi. In realtà si stima che le presenze effettive, considerati gli omaggi e gli accrediti di varia natura, siano state non meno di centottantamila. Secondo le classifiche stilate da «Pollstar», la rivista di riferimento a livello mondiale per l'industria della musica dal vivo, nel 2005 Campovolo è il primo in assoluto al mondo per numero di biglietti venduti in un singolo concerto e si piazza al sesto posto nel mondo nella classifica dei «Top 50 outdoor festival stadiums / festival sites».

Per gli appassionati di statistica, ecco altri numeri: l'incasso totale è stato di 6.131.955 euro. L'area del concerto era di oltre 150.000 metri quadri. Quel giorno sono stati distribuiti 15.000 sacchetti d'acqua e sono stati coinvolti 30 vigili del fuoco, 28 infermieri, 16 medici, 200 persone per il servizio medico, 150 volontari del pronto soccorso, 15 elettricisti, 200 addetti al montaggio e 200 tra tecnici audio, luci, video, scenografi e addetti alla logistica. Sono stati utilizzati 6.000 kw di alimentazione per l'impianto illuminotecnica, oltre 1.000 kw di alimentazione per l'impianto audio, 2.000 kw di alimentazione per tutti i servizi. C'erano oltre 1.000 corpi illuminati, oltre 300 diffusori audio, 5 torri delay alte 16 metri cadauna, 5 km di transenne, 460 wc chimici, 7 parcheggi (oltre a quelli dell'adiacente Festa dell'Unità), 7 punti di ristoro e almeno 300 addetti per i punti di ristorazione. Tre i treni straordinari, due da Bologna, uno da Milano. Sette i supporter. Otto i megaschermi: 2 a semicerchio nel «palco main» (22 metri cadauno), due nelle passerelle (da 13x7 metri cadauno), uno nel «solo» e uno nel «teatro» (8x12 metri) e due nel «vintage» (da 13x10 metri). Quattro, come noto, i palchi: il «main» era lungo 90 metri e alto 26; il «vintage» 60 metri di lunghezza e 15 di altezza; il «teatro» e il «solo» 15 metri di lunghezza e 10 di profondità.

Poco più di un mese dopo, lunedì 17 ottobre alle ore ventitré, Italia 1 manda in onda un'ampia sintesi dell'evento; e il 4 novembre alle ore ventuno il concerto va in onda pure sul Digitale Terrestre di Mediaset, che a seguire programma anche il film *Radiofreccia*. «Quando abbiamo visto il montato» racconta Maioli «l'abbiamo trovato così eccezionale che abbiamo deciso di farlo vedere a tutti in tv. Dalle immagini appare evidente quanto fosse straordinario quel pubblico, quanto si divertisse, quanto partecipasse in maniera entusiastica, tanto che ci siamo detti: "Ma dov'è il problema? Che problemi ci sono stati?". Così, anche per mettere una pietra sopra le polemiche, abbiamo deciso di farlo vedere in tv, in modo che chi non era presente potesse vedere cos'è successo realmente e capire la straordinarietà dell'evento.»

Venerdì 25 novembre, invece, viene pubblicato il dvd che documenta quella giornata indimenticabile. Dice Luciano: «Quella sera il concerto è stato un insieme di musica, di parole, di emozioni, di facce, di urla, di sudore, di luci, di braccia, di occhi e di sorrisi che non dimenticherò mai e che, rivisto questo filmato, mi hanno emozionato ancora di più! Quel sogno realizzato è fissato in questo dvd. Ne sono molto orgoglioso».

Il dvd contiene centotrentadue minuti di musica (l'intro del concerto più ventiquattro canzoni), un libretto di otto pagine con foto inedite, un docufilm di quattordici minuti con interviste e riprese particolari, una photogallery con immagini dell'allestimento, delle prove, del backstage e dell'evento. Le riprese ad altissima definizione del concerto sono state realizzate con venti telecamere (tra cui una *spacecam* su elicottero) e una regia con nuova tecnologia. Sono state prodotte da Marco Salom e Paolo Baraldi per Angel Film (regia di Cristian Biondani, direttore della fotografia Aldo Solbiati, montaggio Angelo Poli e Cristian Grandini). Inutile aggiungere che anche il dvd è volato in cima alle classifiche di vendita.

23

NOME E COGNOME

La richiesta di Bob Geldof di partecipare a «Live 8» gli arriva tra capo e collo in un periodo in cui quasi non ha nemmeno il tempo per respirare: sta ultimando le registrazioni del nuovo album e il progetto del megaconcerto a Campovolo è ormai partito in quarta. Infatti lì per lì dice no. «Chiaramente» spiegherà più avanti «non ho mai avuto dubbi sulla bontà del progetto di Geldof: fare qualcosa per aiutare chi muore di fame in Africa o in qualsiasi altra parte del mondo è un obbligo morale per tutti. Il fatto è che in quei giorni per me era importante anche un singolo minuto: avevo l'acqua alla gola per finire il disco nei tempi concordati.» Così, pur rammaricandosene, manda a dire a Sir Geldof che no, lui proprio non ce la fa a salire sul palco del Circo Massimo per quella celebrazione a vent'anni di distanza dello storico «Live Aid»: questa volta i concerti sono dieci, (a Londra e in Cornovaglia, a Parigi, Berlino, Tokyo, Johannesburg, Barrie, Philadelphia, Mosca e, appunto, Roma). Obiettivo degli organizzatori è sensibilizzare i grandi della terra, che da lì a poco si incontreranno a Edimburgo: tema all'ordine del giorno, l'azzeramento del debito delle nazioni più povere.

Il problema è che gli organizzatori si rivolgono a chi non è inglese o americano con una certa protervia, trattandoli come se fossero servi dell'impero. «Questo atteggiamento» racconta il Liga «mi ha un po' indisposto. Già avevo problemi di tempo, e sentirmi trattare con sufficienza mi ha indispettito non poco.» Del resto in un primo momento il cast sembra ricchissimo. Ma piano piano molti si defilano. Ligabue invece ci ripensa e decide di dare il suo ok. Claudio Maioli dichiara ufficialmente: «Le scadenze di lavoro ravvicinate e inderogabili avevano sconsigliato la partecipazione all'evento promosso da Bob Geldof. Ma Luciano, nonostante i numerosi impegni, ha deciso di dare il proprio contributo alla buona causa del "Live 8", ovviamente nelle condizioni che gli sono possibili, cioè in versione acustica». Pronto il ringraziamento di Geldof che, da Londra, manda a dire: «Grazie Ligabue. Questo è lo spirito del "Live 8". Pink Floyd, Ligabue e Madonna, tra gli altri, ne hanno colto l'essenza».

Il 2 luglio lo show va in scena contemporaneamente in tutte le città previste, e il 6 luglio si tiene il concerto finale a Edimburgo. Al Circo Massimo ci sono circa mezzo milione di persone (trecentomila secondo la questura). Lo show di Roma si apre a sorpresa alle due e mezza del pomeriggio, quando Fiorello entra in scena e annuncia una performance fuori programma di Francesco De Gregori, che canta *L'agnello di Dio*, *La donna cannone* e *La storia*.

Alle quindici in punto una carrellata di immagini dalle varie città del mondo apre ufficialmente le danze: Bono e Paul McCartney danno il via al concerto londinese intonando *Sergent Pepper's Lonely Heart Club Band*.

A Roma, dopo molte esibizioni (tra gli altri di Zucchero, Duran Duran, Elisa, Piero Pelù, Biagio Antonacci, Fiorella Mannoia), quando è ormai buio sale sul palco Ligabue, che con voce e chitarra scalda gli animi con *Non è tempo per noi* e *Urlando contro il cielo*. Poi richiama sul palco Pelù e introduce la performance dell'amico Jovanotti: insieme propongono una versione molto accorata di *Il mio nome è mai più*. Poi Jovanotti completa la sua esibizione, quindi salgono ancora sul palco Laura Pausini, Claudio Baglioni, Renato Zero, Antonello Venditti e alle ventitré sul Circo Massimo scende il silenzio.

A concerto concluso, Luciano dice: «Di sicuro ero molto emozionato perché non mi esibivo da più di due anni. Ed essere da solo era ancora più destabilizzante. Però mi ha fatto stare bene. Di quello che accadeva in giro era difficile accorgersene. La verità è che sono stato mosso da una motivazione molto pratica. Ho pensato, se è vero che due miliardi di persone vedranno questo evento, il G8 dovrà per forza tenerne conto. Semmai rimane allarmante che debbano essere i cantanti a fare questo. Ma è così e non c'è niente da fare».

Il Liga rientra subito a Correggio per dare gli ultimi ritocchi al nuovo album, che sarà anticipato dal singolo *Il giorno dei giorni*, che esce il 2 settembre, otto giorni prima di quello che sarà realmente «il giorno dei giorni», cioè il megaconcerto del Campovolo di cui abbiamo già parlato. «Questa canzone» spiega Luciano «ha a che fare con una delle mie ossessioni: quella di sentirmi vivere intensamente. E l'intensità la strappi alla vita quando non sprechi nemmeno un attimo del tuo tempo. Il giorno dei giorni è il giorno al cubo, il tempo pieno, vero in ogni attimo. Ancora una volta racconto che quel tempo lo puoi vivere solo se sei di fianco alla persona giusta. Da un punto di vista sonoro, è un rock classico e tirato, che spiega molto del disco. Ci sono chitarre distorte (come raramente nel mio passato sonoro), mescolate a chitarre in qualche modo "sognanti", melodiche. Mi piaceva l'idea che questi due estremi potessero convivere.»

Il 10 settembre, durante il megaconcerto, viene fatto vedere in anteprima il video del *Giorno dei giorni*: diretto da Kal Karman e girato in pellicola 35 millimetri, è stato realizzato in una cava di marmo, una scenografia naturale che ha permesso di ottenere una performance davvero spettacolare di Ligabue e della sua band. Mentre si sviluppa la canzone, l'atmosfera attorno a loro cambia: le emozioni sono proiettate attraverso continui mutamenti atmosferici. Il cielo si oscura, soffia un vento da burrasca, si scatena un temporale, la notte diventa rapidamente giorno e viceversa. I due protagonisti, un ragazzo e una ragazza, non si conoscono, ma vivono vite parallele. Hanno una sensazione di isolamento, infatti vengono rappresentati come due figure oscure che a un certo punto si allontanano da tutto e da tutti. Alla fine si ritrovano e la solitudine si trasforma in un'unione fortissima: questo è il loro «giorno dei giorni», caratterizzato da un senso di libertà e di euforia.

Il 16 settembre arriva nei negozi l'attesissimo album *Nome e cognome*: ne sono state prenotate duecentomila copie. Luciano ci tiene a spiegare con dovizia di dettagli perché ha scelto un titolo così perentorio: «Ognuno di noi è la somma di tutti i momenti della propria vita. Quel risultato è, nel bene e nel male, unico. *Nome e cognome* ha a che fare con la difesa di quell'unicità. Si affannano a metterci tutti dentro grandi contenitori appiattenti: generazione, pubblico, audience, gente. E poi, a fianco di parole così generiche, mettono un paio di aggettivi con cui si pretende di descriverci un po' tutti: la generazione annoiata o sognatrice o rassegnata eccetera. Ma se è vero che un quadro d'insieme, in qualche modo, prima o poi va fatto, è anche vero che ognuno di noi andrà chiamato con il proprio Nome e Cognome, con il rispetto della propria storia personale... Sono d'accordo con chi dice che ogni artista, quando si esprime, disegna il proprio autoritratto. È un autoritratto "interno", l'autoscatto della propria anima. Mi è capitato di farlo anche in passato, quando ripenso ai miei dischi precedenti, ai temi che contengono mi sembra proprio di vedere delineati i miei tratti, la mia vita di allora. Questo processo si è ripetuto anche stavolta, forse con ancora più chiarezza. Ho fatto ascoltare le canzoni ai miei amici, e tutti hanno trovato che mi raccontavo più del solito, mi hanno riconosciuto ancora più facilmente in queste canzoni. Eccola, allora, la mia fototessera. Quella di questo momento. Quella che si mescola con tutte le altre finite nella copertina del disco. E ognuna di queste ha Nome e Cognome».

L'accenno alla fototessera non è casuale, infatti la copertina dell'album è un collage di tante fototessere, raccolte dall'art director Paolo De Francesco e da Jarno Iotti, uno dei principali animatori di LigaChannel. Ha raccontato Jarno a Corrado Minervini, curatore del booklet che accompagna la deluxe edition di *Nome e cognome*: «Una domenica mattina andai sotto i portici di Correggio, allestii un banchetto e cominciai a fermare la gente per strada, chiedendo di farmi fotografare la carta di identità. Tutti furono disponibili: erano orgogliosi di apparire su un disco del loro concittadino più illustre. Coinvolgemmo anche alcuni fan, parenti e amici e nascondemmo, in mezzo alla folla dei volti "catturati", anche quelli dei musicisti, dei discografici e di altre persone che, in qualche modo, avevano a che fare con il disco».

Tra quei volti trovano spazio anche il padre di Luciano e il cugino Gianni, al quale è dedicata una delle canzoni più intense dell'album, *Lettera a G*: morto poco tempo prima a causa dello stesso male che già gli aveva portato via il padre, per Luciano più che un cugino era un fratello. Erano coetanei ed erano cresciuti insieme. Prima di diventare canzone, questo testo è nato come lettera: una missiva privatissima, accorata, contenente parole che Luciano avrebbe voluto dire all'amato cugino quando era ancora in vita e che invece ha tenuto chiuse dentro sé troppo a lungo. «È soprattutto per questa ragione» spiega «che faccio fatica a proporre dal vivo questo brano: ci sono momenti in cui devo un po' ingoiare mentre canto.»

Non è l'unica canzone di *Nome e cognome* in cui il Liga parla di un sentimento molto privato: quasi tutti i brani dell'album hanno questa caratteristica. Ed è la prima volta che Luciano racconta quasi esclusivamente di sé, un autentico giro di boa: sembra che non abbia più paura di mostrare i suoi sentimenti più privati, di mettere in piazza pezzetti della sua intimità. Anche stavolta, come già era successo con *Fuori come va?*, non c'è un fil rouge che unisce le varie canzoni: trattasi di undici brani, scelti da un mazzo inizialmente composto da trenta petali, subito ridotti a venti e quindi ulteriormente dimezzati, sostanzialmente autonomi l'uno dall'altro. Nell'insieme, con l'eccezione della già citata *Lettera a G*, è un disco abbastanza solare, realizzato da un artista che evidentemente sta vivendo un buon periodo. E Luciano nelle interviste che concede conferma: «Sì, è un momento in cui la mia anima sta molto bene di salute. Capisco che guardando i tempi che corrono l'affermazione può suonare un po' superficiale. Ma rispetto al passato, so perdonarmi gli errori che ogni tanto faccio e so anche riconoscere un po' di più i miei meriti. E poi per me questo è un periodo di risalita. Dopo la morte di mio padre, di D.RaD e di mio cugino, ho capito che il dolore ti mette di fronte alla faticosa consapevolezza che la morte fa parte della vita: una certezza capace di dare il giusto peso a tutte le cose».

È anche una fase di grandi cambiamenti nella sua vita privata. Per sua fortuna non ci sono solo episodi tristi come la scomparsa di persone care e la separazione dalla moglie, ma anche nuovi incontri e arrivi capaci di regalare grosse botte di entusiasmo: Luciano ha una nuova relazione con la biellese Barbara Pozzo, conosciuta dietro le quinte dei concerti (per diversi tour è stata la sua massaggiatrice). È la madre della sua prima figlia, Linda, venuta al mondo il 30 agosto 2004, un lunedì. «L'arrivo di Lenny, nato prematuro,» mi racconta «mi aveva mandato letteralmente nel pallone. La nascita di Linda, invece, è stata meno caotica. Stavolta ho anche resistito alla tentazione di scrivere una canzone dedicata alla nuova arrivata. Comunque avere una femmina è diverso che avere un maschio. L'ho capito soltanto dopo: è la prima volta, in vita mia, che vivo con due donne. È incredibile quanto siano così potentemente femmine già a pochi mesi. Questo mi ha fatto pensare, e mi fa vedere le cose in un altro modo.»

Ecco spiegato il motivo per cui una delle parole che usa con una certa frequenza nel nuovo album è «femmina»: «La superiorità della femminilità non è una novità, casomai è recente la scoperta della potenza di questa parola. Se sfogli il vocabolario, vedi che le cose più importanti sono al femminile: morte, vita, guerra, pace, terra, sorte, croce, simbolo della nostra religione e simbolo del dolore assoluto».

C'è un'altra parola che usa con una certa frequenza, «amore», ed è una novità assoluta: compare addirittura in due titoli, *L'amore conta* (come abbiamo già avuto modo di vedere, esplicitamente dedicata all'ex moglie Donatella) e *Sono qui per l'amore*. «È vero,» ammette Luciano «prima forse mi vergognavo un po' a dire questa parola, per questo la usavo con molta parsimonia. Ma la cosa che mi dà più soddisfazione è che sono riuscito a parlarne sempre con leggerezza, anche quando si trattava di una storia finita.»

Di *Nome e cognome* resta da dire che è la prima volta, eccezion fatta per *A che ora è la fine del mondo?* (ma quello, come abbiamo visto, era un disco anomalo), che Luciano sceglie di incrinare le monolitiche certezze di una band aprendosi anche a collaborazioni esterne. Per esempio, ci sono ben quattro batteristi: Cesare Barbi (già coin i Ladri di Biciclette, poi con i Rio di Marco Ligabue), Alessandro Lugli, Eugenio Mori e Helder Stefanini. Quattro pure i chitarristi: i soliti Capitan Fede e Mel Previte, Nicola Milazzo e Niccolò Bossini, che da lì in avanti farà parte della band che accompagna il Liga in tour (a sprazzi in *Nome e cognome* si aggiungono pure le chitarre del produttore Fabrizio Barbacci e di Luciano).

Da notare che Niccolò Bossini, approdato alla corte del Liga da pochi mesi, è l'unico (assieme a Rigo) a suonare in tutte le canzoni. «Avevo sentito dire» racconta «che stavano facendo dei provini per trovare nuovi musicisti per il Liga. Io conoscevo Chris Maramotti, che per diversi anni era stato il chitarrista di Piero Pelù. Attraverso lui, entrai in contatto con Luca Pernici, il coproduttore di *Nome e cognome*. Ricordo che mi chiamarono per il provino un martedì dandomi appuntamento per il giovedì. Io possedevo solo una chitarra, nemmeno troppo buona. Siccome insegnavo musica, da un allievo che collezionava chitarre mi feci prestare una Telecaster del '67, un amplificatore Vox del '65 e vari pedali. Al provino suonai *Balliamo sul mondo*, *Ho perso le parole*, *Tutti vogliono viaggiare in prima*, *Vertigo* degli U2 e *Yellow* dei Coldplay. Dopo un po' mi chiamarono per fare un paio di giorni di pre-produzione dell'album allo Zoo Studio, ma subito mi ingaggiarono anche per la settimana successiva. È finita che ho fatto tutto il lavoro di pre-produzione e ho partecipato a tutte le canzoni del disco, in alcuni casi dando un contributo di un certo rilievo: per esempio, l'assolo di *Il giorno dei giorni* è stata una mia idea, poi l'abbiamo gestita assieme a Luciano e ai produttori. In più mi sono ritrovato catapultato a Campovolo, che come "esordio" non è male.»

Il basso è sempre nelle mani di Rigo Righetti: come ho già detto è l'unico, assieme a Bossini, a suonare in tutti i brani. Mentre quando occorre una tastiera, c'è sempre Fabrizio Simoncioni, che fa pure il fonico e, se serve, i cori. In cabina di regia l'elemento nuovo è Luca Pernici, che in precedenza ha lavorato come produttore con Il Nucleo e con i Rio, e che in questo caso affianca Luciano e Barbacci: loro ci mettono l'esperienza, lui porta una ventata di freschezza.

Il motivo di tutte queste novità in sala di incisione lo spiega ancora il Liga: «Semplicemente sentivo il bisogno di realizzare le nuove canzoni con una nuova ottica, superando i limiti del gruppo. Per ogni brano ho cercato il vestito musicale più adatto». E a chi gli fa notare che pure la sua voce suona diversa rispetto al passato, risponde: «Una volta pensavo che l'emozione di quel che si canta fosse più importante di come lo si fa. Poi l'esperienza nei teatri mi ha fatto capire che anche la tecnica ha un suo valore e che non serve urlare sempre per toccare i sentimenti della gente».

A chi gli domanda se quella strofa di *Happy hour* che dice «nasci da incendiario / muori da pompiere») sia autobiografica, risponde deciso: «Per fortuna mi indigno e mi infiammo ancora facilmente. Ma, con il passare del tempo, il fuoco che ho dentro riesco a gestirlo un po' meglio. E comunque non ho mai voluto essere un incendiario, né voglio diventare un pompiere».

Mentre a Gino Castaldo, che lo intervista per «La Repubblica» e gli domanda se pensa che il rock sia o meno in buona salute, dice: «Sono uno che non ce la fa a guardare un quadro generale. Il rock è composto da troppe diverse espressioni, troppi diversi protagonisti, difficile dire qualcosa che valga per tutti. Esempio: guardiamo agli U2. Il loro lavoro lo svolgono egregiamente. Il punto è un altro. Se pensiamo che il rock debba cambiare il mondo, allora chiediamo troppo. C'è stato un momento in cui il rock ha potuto cantarle chiare. Ma anche Dylan oggi dice che non ha più senso cantare politico perché l'informazione è tale e tanta che una canzone arriva sempre in ritardo. Per quanto mi riguarda penso che a volte ci siano delle urgenze, come quando abbiamo inciso *Il mio nome è mai più*. Quando senti che a una cosa non puoi mancare, ci vai anche se sei nei casini, come è stato per "Live 8". Ma per quanto riguarda la scrittura mi sono sempre concentrato sulle poche cose che so, che ho visto e su quelle ho elaborato il mio disagio, anche a volte raccontando dei temi non proprio popolarissimi. Poi si cambia, ci si trasforma e sono contento di aver potuto scattare fotografie su questi cambiamenti e mandarle in giro».

24

LUCIANO SI FA IN QUATTRO

Il trionfo di Campovolo gli ha rimesso addosso una voglia incredibile di stare sul palco. E dall'idea dei quattro palchi in un'unica dimensione logistica ne nasce un'altra, suddividere il tour in quattro parti e proporre altrettanti spettacoli assolutamente diversi l'uno dall'altro: club, palasport, stadi e teatri, tutto in un solo anno, in pratica una situazione per ogni stagione.

Naturalmente si ricomincia dalle origini, cioè dai club con i ClanDestino, per l'occasione rinforzati dalla chitarra di Niccolò Bossini, proprio come a Campovolo. «Già durante le prove» racconta Gigi Cavalli Cocchi «l'atmosfera era fantastica. I dissidi di un tempo li avevamo lasciati alle spalle. Adesso avevamo solo voglia di suonare, con tutto l'entusiasmo di un tempo, proprio come se fosse un nuovo esordio.»

Il tour si svolgerà in sette club del centro-nord (tutti posti raggiungibili in auto in un paio d'ore da Correggio, in modo che Luciano possa tornare a dormire a casa sua) e inizia il 7 febbraio: ma va!? E poi il Liga continua a sostenere che lui alla scaramanzia non ci crede: «Il fatto è che in realtà ormai sono vittima di questo numero,» spiega «nel senso che anche quando non voglio ritorna! Non ho chiesto io che si iniziasse il 7 febbraio, ma le agenzie ormai o lo sanno che il sette è un numero importante per me, e me lo propongono di loro iniziativa, oppure boh!!! Alla fine comunque ritorna... Per quanto riguarda i club, è una cosa che ho voluto fortemente: quest'anno volevo vivere esperienze molto diverse, anche per rifarmi del fatto che ho suonato troppo poco negli ultimi anni in questi posti. E suonare nei club, davanti a gente che ti conosce bene, è un'esperienza che mi manca, infatti sono molto gasato dall'idea di poterla rivivere».

I biglietti per quella prima parte di tour vengono messi in vendita il primo febbraio e vanno esauriti in meno di ventiquattro ore. Il 6 gennaio su Mtv va in onda una puntata di *Storytellers* condotta da Paola Maugeri e registrata qualche giorno prima nella sala Verdi del Conservatorio di Milano in cui Luciano, tra l'altro, spiega che per lui l'incipit di una canzone è fondamentale: «La canzone è un affare che si gioca le sue chance in tre, quatto minuti. Quindi, come è importante avere un ritornello forte, è altrettanto importante avere un incipit che ti faccia entrare subito nella canzone. La prima frase per me è decisiva, e non è un caso che tante volte la prima frase delle mie canzoni sia anche il titolo della canzone stessa. È anche molto importante l'incipit musicale, cioè come attacca il pezzo, come arrivi a bomba nell'atmosfera della canzone. Le canzoni non hanno tempo per le pippe. L'incipit degli incipit è stata la prima canzone del mio primo album, perché comincia con delle parole che la dicono lunga sulle mie intenzioni e su quello che avrei voluto dire: "Siamo della stessa pasta, bionda, non la bevo sai, ce l'hai scritto che la vita non ti viene come vuoi". Il che vuol dire che intanto la grammatica la lasciamo lì e ce ne freghiamo, perché se avessi detto: "Ce l'hai scritto che la vita non ti sta venendo come vorresti", tutti avrebbero sbadigliato, a parte che non ci stava metricamente e non aiutava una comunicazione diretta. E poi sono sempre molto deciso per quello che riguarda proprio l'incipit quando sento che ha una sua funzione specifica, quando ti fa entrare subito nell'atmosfera del pezzo. A quel punto lo difendo, come a voler dire: "Ecco, questa è la canzone, ci sei dentro"».

Il tour parte dall'Alcatraz di Milano e il pubblico va in visibilio fin dalla prima canzone, una versione di *Figlio d'un cane* tiratissima, quasi punk, cantata a muso duro. La scaletta è ricca di sorprese e non è affatto un'«operazione nostalgia» come qualcuno aveva ventilato: sì, ci sono diversi pezzi dai primi tre album, compresi superclassici come *Balliamo sul mondo* e *Salviamoci la pelle*. Ma ci sono anche brani tratti dall'ultimo album *Nome e cognome* e canzoni che non faceva dal vivo da parecchio tempo. Ecco la scaletta del tour nei club:

1) Figlio d'un cane
2) Cosa vuoi che sia
3) Happy hour
4) Una vita da mediano
5) I duri hanno due cuori
6) Bar Mario
7) Walter il mago
8) Le donne lo sanno
9) Ho messo via
10) Salviamoci la pelle
11) Lettera a G.
12) Freddo cane in questa palude
13) Angelo della nebbia
14) Questa è la mia vita
15) Il giorno dei giorni
16) L'amore conta
17) Libera nos a malo

18) Balliamo sul mondo
19) Piccola stella senza cielo (bis)
20) Tra palco e realtà (bis)
21) Urlando contro il cielo (bis)

Luciano chiude il concerto dell'Alcatraz con un «Grazie, mi siete mancati tanto» detto davvero col cuore in mano: in quelle due ore di sudore e musica infatti ha riscoperto sensazioni forti che non viveva più da molto tempo. Il tour prosegue l'8 al Vox di Modena, il 15 all'Auditorium Flog di Firenze, il 17 al Buddha Café di Orzinuovi (Bs), il 19 al Rolling Stone (in realtà avrebbe dovuto suonare al Fillmore Club di Cortemaggiore, ma all'ultimo momento il concerto viene spostato a Milano), il 20 al Vidia di Cesena e il 22 al Mamania di Senigallia (An). Durante il tour c'è una vera e propria epidemia di influenza, ne resta vittima anche Luciano che deve rinviare due date: originariamente i concerti di Cesena e Senigallia erano stati programmati in giorni diversi. Altra curiosità: tra il pubblico del Rolling Stone c'è Marco Materazzi, che rivela di essere un grandissimo fan del Liga: «Ho visto almeno quindici suoi concerti. La canzone che amo di più è *Certe notti*: è stata la colonna sonora che ha accompagnato l'inizio della storia d'amore con mia moglie».

Niccolò Bossini, che successivamente farà anche il tour nei palasport e quello negli stadi, testimonia: «Secondo me a livello di energia il tour nei club è stato il migliore. Io musicalmente ho un'estrazione hardcore: a vent'anni suonavo con i Raw Power, una punk band. Ebbene, per la serata del Vidia ho invitato alcuni ragazzi che avevano suonato con me, e alla fine del concerto mi hanno detto che l'energia che scaturiva dal pubblico era esattamente come quella di un concerto hardcore».

Nel suo Diario di bordo, Luciano racconta che durante i concerti nei club spesso urlava in faccia a quelli delle prime file «e alora???» talvolta provocando strane reazioni. Spiega: «Per me quel "e alora???" significa soprattutto "come va?". La cosa buffa era che mentre alcuni di voi si esaltavano e rispondevano con un urlo, oppure mi facevano sentire quanto si sentissero bene, altri si nascondevano un po'. Come se pensassero che fossi incazzato. Sembravano un po' impauriti o quasi in colpa per qualcosa. Ma come potevo essere incazzato durante uno qualsiasi di quei sette bellissimi concerti? Davo la "stura" ancora di più al mio entusiasmo e alla mia emozione. Ancora adesso, senza urlarvelo, vi chiedo: "e alora???"».

Il 10 febbraio esce il terzo singolo estratto da *Nome e cognome*, *Le donne lo sanno*. Dice Luciano: «Il titolo basterebbe. Forse bastava che avessi anche solo ripetuto quella frase per tutta la durata del brano: ammetto semplicemente la superiorità del genere femminile rispetto a quello maschile e ammiro la loro potenza. E come sembrino frequentare mondi che noi non conosciamo».

Regia e sceneggiatura del video portano la firma di Silvio Muccino, che sceglie di girarlo all'aeroporto di Casale Monferrato (Alessandria): Luciano, circondato dai musicisti della Banda, canta in playback al centro di un hangar, mentre quattro paracadutiste si lanciano e fanno evoluzioni in quel «cielo leggero che però non è vuoto» di cui parla la canzone.

A marzo, prima che inizi il tour nei palasport, Luciano dedica una settimana alle prove con La Banda. L'8 partecipa a un dibattito intitolato «C'è bisogno di nuovo» che si svolge nell'aula magna Santa Lucia dell'Università di Bologna: con lui ci sono l'ex direttore del «Sole 24 Ore» Ferruccio De Bortoli (ora al «Corriere della Sera») e lo scienziato del Mit di Boston Francesco Stellacci. Parlano di nuove tecnologie e nuovi mezzi di comunicazione capaci di creare interazioni tra le persone.

Due giorni dopo, invece, partecipa in qualità di ospite alla cerimonia inaugurale dei IX Giochi Paralimpici Invernali allo Stadio Olimpico di Torino: assieme alla Banda presenta *Il giorno dei giorni*.

Il tour debutta il 26 marzo al Mazda Palace di Genova (con replica il giorno dopo): anche in questa occasione i biglietti sono andati esauriti a tempo di record. La scaletta rispetto al tour nei club è stata completamente rivoluzionata: stavolta è un vero è proprio «greatest hits» da cantare a squarciagola, e il pubblico lo fa ogni sera dall'inizio alla fine del concerto, talvolta coprendo la voce del Liga. Al suo fianco ci sono i quattro componenti originali della Banda (Pellati, Righetti, Poggipollini e Previte), più il giovane chitarrista-fenomeno Niccolò Bossini e il tastierista Josè Fiorilli, qui al suo debutto ufficiale. Prima di suonare col Liga, Fiorilli era stato per sette anni nella band di Irene Grandi. «A Luciano» racconta «sono arrivato tramite Sandro Fiorentini, il suo personal backliner, nonché mio carissimo amico d'infanzia a Grosseto. Lui mi ha fatto sapere che Luciano stava cercando un nuovo tastierista e io mi sono fatto avanti.»

La tournée prosegue con un concerto al Palamaggiò di Caserta (il 30), due al Palaevangelisti di Perugia (3 e 4 aprile), uno al BPA Palas di Pesaro (il 6), uno al Palasport San Filippo di Brescia (l'8) e 2 al Mazda Palace di Torino (l'11 e il 12): da notare che a poche ore dall'inizio del primo dei due concerti torinesi a Fede Poggipollini dicono che suo padre è morto, ma lui decide di salire ugualmente sul palco.

Nella serata di Pesaro, invece, su esplicita richiesta dei famigliari, viene suonata una delle chitarre appartenute a Ivan Graziani: lo fa Mel Previte imbracciandola durante l'esecuzione di *Seduto in riva al fosso*.

Niccolò Bossini dice: «Ovviamente le differenze col tour nei club sono state notevoli, a cominciare dal fatto che Luciano è stato accompagnato da due gruppi diversi, quindi con dinamiche e impostazioni differenti. Ma lo scarto maggiore direi che è stato sul piano ambientale. A volte c'era un tale bordello che sul palco non riuscivamo a capire niente. A Caserta, per esempio, per i primi cinque pezzi è stato un autentico boato. Poi fortunatamente anche il pubblico ha perso la voce a forza di cantare e alla fine siamo riusciti a sentire i suoni anche noi».

Per il tour nei palasport, Luciano aveva preparato ventidue brani. In realtà in ogni singola serata ne ha eseguiti ventuno, alternando di concerto in concerto alcune esecuzioni. Ecco l'elenco dei ventidue brani:

1) Vivo morto o x
2) Tutti vogliono viaggiare in prima
3) Seduto in riva al fosso
4) Ti sento
5) Piccola città eterna
6) Happy hour
7) Eri bellissima
8) Voglio volere
9) Si viene e si va
10) Ho perso le parole
11) Cosa vuoi che sia
12) Il giorno dei giorni
13) Sulla mia strada
14) Metti in circolo il tuo amore
15) Certe notti
16) Le donne lo sanno
17) Piccola stella senza cielo
18) Tra palco e realtà

19) Balliamo sul mondo
20) L'amore conta (bis)
21) A che ora è la fine del mondo? (bis)
22) Urlando contro il cielo (bis)

Finito il tour nei palasport, in attesa di riprendere a suonare negli stadi, Luciano si concede un autentico bagno di folla partecipando all'annuale concertone del primo maggio in Piazza San Giovanni a Roma, dove torna a dieci anni di distanza dall'ultima volta. Sale sul palco alle 21,20 in punto e, accompagnato dalla Banda, propone un set di quattro brani: *Il giorno dei giorni*, *Balliamo sul mondo*, *Tra palco e realtà* e *Urlando contro il cielo*.

Mentre proseguono le prove per il tour estivo, aumentano entusiasmo ed eccitazione: alla comunicazione che tutti i sessantacinquemila biglietti per San Siro sono stati venduti, segue quella del sold out in prevendita (sessantamila biglietti) per il concerto dell'Olimpico di Roma.

Lunedì 15 maggio al Tempio di Giove di Terracina, in provincia di Latina, girano il video di *Happy hour*, diretto da Fabio Jansen. La scenografia prevede che dietro Luciano e La Banda sia posizionato un gigantesco telone su cui vengono proiettate varie immagini che rivelano situazioni diverse da quel che potrebbe sembrare a prima vista. Alla fine il telone scompare ed emerge uno scenario più reale.

Happy hour viene scelta da Vodafone per gli spot della sua campagna estiva (la regia ancora una volta è di Silvio Muccino). La pubblicità contribuisce a farla diventare il «tormentone» dell'estate 2006. Curiosamente, come racconta Fabrizio Barbacci, questo pezzo ha rischiato di non essere inserito nel disco: «Ricordo che *Happy hour* ci aveva colpito molto fin dal primo ascolto per l'efficacia della parte melodica e per i riff di chitarra, un tipico riff "alla Ligabue" che ricordava vecchie cose tipo *Libera nos a malo* e *Balliamo sul mondo*. Ma proprio per questo è rimasta per un po' in panchina, almeno nella prima fase, perché era nostra intenzione fare un disco diverso. Dopo qualche tempo abbiamo riascoltato le circa trenta canzoni selezionate e a questo punto abbiamo capito che *Happy hour* era troppo forte per non usarla».

Nel pomeriggio del 18 maggio allo stadio del Conero di Ancona c'è la prova generale. È una meravigliosa giornata di sole e, prima di salire sul palco, il Liga tiene una breve riunione sul prato assieme a tutto lo staff. «Ripassano» punto per punto l'intera scaletta: sfruttando l'esperienza che ha maturato facendo il regista, si è occupato della supervisione di ogni dettaglio, anche il più piccolo.

Il giorno dopo c'è il debutto vero e proprio. Il tempo e l'atmosfera sono l'ideale: è una serata calda, il cielo è coperto di stelle, e il pubblico fa arrivare sul palco tutto il suo calore fin dal primo pezzo, *Il giorno dei giorni*: appena attaccano, decine di migliaia di braccia si allungano verso l'alto e quando arriva il ritornello saltano tutti come matti. Sono due ore e mezzo di pura adrenalina.

La situazione si ripete il 23 maggio allo stadio del Friuli di Udine: nonostante piova tutta la sera, il pubblico è in delirio. Luciano li ripaga con un'indimenticabile versione acustica di *Il mio nome è mai più*, mentre sui megaschermi ai lati del palco scorrono numeri impressionanti legati alle troppe guerre che ancora insanguinano il mondo.

Ma il «giorno dei giorni» per il Liga è il 27, quando deve superare la prova del fuoco di San Siro. Luciano è teso, come è bene che sia ogni volta che si ritrova davanti a un «test» importante, ma fiducioso. Tanto per cominciare in quella data appare il suo numero magico, e questo di per sé è un buon segno. Poi proprio quel giorno la Wea gli consegna dieci dischi di platino per aver raggiunto il milione di copie con il doppio album *Su e giù da un palco*, registrato nel 1996 durante il *Buon compleanno Elvis tour* e uscito l'anno dopo: è il primo album dal vivo di un artista italiano ad aver superato il milione di copie!

San Siro è sold out da oltre due mesi. L'eccitazione di tutti è alle stelle. Dietro le quinte serpeggia un po' di nervosismo mentre L'Aura, i Rio e i Tiromancino scaldano l'ambiente. Luciano sale sul palco alle ventuno in punto ed è il delirio. Un delirio che dura per tutto il concerto, tanto che prima di lasciare il palco il Liga urla nel microfono: «Era la quinta volta che suonavamo qui dentro, però credetemi, stasera siete stati veramente spaziali!».

Dice Maioli: «Pure io avrei usato quel termine, "spaziali". Penso che Luciano in quell'occasione fosse davvero in forma. Quella era la prima volta che suonavamo a San Siro senza che fosse la prima di un tour. Solitamente i giornalisti vanno alle "prime" dei tour, ed è chiaro che uno vuole che sia una piazza importante. Ovviamente se fai quella piazza importante al primo colpo, oltre ad avere addosso tutta l'emozione, hai anche uno spettacolo da rodare, con la scaletta da rifinire. Il fatto di essere arrivati a San Siro dopo due date ci ha permesso di fare un concerto sereno».

«Io» racconta Max Cottafavi «non ero mai entrato a San Siro in vita mia. Quando ci sono entrato per le prove ero felice come un bambino: continuavo a guardarmi intorno e credevo di vivere un sogno. Non ti dico quando è iniziato il concerto: mi sembrava di stare su una nuvola. Invece era tutto vero: ogni volta che rivedo le foto di quella serata mi emoziono.»

«Nemmeno io» gli fa eco Bossini «ero mai stato a San Siro, neppure per vedere una partita di calcio. Ci sono entrato con orgoglio, quasi spavaldamente. Ma una volta che ti guardi intorno San Siro fa paura... Siccome gli spogliatoi sono dalla parte opposta del palco, ti ci portano su un furgoncino. E io che ho paura di volare, quando ci sono salito ho provato una sensazione terribile, proprio come se fossi salito su un aereo. Poi però sul palco ho goduto come un pazzo, più che a Campovolo.»

«Anche per noi che c'eravamo già stati diverse volte» aggiunge Rigo «quella serata è stata bellissima. Chiaramente la prima volta uno non la dimentica, ma in questa occasione l'atmosfera era davvero magica e il pubblico ha saputo dimostrarci davvero tutto il suo amore.»

Il tour negli stadi prosegue il 31 maggio all'Artemio Franchi di Firenze. La serata è infame, ma il pubblico non si risparmia, tanto che Luciano lo saluta dicendo: «A me piacciono i generosi, quelli che prendono l'acqua, quelli che stanno sotto il vento e si fanno sentire lo stesso, cazzo, come avete fatto voi questa sera. Grazie Firenze!». Dopo altri due concerti (il 3 giugno allo stadio Olimpico di Roma e l'8 al Dall'Ara di Bologna) si chiude la prima parte del tour negli stadi: il 9 iniziano i mondiali di calcio e anche lui vuole goderseli da spettatore. È anche come segno di buon auspicio che durante la passerella finale di quei concerti indossa, e fa indossare ai suoi musicisti, una giacca azzurra con i revers e i polsini d'oro.

Luciano va a dormire contento, ma il risveglio sarà brutto: lo informano che nel corso della notte, esattamente alle 3,15, è morto un uomo di trentanove anni, Massimo Balboni, che era caduto da una balaustra al Dall'Ara finendo nel fossato dopo un volo di tre metri. In un primo momento le sue condizioni non sembrano gravi, è cosciente e pare che abbia riportato solo una ferita a una gamba. Lo trasportano immediatamente in ambulanza all'ospedale Maggiore, dove viene operato alle

22,15. Ma quello che a prima vista sembrava un banale incidente, in realtà provoca una brutta emorragia interna: «Il progressivo aggravarsi delle condizioni di Balboni,» si legge in un comunicato ufficiale emesso dall'ospedale «favorito da un'importante patologia cronica, ha vanificato l'intervento dei chirurghi».

«Credetemi,» scrive Luciano nel suo Diario di bordo «avevo molta voglia di parlarvi delle emozioni che ho vissuto in questa parte di tour. Ma le emozioni di cui parliamo hanno a che fare con il nostro tacito accordo, quello di ballare, stonare, commuoversi, urlare, lasciarsi andare eccetera. In una parola: vivere. Perché questo vogliono essere questi concerti: un inno e una celebrazione alla vita. È anche per questo che non riesco a capacitarmi di quello che è successo. Per quanto possa servire porgo tutto il mio cordoglio e la mia solidarietà alla madre di Massimo (che, mi dicono, da qualche anno è pure vedova). E a lui, ora che è stato deciso che lo dovesse fare, buon viaggio.»

Dopo oltre un mese di interruzione, il tour riparte il 14 luglio dallo stadio Euganeo di Padova con un gran concerto. Tutto procede alla grande anche il 18 allo stadio Arechi di Salerno, il 22 al velodromo Paolo Borsellino di Palermo e il 27 alla Fiera di Cagliari. In questa occasione reinserisce in scaletta *Il giorno di dolore che uno ha* e come supporter sceglie Andrea Parodi dei Tazenda, la cui esibizione emoziona la folla che gremisce la Fiera: molti sono lì fin dalle prime ore del mattino, sfidando una calura infernale, con punte di trentasei gradi all'ombra.

Anche tre giorni dopo, allo stadio Comunale di Sassari, Luciano ricorda Andrea Parodi: gli dedica *L'amore conta* sottolineando il coraggio e la tenacia con i quali combatte quotidianamente un male che lo sta divorando: Andrea è malato di cancro da parecchio tempo, e quello di Cagliari è il suo ultimo concerto: morirà il 17 ottobre.

Dopo i due concerti in Sardegna, torna in terra ferma per esibirsi il 3 agosto all'Arena della Vittoria di Bari e il 6 allo stadio Adriatico di Pescara: essendo l'ultima data di un tour trionfale, non manca qualche simpatico fuori programma organizzato a sua insaputa. Per esempio, durante l'esecuzione di *Bar Mario* con i ClanDestino, i componenti della Banda entrano sul palco vestiti da camerieri con tanto di vassoi dando vita a un divertente siparietto. E parte dello staff tecnico sale sul palco mescolandosi ai membri delle due band mentre Luciano canta *Urlando contro il cielo.*

L'affiatamento dei musicisti è aumentato sera dopo sera. Sul palco si sono alternati in dodici: a fianco del Liga ci sono i ClanDestino, La Banda rinforzata da Bossini e Fiorilli e Mauro Pagani con tutto il suo armamentario. Sembra che abbiano suonato sempre insieme. «In effetti» racconta Gigi Cavalli Cocchi «durante quel tour sono svaniti tutti i rancori che alcuni di noi avevano covato dentro per anni. È stata l'apoteosi dello spettacolo e dei rapporti umani. Dopo il concerto di Palermo, per esempio, ricordo una bellissima uscita in mare su un gommone. C'erano Robby, Ghezzi, Fede e il sottoscritto. Alla fine del tour, nella classica cena di addio, Luciano disse: "Vi ringrazio tutti perché siete riusciti a creare questa magia. Non era facile né scontato che accadesse".»

«Tutto vero» conferma Mel Previte. «Per esempio, negli spostamenti sui van non si sceglieva il posto dove stare in base ai gruppi, ma era proprio un bel mix di persone. In quell'occasione sono nate amicizie profonde, per esempio quella tra me e Max Cottafavi, con cui da allora collaboro.»

Durante il tour negli stadi, il Liga ha suonato ventisette brani per ogni concerto, ma siccome ne ha alternati alcuni, in totale ne ha proposti ventinove. Ecco la lista:

1) Il giorno dei giorni
2) Tutti vogliono viaggiare in prima
3) L'amore conta
4) Quella che non sei
5) È più forte di me
6) L'odore del sesso
7) Il giorno di dolore che uno ha
8) Lambrusco & pop corn
9) Certe notti
10) Happy hour
11) Il mio nome è mai più
12) Anime in plexiglass
13) Salviamoci la pelle!!!
14) Bar Mario
15) Sarà un bel souvenir
16) Marlon Brando è sempre lui
17) Viva!
18) A che ora è la fine del mondo?
19) Regalami il tuo sogno
20) Ho messo via
21) Piccola stella senza cielo
22) Questa è la mia vita
23) Le donne lo sanno
24) Balliamo sul mondo
25) Tra palco e realtà
26) Libera nos a malo
27) Una vita da mediano
28) Urlando contro il cielo
29) Leggero

La quarta e ultima parte del tour, quella nei teatri, ve la racconto nel prossimo capitolo.

25

LETTERE D'AMORE NEL FRIGO, 77 POESIE

A fine settembre nel suo Diario di bordo annuncia che presto (il 3 ottobre 2006, per l'esattezza) l'Einaudi pubblicherà quella raccolta di poesie che in origine sarebbe dovuta uscire due anni e mezzo prima. Quando ha scritto quei versi, spiega, «era un periodo della mia vita pieno di eventi fortissimi. Nel bene e nel male. Comunque un periodo di profondi cambiamenti. Spesso è solo il nostro modo di reagire a quello che capita. Ebbene in quel periodo così denso e sconvolgente (sempre nel bene e nel male), ho avuto bisogno di "buttare fuori" e cercare di dare uno sfogo alla vera e propria "compressione emotiva" in cui mi ero trovato. Era come se cercassi di mettere a fuoco il mio punto di vista sul mondo mentre quello stesso punto di vista si "muoveva", provava ad "aggiustarsi". Soprattutto ho avuto bisogno di farlo in assoluta libertà senza legarmi al bisogno di musicare delle parole o di essere comprensibile per forza (perché, sappiatelo, non sarà per forza comprensibile quello che leggerete). Poi, una volta finita la scrittura, a contratto già firmato con un editore e a uscita già concordata, mi è "sgorgato" fuori *La neve se ne frega* (anche quello, di sicuro, frutto di quel periodo potente e destabilizzante). Ora, tanto per capirci, in termini di vendite un romanzo fa molto più gola a un editore che non un volume di poesie (notoriamente «poco vendibili»). Per cui *La neve se ne frega* sorpassò *Lettere d'amore nel frigo* e uscì al suo posto. Qualche mese fa mi contattarono quelli dell'Einaudi venuti a conoscenza delle poesie. Mi chiesero di leggerle. Poi, una volta lette e apprezzate, mi chiesero di pubblicarle. È stata l'occasione per rileggerle. Ci ho ritrovato dentro tutto il sentimento di un periodo così forte e difficile e "pieno". Ci sono diversi personaggi un po' come nei primi tre album. Ci sono sette poesie in rima (una per sezione). Ci sono io».

Il periodo in cui scrisse le settantasette poesie raccolte in *Lettere d'amore nel frigo*, in effetti, per Luciano è stato uno dei più brutti della sua vita: erano morti suo padre e il cugino, si era separato dalla prima moglie. Ecco perché in molti versi emerge una profonda cupezza. «Ligabue non è mai allegro,» nota Fernanda Pivano «anche se le sue immagini sono sempre illuminate da sorrisi bugiardi. È come se con i suoi esempi di felicità privata immersa nella felicità cosmica volesse incoraggiare i suoi milioni di lettori a rivolgersi sempre alla realtà degli alberi e del mare piuttosto che alla melanconia del proprio essere inadeguati.»

Queste poesie rappresentano una sorta di ritorno al Ligabue delle origini, quello dei primi album e dei racconti di *Fuori e dentro il borgo*. C'è il padre morente, il figlio che cresce, ma anche la strana insegnante di educazione fisica, l'antipatico Marzio, la bambina scappata di casa tanto tempo fa e «B», che «è tornato, è morto, ma si era sbagliato». Luciano non racconta solo storie. Le sue sono poesie che non pretendono di avere una morale, ma non hanno paura di affermare che nella vita occorre «accettare meraviglia» ed essere, sempre e comunque, come «un paio di farfalle dure a morire».

«Sono testi di riflessione» dice Walter Barberis, segretario generale dell'Einaudi. «Sono versi che hanno un particolare sapore, che è quello della terra emiliana a cui Ligabue è molto legato. Queste poesie sono belle, intelligenti, gradevoli. Secondo me valeva la pena pubblicarle.»

La prefazione gliela scrive Nico Orengo: «Ligabue se n'è venuto su, a fianco degli spaesati di Tondelli, degli stralunati di Cavazzoni, di quei camminatori di pianura di Celati, imboccando la via Emilia, metafora di un *on the road* possibile, fra trattori, ciliegie di Vignola, piastrelle di Sassuolo, sentendo alle spalle il vivace laboratorio emiliano e bolognese, una modernità in elastico fra tradizione rurale e avanguardia di modelli amministrativi e culturali».

Orengo sottolinea che la sua terra è sempre presente nelle canzoni e nei racconti, dove ritroviamo i campi, il Bar Mario, gli amici, i film. «C'è Tondelli, c'è Bukowski, c'è l'amico Guccini, ci sono i Rolling Stones, Dylan, Keith Richards, le prime radio libere.» Ma questa volta «sceglie il verso che è della poesia (...) tornando non solo metaforicamente a Correggio, lontano da amplificatori e luci e folla.»

Il Liga sostiene da sempre che le canzoni non sono poesie in musica: sono canzoni, un'altra cosa. A maggior ragione, le poesie non sono canzoni senza musica: semmai sono un altro modo di raccontare storie ed emozioni. Spiega a Mario Luzzatto Fegiz del «Corriere della Sera»: «Sentivo il bisogno di scrivere senza fare i conti con la musica che è di per sé una limitazione. Nelle canzoni bisogna essere chiari e accessibili, popolari. La poesia consentiva ben altre libertà. E così ho scritto. Quanto ai contenuti della mia poesia succede come nelle canzoni: preferisco cantare come vedo gli altri, direttamente, visti fisicamente non attraverso i media».

E a Paola Zanuttini del «Venerdì» confida: «Io devo "buttare fuori": è il modo migliore per definire il mio bisogno di esprimermi. Nasco con la canzone e ci tornerò sempre, perché quando sa sposare parole e musica ha una potenza speciale. È un invito alla leggerezza che porta in giro i sentimenti. È una sintesi popolare che Lucio Battisti ha espresso al massimo livello e io, anche se sono a tutti gli effetti un cantautore, considero quello il mio punto d'arrivo, la canzone popolare di qualità. Ma nella sintesi fra parole e musica non riesco a far entrare tutto quello che mi gira per la testa».

Su questo punto dissente la sua amica Fernanda Pivano, che senza troppi giri di parole scrive sul «Corriere della Sera»: «Le canzoni di Luciano sono poesie, e questo fra noi due è un antico argomento di conversazione, perché lui sostiene che le sue sono soltanto canzoni e non poesie, e possiamo andare avanti fino a quando qualcuno suona al telefono o alla porta (...). Ma il mondo delle sue poesie non è diverso dal mondo delle sue canzoni e dei suoi racconti. E leggendo le sue poesie si capisce che per lui i suoi testi hanno la funzione intima di raggiungere un approfondimento di sentimenti».

Luciano ribatte: «La canzone ha l'impegno di chi vuole comunicare e la poesia ha soprattutto l'impegno di fare arte. In ogni caso non mi definirei un poeta, ma uno che ha frequentato questo mondo». Nel periodo in cui scrisse i suoi versi, andava spesso in libreria a far incetta di raccolte di poesie perché voleva capire come altri autori erano riusciti a fissare sulla pagina le proprie emozioni. «Qualcuno ha osservato» racconta «che il titolo del mio libro è bukowskiano. Questo lo ritengo un grande complimento, perché in effetti Charles Bukowski è uno degli autori che ho bazzicato di più in quel periodo e la sua rudezza, il suo andare immediatamente al nocciolo della questione mi piacciono da matti. Io ho sempre paura della melensaggine. Non è una forma di machismo, la mia. Anzi, dal punto di vista creativo credo di avere un lato femminile molto sviluppato. Ma vorrei essere poetico usando un vocabolario scarno, vicino al linguaggio parlato. È per questo che ammiro profondamente anche i versi di Wisława Szymborska, la poetessa polacca che ottenne il Nobel nel 1996.»

Ormai le università se lo contendono come ospite di prestigio. Il 7 novembre Luciano partecipa, assieme a Nico Orengo, a un incontro sulla poesia che si svolge a Palazzo Nuovo a Torino: è il sesto appuntamento di un ciclo che ha per titolo *Maschile e femminile: la poesia ha un sesso?* organizzato per gli studenti che frequentano il corso di laurea in Scienze della comunicazione. Il 16 novembre lo IULM di Milano gli dedica un'intera giornata nell'ambito del Premio Videoclip Italiano per valorizzare la sua figura di «artista totale». Il 22 invece è ospite dell'ateneo di Salerno per la quarta edizione di Filmidea, uno degli eventi universitari più importanti riguardanti il cinema. Due giorni dopo fa un autentico bagno di folla nell'aula magna alla Sapienza di Roma: partecipa all'incontro *Tra palco e università* per presentare il suo volume di poesie. Rispondendo alle domande degli studenti, spiega che «la poesia che poi ha fatto nascere tutte le altre è *Il guscio rotto*», scaturita dal dolore per la morte del padre. Ecco alcuni versi: «in caso di male / hai chiesto cremazione (...) / ancora una volta / hai avuto l'ultima parola / cercando di non sporcare / non suonando mai / il campanello del reparto / confessando alla suora /e bestemmiando fino in fondo / che non ti andava di morire

/ e poi zittirci che avevi sonno / proprio nel giorno della madonna».

Lo stesso giorno in cui la raccolta di poesie arriva in libreria, al Teatro Filarmonico di Verona inizia la quarta e ultima parte del *Nome e cognome tour*: questa volta si esibisce in alcuni dei più prestigiosi teatri italiani, accompagnato da Robby Pellati, Antonio Righetti, Mel Previte, Josè Fiorilli e Mauro Pagani col suo solito armamentario composto da violino, flauto, armonica, bouzouki e mandola.

Significativa la scelta del brano che apre i concerti, *Sono qui per l'amore*, seguito da *Sogni di rock'n'roll*, così come è piena di significato la frase che il Liga ripete ogni sera all'inizio dello show: «Di solito chi suona a teatro chiede silenzio, io vi chiedo di fare quello che vi pare».

Rispetto alle prime tre fasi del tour, la scaletta cambia quasi ogni sera, e riaffiorano brani che dal vivo non eseguiva più da anni come *Ancora in piedi* e *Non dovete badare al cantante*. Per una decina di date interviene come ospite Giovanni Allevi, che oltre ad aprire il concerto eseguendo alcune sue composizioni, accompagna il Liga suonando al pianoforte *Certe notti* e *Una vita da mediano*. Altra caratteristica è quella di intervallare le canzoni con la lettura di una delle sue poesie.

Dopo alcuni concerti, entra in scaletta anche un brano inedito, *Gli ostacoli del cuore*, scritto qualche mese prima e consegnato a Elisa che lo ha incluso nel suo *Soundtrack '96-'06*, il «best of...» dei suoi primi dieci anni di carriera. Dice Luciano: «Stavo suonicchiando la chitarra e a un certo punto mi è uscita una melodia a cui subito si è allineata una serie di parole che mi risultavano particolarmente femminili rispetto al mio consueto modo di scrivere. Siccome stimo Elisa non solo perché e un'ottima cantante ma anche e soprattutto perché è "vera", l'ho chiamata e le ho detto che avevo scritto una canzone che mi sembrava avesse a che fare con lei e mi sarebbe piaciuto fargliela sentire».

Elisa racconta: «Ci eravamo conosciuti al suo grande concerto di Campovolo, ma eravamo in mezzo a tanta gente, era stato un incontro fugace. Eppure quando ho cominciato a cantare *Gli ostacoli del cuore* mi è sembrato di non muovermi di un passo: ero nel mio mondo e nel mio immaginario».

Per Elisa, il Liga torna dietro la macchina da presa: firma infatti la regia del video *Gli ostacoli del cuore*. Girato tra i corridoi del Forum di Assago, il clip mostra la cantante di Monfalcone che, davanti a uno specchio, esprime sentimenti contrastanti: piange, ride, si altera e sospira fino a quando una persona, con un semplice gesto, le indica la strada che stava cercando.

Ma torniamo al tour teatrale, che si conclude in modo trionfale il 17 dicembre con l'ultima delle sette date al Gran Teatro di Roma. C'è però una coda di tre concerti, il 19, 20 e 22 dicembre, al Teatro Valli, organizzati da Unieco, Riservarossa e Arci di Reggio Emilia. L'intero incasso viene devoluto in beneficenza: al netto di Iva e Siae, il ricavato della vendita dei biglietti è di centotrentaquattromila euro, ai quali bisogna aggiungere altri diecimila per la vendita del merchandising e sedicimila per i risparmi sui costi preventivati. Il totale di centosessantamila euro viene così ripartito: ottantamila euro vanno a due progetti denominati «Microcredito» e «Avvocati di strada» realizzati dalla Cooperativa La Collina; quarantamila euro vanno invece al progetto «A Belo Horizonte l'asilo più bello del mondo» sostenuto da Unieco, Coopselios e Borea, e altri quarantamila euro al progetto «Riapriamo le scuole in Pakistan» a cura di Cesvi e del comune di Correggio.

In questo modo il Liga chiude alla grande un anno per lui davvero magico, che lo ha visto protagonista in sette club, nove palasport, tredici stadi e cinquanta teatri, per un totale di ottanta concerti.

Forse qualcuno avrà notato che ricorre con una certa frequenza il numero sette: sette concerti a Roma, sette club, settantasette poesie, per di più suddivise in sette sezioni. In effetti per il Liga il sette è una specie di numero «magico»: il suo nome e il suo cognome sono di sette lettere, e le sue iniziali sono due sette rovesciati. Se li sommiamo, i numeri della sua data di nascita (13/3) danno sette, e il 7 gennaio è il suo onomastico. Il primo concerto lo ha fatto nel 1987 (aveva ventisette anni), il primo stadio nel 1997 e la prima compilation l'ha pubblicata nel 2007. Per il suo primo figlio, Lorenzo, ha scelto un nome di sette lettere. «Quando ho cominciato a rendermi conto che nella mia vita questo era un numero ricorrente» dice Luciano divertito «ho chiesto un consulto a un'amica che si interessa di numerologia e mi ha confermato che in effetti i sette erano dappertutto. Non sono così scaramantico, però ovviamente un po' ci gioco.» Così, siccome la sua canzone di maggior successo, *Certe notti*, era la traccia numero sette di *Buon compleanno Elvis*, con l'album successivo ha provato a fare il furbo, ma non gli ha detto bene. Comunque da quanto è venuto a conoscenza di questa storia, un po' per caso, un po' perché «non si sa mai!», i sette si sono intensificati: il *Nome e cognome tour* è iniziato il 7 febbraio, le prove per i palasport il 27 febbraio, nel corso della prima parte del tour ha cantato ventuno canzoni (tre volte sette), il 27 maggio è tornato a San Siro... Devo andare avanti?

26

PRIMO TEMPO

Archiviato un 2006 davvero esaltante, Luciano inizia il 2007 con una lettera inviata ai fan tramite il suo Diario di bordo in cui dice: «In questi giorni le domande che più spesso mi hanno rivolto amici, parenti, conoscenti o chi incontravo per strada sono state, nell'ordine: 1) "sarai stanchissimo, vero?" 2) "vai via per le feste?" 3) "adesso, finalmente ti riposi un po'?" 4) "l'anno prossimo fai qualcosa?"».

Dopo aver specificato che in realtà la domanda che gli fanno tutti, ma proprio tutti, è la prima, aggiunge che la sua risposta è sempre stata: «No, non sono stanco per niente», o addirittura: «Sono fresco come una rosa». Poi spiega che i motivi di questa mancanza di stanchezza sono molteplici, il più importante è la carica di energia che durante i concerti ha ricevuto dai fan. Scrive Luciano: «Alla solita enorme "quantità" di affetto a cui mi avete abituato, nel 2006 c'è stato uno scatto in avanti sulla qualità». Per celebrare gli ottantadue appuntamenti del *Nome e cognome tour* fa uscire un videoclip basato su *Sono qui per l'amore*, le cui immagini sono una testimonianza di tutto l'amore ricevuto dai fan.

Domenica 15 aprile gli riservano un curioso tributo:

nel comune di San Martino in Rio, a pochi chilometri da Correggio, inaugurano un ponte intitolato al suo primo film, *Radiofreccia*. La struttura scavalca un corso d'acqua chiamato Cavo Tresinaro e collega il centro del paese con il nuovo quartiere chiamato Oltre le querce.

Il 14 maggio partecipa all'ultima giornata del Salone del Libro di Torino per presentare *Parole e canzoni*, un cofanetto curato da Vincenzo Mollica contenente tutti i testi delle sue canzoni e un dvd che documenta momenti particolari della sua carriera. In quell'occasione spiega che effetto gli fa vedere i suoi testi scorporati dalla musica, lui che ha sempre sostenuto che questi due elementi devono per forza rimanere uniti: «Recentemente ho appreso con grande gioia che uno come Bob Dylan, che io considero da sempre uno dei massimi artefici della migliore poesia nella musica, abbia detto di aver scelto le parole delle sue canzoni per il suono, poi sicuramente ci sarà stato anche il significato. Quindi è molto importante il suono della parola nella canzone, e mi piace sempre pensare alla canzone come un fattore unico. Evidentemente questo libro che per la prima volta mi mette di fronte alle parole separate dalla musica un po' mi spiazza. Per certi versi mi sembrano bellissime, per certi altri molto meno, ma credo che questo sia naturale per chiunque si confronti con quello che ha fatto in passato. In generale è comunque divertente capire quali evoluzioni ci sono state nel tempo: per i primi quattro o cinque anni per parlare di me usavo il pretesto di usare la storia di altri e quando per forza dovevo parlare di me usavo un più prudente "noi". Mentre nei dieci anni successivi con un po' meno pudore e timore ho usato di più la prima persona singolare per poter dire l'unica cosa che uno può dire veramente, cioè quello che si vede filtrato da quello che egli stesso sente».

Promosso da influenti personalità della società civile, tra cui l'ex vicepresidente degli Stati Uniti Al Gore, a luglio si svolge un evento di rilevanza planetaria, il *Live Earth – The concert for a climate in crisis* (ovvero: La Terra in diretta – Concerto per un clima in crisi), una maratona musicale di ventiquattr'ore cui partecipano ben centodiciotto artisti suddivisi in otto megashow più tre concerti minori in tutti i continenti.

Luciano in realtà non partecipa direttamente a nessuno di questi concerti, ma trattandosi di un evento il cui scopo è sensibilizzare l'opinione pubblica mondiale sui temi del surriscaldamento globale, e per di più svolgendosi il 7-7-07, avrebbe potuto non dare in qualche modo un contributo? Lo fa incidendo una cover di *Eppure soffia* di Pierangelo Bertoli («Una delle canzoni più ecologiste dell'intero repertorio italiano»): è un regalo per i suoi fan, che possono ascoltarla su LigaChannel per ventiquattro ore a partire dalle sette del mattino del 7 luglio (detto per inciso, nel febbraio dell'anno successivo quella stessa versione farà da colonna sonora a una campagna di sensibilizzazione per la difesa ambientale promossa dal ministero dell'Ambiente e della Tutela del territorio e del mare).

A proposito di sette, essendo arrivati nell'anno di grazia 2007, poteva mancare un'iniziativa legata a doppio filo a questo numero «magico»? Certo che no, infatti ai primi di settembre annuncia l'*ElleSette tour*, cioè sette concerti al Palalottomatica di Roma e altri 7 al DatchForum di Milano: questa serie di concerti inizia, guarda un po', sabato 17 novembre.

Il giorno prima arriva nei negozi *Primo tempo*, un «best of...» col quale Luciano ripercorre la sua carriera da *Ligabue*, l'album d'esordio uscito nel 1990, a *Buon compleanno Elvis* (1995): oltre al cd, c'è anche un dvd contenente tutti i videoclip. Tutti i brani sono stati rimasterizzati a New York da Ted Jensen, che spiega: «Quando ho lavorato al remastering di questi pezzi ho cercato di migliorare il suono, però senza snaturare le versioni originali. Con Luciano ci siamo detti che tutto deve suonare meglio ma non diverso rispetto a come è stato concepito ai tempi. Credo di aver ottenuto una nuova freschezza e una qualità di ascolto superiore, però conservandone l'anima. Penso che questo sia un buon esempio di tecnologia al servizio della musica».

In *Primo tempo* ci sono pure due brani inediti, *Niente paura* e *Buonanotte all'Italia*, prodotti da Corrado Rustici e incisi nei Plant Studios di Sausalito, in California, con musicisti americani: Michael Urbano (batteria), Sean Hurley (basso), Frank Martin (piano) e Rustici che suona chitarre e tastiere.

«Per la prima volta da quando realizzo dischi» spiega il Liga «ho lasciato a un produttore carta bianca sulla scelta dei musicisti e degli studi di incisione e di mixaggio: gli ho dato i provini che avevo realizzato, poi ci siamo confrontati sugli arrangiamenti. Tutto qui. È stata una figata!»

Nell'ormai usuale lunga chiacchierata per il servizio su «Max», Luciano mi dice che quella strofa di *Niente paura* («A parte che ho ancora il vomito per quello che riescono a dire / non so se son peggio le balle oppure le facce che riescono a fare») «è un ovvio riferimento alla nostra classe politica, che è capace di promettere e non mantenere. Mi piacerebbe trovare un modo per ricordare alle persone che il voto è una cosa importante. E, soprattutto, ricordare a chi viene votato che cosa vuol dire fare i conti con questa concessione di fiducia. Purtroppo oggi il voto viene dato con una certa leggerezza e i politici fanno quello che gli pare. Parliamo di mondi paralleli che non si frequentano, non si annusano, forse nemmeno si conoscono. Io sono convinto che fare politica sia difficilissimo. Però servono segnali diversi».

In quel periodo si parla molto di Beppe Grillo, V-day (al quale Luciano aderisce) ed effetti della cosiddetta «antipolitica». «Questi effetti» afferma il Liga «sono direttamente proporzionali a quanto la gente vede funzionare la politica. Chiaro, se la gente continua a non vedere segnali, se non ce la fa ad arrivare alla fine del mese, se vede che i trasporti, i servizi, la scuola, la sanità non funzionano come dovrebbero, ha tutto il diritto di incazzarsi. Lo so che è difficile far funzionare queste cose in un Paese che fa fatica a modernizzarsi e che ha un debito pubblico spaventoso. I miracoli non li fanno né a destra né a sinistra. Ma proprio per questo chi fa politica dovrebbe lavorare di più e promettere di meno. La gente non può avere pazienza all'infinito.»

Questi argomenti li sfiora anche nel secondo brano inedito, *Buonanotte all'Italia*: «È una dichiarazione d'amore molto chiara verso questo Paese che continuo a ritenere stupendo, di una bellezza unica, ma che non riesce a essere moderno. L'idea di questa canzone mi è venuta tornando a casa dopo i concerti: viaggiare in auto è una bella occasione per guardare l'Italia dal finestrino, ci sono tratti d'autostrada stupendi. Mi piace soprattutto quando rientro dalla Liguria, da una parte c'è il mare, dall'altra i monti punteggiati di case. A notte fonda qualche finestra è illuminata e io mi domando chi c'è dietro, sono persone insonni o fanno il turno di notte? Allora mi viene da pensare ai cazzi loro, mi chiedo se è gente che ce la fa ad arrivare alla fine del mese o come si sente a far parte di questo Paese. Noi siamo orgogliosissimi di essere italiani appena passiamo il confine, ma in Italia ci comportiamo in modo diverso».

Alla domanda «chi è, oggi, Luciano Ligabue?» risponde: «Sono in una buona fase, che dura da almeno tre anni. Prima ho vissuto un periodo molto tempestoso, in cui è successo un po' di tutto: crisi, separazione, lutti. Da almeno tre anni provo, invece, una buona sensazione di appagamento. Io di natura sono un inquieto, uno che non si lascia mai stare del tutto. Da un punto di vista artistico questo è positivo, le persone che si lasciano in pace non hanno la pulsione a scrivere. Quando invece ti tormenti un po', alla fine hai bisogno di trovare uno sfogo. Negli ultimi tre anni forse sono stato un po' meno severo con me stesso e sono riuscito a goder meglio delle cose belle che arrivano dalla gente. Ho percepito la qualità dell'affetto dei fan».

Poi aggiunge: «Rispetto ai miei esordi mi risulta più facile raccontarmi in musica. Credo di riuscirci un po' meglio perché ho meno pudori. Nei primi album mandavo sempre avanti i personaggi, parlavo di me di sponda, raccontando storie. Ora invece non ho nessun timore a mostrarmi in prima persona».

Quando gli domando se usa l'iPod, ribatte: «È perfetto per andare a correre. Ma il suo uso mi ha fatto capire quanto sia cambiato il nostro rapporto con la musica rispetto a qualche anno fa. Io per un certo periodo sono stato un feticista, conservavo vinili e cd con grande amore. Quando ho iniziato a usare l'iPod, ci ho messo dentro le settemila canzoni della mia vita. Un giorno l'ho dato a Mauro Pagani e lui in un attimo si è scaricato gratuitamente tutto. Nel mio inconscio il fatto che tutto potesse essere contenuto in un affarino così piccolo e potesse essere scaricato gratis ha abbassato l'affetto che avevo sempre nutrito per la musica. Oggi la musica ti arriva dappertutto, in auto, dalla radio, al bar, in spiaggia, nei negozi, all'aeroporto. E si riduce a sottofondo. La musica è così svalorizzata da aver meno valore anche da un punto di vista culturale e affettivo. Ma io non ci sto. Personalmente ho bisogno di musica, ho bisogno di sapere che in giro c'è chi sa fare buona musica per poterne godere».

Lui è uno che sa fare buona musica e i suoi fan lo sanno. Infatti *Primo tempo* va subito in vetta alle *charts* e i centocinquantamila biglietti dell'*ElleSette tour* vanno a ruba. La formazione che affianca Luciano per questi concerti è inedita: ci sono Max Cottafavi e Mel Previte alle chitarre, «Rigo» Righetti al basso, Robby Pellati alla batteria e Josè Fiorilli alle tastiere.

Inedito è anche il ruolo di Claudio Maioli, che dopo diciotto anni di esperienza maturata dietro il palco, per la prima volta produce pure il tour. «Produrre uno show partendo da zero» spiega Maio «è un'avventura davvero stimolante... Dopo aver inventato "eventi mostre" prima dell'uscita di un disco, tour palasport-teatri nella stessa città, tour misti club-palazzetti-stadi-teatri nello stesso anno, solo teatri in acustico e altre cose ancora, c'era bisogno di un'idea nuova. Così, quando Ferdinando Salzano della Friends&Partners mi dice "Perché non fare più date nello stesso palazzetto a Milano e Roma?", la cosa mi solletica. Ho imparato da Luciano che le cose giuste spesso sono quelle che ti arrivano addosso da sole e ho letto su un libro che la scelta migliore di solito è quella che prendi nei primi sette respiri (sette, appunto!)...»

A Luciano l'idea piace, così l'*ElleSette* prende forma: è uno spettacolo che ottimizza gli spazi esistenti, cosa che nei palasport con produzioni che restano una sera soltanto è impossibile fare per problemi legati ai tempi di montaggio e smontaggio. Anche se uguali concettualmente, come allestimento Roma e Milano sono due produzioni molto differenti. In entrambi i casi, invece, il Liga propone una scaletta zeppa di successi: dall'inizio alla fine canta solo brani famosi, scatenando un autentico delirio tra il pubblico. Le date romane si svolgono dal 17 al 26 novembre, quelle milanesi dal 12 al 21 dicembre.

Lo stage è circondato da molti metri quadri di schermi a led di ultimissima generazione e lo show è basato su un nuovo concetto di profondità che dà al pubblico una sensazione di «avvolgimento». C'è pure qualche suggestiva trovata, come l'inizio del concerto che vede il Liga comparire all'improvviso non sul palco principale ma su una piccola pedana in fondo alla sala, illuminato da un fascio di luce e pronto a intonare una versione acustica di *Sogni di rock'n'roll*. Durante l'esecuzione di *Piccola stella senza cielo*, invece, un'acrobata si arrampica fin quasi al soffitto compiendo evoluzioni appesa a robuste strisce di tessuto.

Propone anche qualche cover: due classici come *Jumpin' Jack Flash* dei Rolling Stones e *Rebel rebel* di David Bowie. L'omaggio più bello però è quello a Pierangelo Bertoli, con la versione di *Eppure soffia* già proposta in occasione del *Live Earth*. Da sottolineare, a proposito, che quelli di *ElleSette* sono concerti a «impatto zero» sull'ambiente: per compensare i 592.511 chili di Co_2 emessi durante il tour, l'organizzazione fa piantare 152.906 metri quadri di foresta in Costa Rica. Inoltre tutti i mezzi di trasporto utilizzati sono ibridi, possono cioè funzionare sia a carburante, sia a elettricità.

Undicimila persone per sette sere al DatchForum fanno settantasettemila spettatori, tanti quanti ne contiene San Siro. «Ogni volta che mi capita di vedere il mio pubblico che si diverte, che mi accoglie con un boato,» dice il Liga «mi sorprendo. È una cosa a cui non ci si abitua mai. E poi al pubblico milanese sono affezionato da sempre. Qui feci il mio primo sold out nel 1990 al Rolling Stone. Due anni dopo ne arrivò un altro, il primo nei palazzetti, in quello che allora si chiamava PalaTrussardi. Poi c'è stata la prima indimenticabile volta a San Siro, con tutte quelle che sono seguite.»

Comunque lo spettacolo del DatchForum è un autentico happening, tanto che Luciano a un certo punto dice al pubblico entusiasta: «Stasera c'è puzza di festa. Sarà una festa di canzoni». E in chiusura, dopo aver proposto una toccante versione di *Buonanotte all'Italia*, raccomanda ai presenti di andare a casa a fare l'amore: «Lo dico anche a chi non ha un partner. Non è comunque tempo perduto e non si perdono diottrie».

27

SECONDO TEMPO (E TEMPI SUPPLEMENTARI)

A fine gennaio 2008 il Liga annuncia che ad aprile farà un tour europeo e a luglio un tour negli stadi. Dell'*European tour '08* inizialmente vengono annunciati nove concerti nei club di altrettante città, ma presto gli show di Zurigo e di Londra vengono raddoppiati. Rispetto all'*ElleSette tour* la formazione è totalmente rivoluzionata: ci sono Federico «Capitan Fede» Poggipollini e Niccolò Bossini alle chitarre, Luciano Luisi alle tastiere e programmazione, Josè Fiorilli all'Hammond e tastiere, mentre la sezione ritmica è formata da due americani, il batterista Michael Urbano e il bassista Kaveh Rastegar. A Corrado Rustici è affidato il ruolo di riarrangiare tutti i brani. È per questo motivo che tutta la fase preparatoria si svolge in una sala prove di Berkeley, in California.

Racconta Poggipollini: «Luciano non c'era. Noi siamo rimasti lì quasi un mese, provando trentacinque o trentasei brani. Ogni giorno gli spedivamo via e-mail i risultati del nostro lavoro e lui ci diceva se la cosa gli piaceva o meno e dava i suoi suggerimenti... Lavorare con Rustici forse ha tolto qualcosa all'istintività, ma sicuramente ha reso tutto più compatto e professionale».

Per «Capitan Fede» quello è un periodo speciale anche per un motivo molto più personale: il 20 marzo, proprio mentre è a Berkeley a preparare il nuovo tour, nasce sua figlia Cloe. La vedrà solo il 31 al suo rientro in Italia. «E comunque» dice «neanche una volta tornato a casa me la sono potuta godere come avrei voluto. Infatti subito dopo è iniziato il lavoro di allestimento dello show: sei giorni di lavoro al Vox di Nonantola. Poi, quasi un mese di tour: in tutto quel periodo ho dormito pochissimo, travolto da emozioni di ogni tipo.»

Il 7 aprile inizia il tour. Prima data al Paradiso di Amsterdam, a seguire due concerti in Spagna: il 9 al Joy Eslava di Madrid e l'11 al Bikini di Barcellona. «Suonare in Europa» racconta quella sera ai giornalisti italiani che sono andati a vederlo «è soprattutto un gran divertimento. Per il momento non esiste un progetto per cercare di allargare il mercato all'estero. Ma è comunque un'esperienza nuova. Suono nei club dove tutto è nudo e crudo. C'è il contatto fisico con la gente, che riesce quasi a toccarti, tra un po' ti sfila anche gli stivali. Ma per me il rock è proprio questo: una questione di fisicità.»

In quei giorni a Barcellona realizza il videoclip di *Il centro del mondo*. «Questo video» spiega Luciano «parla di desideri, di sogni che si avverano e di libertà: la libertà di fare quello che si vuole. Ci sono due ragazzi dotati di un potere magico, un potere magico in grado di portarli al centro del mondo.» La regia è di Marco Salom e Cosimo Alemà, le riprese (alcune delle quali subacquee) durano due giorni. La protagonista femminile, Misia, è una ragazza spagnola; mentre il protagonista maschile, Stanislav, è un ragazzo siberiano. Da notare che il numero sette appare numerose volte nel video.

Il 14 il tour prosegue a La Cigale di Parigi, il 16 c'è la prima delle due date alla Volkshaus di Zurigo (la seconda è il 24), il 18 suonano alla Markthalle di Amburgo, il

20 alla Georg Elser-Halle di Monaco e il 22 al Postbahnhof di Berlino. Dice Niccolò Bossini: «Questo è stato il mio concerto preferito. Se in altre città, per esempio ad Amsterdam, Madrid, Barcellona e Zurigo, avevamo fatto dei pienoni, qui c'era ancora qualche posto disponibile. Però il pubblico era straordinariamente carico e conseguentemente ci ha trasmesso un'energia pazzesca».

Invece le serate che «Capitan Fede» ricorda più volentieri sono le due al Koko di Londra (27 e 28 aprile): «Io non avevo mai suonato a Londra, e ritrovarmi su quel palco è stata un'esperienza memorabile. Non solo perché siamo stati accolti con un entusiasmo straordinario, ma anche perché sono tornato indietro nel tempo, a quando avevo quindici anni e nella stazione della metropolitana di Camden Town, che è a due passi dal Koko, mi feci fotografare con uno dei miei idoli, il mitico Joe Strummer».

A Londra c'ero anch'io e posso testimoniare che l'entusiasmo era davvero alle stelle. Vero, la maggior parte del pubblico era composta da italiani residenti nella capitale inglese o che avevano approfittato del ponte del 25 aprile, ma anche i cittadini di sua maestà capitati lì magari per caso, o perché convinti da un amico italiano, contribuiscono a rendere la temperatura incandescente. Luciano è in grande spolvero e i ragazzi della band lo sostengono a meraviglia.

Archiviato il tour europeo, mentre *Primo tempo* continua a stazionare nei posti alti delle classifiche di vendita, il Liga dà gli ultimi ritocchi a *Secondo tempo*, il secondo «best of...» che contiene tutti i singoli pubblicati tra il 1997 e il 2005, più tre brani inediti: uno, *Il centro del mondo*, lo produce Corrado Rustici; gli altri due, *Il mio pensiero* e una nuova versione di *Ho ancora la forza*, il brano scritto a quattro mani con Francesco Guccini, li produce Fabrizio Barbacci.

Verso fine maggio lo incontro in due diverse occasioni per un servizio per «Max», questa volta di copertina: assieme al fotografo Maki Galimberti ci vediamo una prima volta dentro San Siro, che visto all'ora del tramonto, vuoto, incute un timore pazzesco. Figuriamoci l'impressione che deve fare quando si sale su un palco davanti a una folla impazzita! Quando gli domando che effetto gli fa trovarsi in uno stadio vuoto, risponde: «È l'effetto dello spreco: uno stadio vuoto è uno stadio sprecato, nel senso che è fatto per contenere gente, gente che in qualche modo deve provare emozioni. In genere lo fa per motivi sportivi, positivi o negativi a seconda della squadra per cui tifa. Ma fortunatamente lo fa anche ascoltando musica, in genere in questo caso tendono a essere più sul positivo che sul negativo, a meno che non li deludi con un concerto particolarmente brutto. Per certi aspetti è una sensazione piuttosto inquietante: se da una parte è desolante, dall'altra è molto intrigante perché ti permette di immaginare che qui dentro è possibile che settantamila persone, ognuna con la sua storia, si mettano tutte insieme a condividere per due ore la stessa emozione». Qualche giorno dopo ci rivediamo a Correggio, e lo trovo molto più rilassato rispetto all'incontro di Milano. Ma stavolta la musica non c'entra: la domenica precedente si è giocata Parma-Inter, ultima giornata di campionato, e la sua squadra del cuore con una doppietta di Ibrahimović ha espugnato il Tardini e si è riconfermata campione d'Italia!

Secondo tempo esce il 30 maggio e tre settimane dopo, esattamente il 23 giugno, Luciano entra in sala prove con la band (è la stessa formazione che lo ha accompagnato in Europa) per le ultime fasi della preparazione del tour negli stadi, chiamato *LL 2008*.

Il tour debutta in modo trionfale a San Siro il 4 luglio: il concerto si apre in maniera inconsueta con *Certe notti* e prosegue sulla falsariga degli ultimi due album, quindi è una sorta di «best of...» con una serie incredibile di grandi successi. A un certo punto, mentre il Liga canta *Non è tempo per noi*, su un megaschermo di ventisei metri per dodici scorrono i primi undici articoli della Costituzione. «L'intento» spiegherà a concerto finito «è quello di far riflettere. Voglio capire se questi articoli hanno ancora un significato.»

Sul megaschermo vengono proiettate immagini diverse per ogni pezzo. Ci sono svariati messaggi ambientali: pure questo è un concerto a «impatto zero», così come l'*ElleSette* (viene creata una foresta di 218.700 metri quadri, sempre in Costa Rica); inoltre il gigantesco palco è allestito con elementi simbolici, come pale eoliche e pannelli solari.

In tutto propone venticinque pezzi, per quasi due ore e mezzo di rock ad alta tensione. Il pubblico urla, fa cori che talvolta sovrastano la sua voce, certi boati sono così fragorosi che fanno tremare lo stadio. Luciano è in una forma vocale e fisica smagliante e propone uno show grintoso e fluido. Dice il Liga: «San Siro è sempre San Siro, non importa quante volte ci hai suonato: è un posto che intimorisce. Però questa è stata la nostra migliore "prima" di sempre».

«In effetti» conferma Poggipollini «è stato un concerto davvero bello, concordo nel dire che è stata la migliore "prima" in assoluto: rispetto al passato eravamo tutti molto rilassati e veniva fuori un suono fantastico. Quando ti rendi conto che sei in una specie di stato di grazia, non sbagli niente neanche a volerlo.»

Ma tutto il tour procede nel migliore dei modi. All'inizio le date dovevano essere cinque, ma strada facendo ne sono state aggiunte altre tre: il raddoppio di San Siro la sera successiva, lo stadio San Vito di Cosenza il 15 luglio e la Fiera di Cagliari il 22, dove Luciano ricorda l'ex cantante dei Tazenda Andrea Parodi, col quale aveva duettato due anni prima durante il *Nome e cognome tour*.

Le altre tappe sono il 9 luglio allo stadio Artemio Franchi di Firenze, il 12 all'Arena delle Vittorie di Bari, il 18 allo stadio Olimpico di Roma: quel giorno Nelson Mandela compie novant'anni, e Luciano gli fa i suoi auguri a caratteri cubitali sui megaschermi. Chiusura col botto il 26 al Velodromo di Palermo: quella sera l'entusiasmo del pubblico è davvero incontenibile.

Ovunque durante il pezzo finale, *Buonanotte all'Italia*, alle spalle degli artisti scorre un filmato in bianco e nero di memorie italiane che comprende connazionali illustri (fra cui Enzo Biagi, Vittorio Gassman, Fabrizio De André, Giovanni Falcone, Alberto Sordi, Sandro Pertini, Federico Fellini, Enzo Ferrari, Pier Paolo Pasolini: non c'è Lucio Battisti perché – incredibile a dirsi – la vedova non ha concesso l'autorizzazione all'uso dell'immagine!) alternati a momenti terribili, da non dimenticare, come la strage alla stazione di Bologna o quella di Piazza Fontana.

A metà luglio, nei giorni a ridosso del concerto all'Olimpico, nella campagna laziale gira il video di *Il mio pensiero*. L'ambientazione è bucolica: il video racconta una giornata all'aria aperta, fra erba e campi di grano, e alla base c'è l'idea felliniana di circondare Luciano di singolari figure femminili: c'è un'amazzone (il ruolo è interpretato dall'attrice Sarah Felberbaum), una funambola, un'acrobata. Ma la donna cui è dedicata la canzone, sulla scena non compare mai. «Abbiamo girato» racconta Luciano «dalle undici di mattina fino alle undici di sera, perché il pezzo ripercorre un'intera giornata, una domenica che finisce davanti alla tv, dove nemmeno un comico riesce a strapparmi un sorriso e a farmi dimenticare lei.»

Il video di *Il mio pensiero* inizia a essere programmato il 25 agosto, ed esattamente un mese dopo prende il via una serie di sette concerti all'Arena di Verona. Da notare che originariamente ne erano stati annunciati soltanto cinque e il titolo era *...certe notti all'Arena, orchestra e rock and roll!*, poi trasformato in *... sette notti all'Arena, orchestra e rock and roll!* Musicalmente, la principale caratteristica di questa nuova serie di concerti è l'uso di un'orchestra di settanta elementi diretta da Marco Sabiu. «L'avevo conosciuto nel 2005,» spiega Luciano «quando ho partecipato come ospite alla trasmissione di Celentano *Rockpolitik*... Devo dire che l'idea di suonare con una grande orchestra mi stimola moltissimo, sarà senz'altro un concerto diverso: in alcuni brani i ragazzi della band e io ci fonderemo con l'orchestra. In altri saremo solo noi e in altri ancora ci sarò solo io con l'orchestra.»

La sera del debutto il colpo d'occhio è fantastico: il Liga invita gli spettatori a riprendere una tradizione cara all'Arena, iniziata nel 1913 con l'*Aida* di Verdi. «Durante il primo brano in programma» dice «si era soliti tenere una candelina accesa. Ora tocca a voi mantenere questa tradizione.» Con l'Arena punteggiata di fiammelle tremolanti, partono le note di *Sono qui per l'amore*. Ma a causa di problemi tecnici Luciano è costretto a interrompere la sua esibizione. Dopo qualche minuto i problemi vengono risolti e può riprendere il suo show: nonostante la partenza a handicap, il concerto decolla immediatamente e i tredicimila spettatori ne sono estasiati: le stesse scene di ammirazione si ripetono nei sei concerti successivi.

«Questi live» commenta Luciano «sono stati fra le cose più belle che mi sono capitate da quando mi esibisco di fronte a un pubblico. Peccato averli finiti ma, in fondo, ne abbiamo programmati sette ed è giusto farsene una ragione.» Poi aggiunge: «Sento dire sempre più spesso che vi siete convinti che io adesso sparisca per due anni. Ma chi l'ha detto? Di sicuro non io».

Si sa che Luciano non è proprio capace di stare senza far niente: infatti in quel periodo esce il nuovo album di Fiorella Mannoia, *Il movimento del dare*, il cui primo singolo, *Io posso dire la mia sugli uomini*, porta la firma di Ligabue. Che spiega: «È la seconda volta (dopo averlo fatto con Guccini) che scrivo una canzone provando a mettermi nei panni di qualcun altro: *Gli ostacoli del cuore* in realtà l'avevo scritta per me, ma poi ho deciso di darla a Elisa. Fiorella e io ci siamo conosciuti un po' meglio, ho scritto la canzone, l'abbiamo provinata velocemente, poi lei l'ha realizzata col suo produttore di fiducia».

Come sia nata questa collaborazione lo racconta Fiorella ad Andrea Laffranchi del «Corriere della Sera»: «In uno degli ultimi tour avevo in scaletta *Metti in circolo il tuo amore* e seppi che a Luciano era piaciuta la mia interpretazione. Mi sono resa conto che nelle interviste, quando qualcuno mi domandava con chi avrei voluto lavorare, spesso rispondevo Ligabue. Era un sogno, un pour parler, e non c'era stato nessun contatto se non un incontro dietro le quinte del mio tour con Pino Daniele, De Gregori e Ron. Quando il mio manager mi ha detto che Luciano aveva una canzone pronta per me sono rimasta sorpresa due volte: per il regalo e perché non era un brano che lui aveva e che proponeva anche a me, ma qualcosa scritto pensando proprio a me. L'idea di donna che lui esprime con quelle parole è in linea con come mi sento adesso. Ha azzeccato il mio essere. Ha descritto una donna che, come dice il testo, con tutte le esperienze che ha fatto guarda ancora in faccia il sole senza abbassare lo sguardo, una persona che vuole fare ancora tanto. Mi ha colpito che a fare questo sia stato un uomo: è riuscito a scandagliare in profondità l'animo e i comportamenti femminili. Chi scrive di queste cose è un uomo che ama le donne, ma non nel senso di amore verso il sesso opposto: le ama come esseri umani».

Domenica 16 novembre Luciano tiene uno specialissimo concerto voce e chitarra nella sua Correggio, al teatro Asioli: i cinquecento fan che sono riusciti a procurarsi il biglietto hanno la fortuna di assistere a una esibizione davvero intensa. Contrariamente alle sue abitudini, parla tantissimo, racconta aneddoti sulla sua infanzia, ricorda le giornate passate con l'amatissimo cugino Gianni, parla della morte del padre, del suo rapporto col «borgo». Solo gli amici più intimi sanno che tanta voglia di mettersi a nudo, di cercare un rapporto che sia il più intimo possibile con i suoi fan scaturisce da un grande dramma personale: soltanto una settimana prima la sua compagna Barbara, al quinto mese di gravidanza, ha avuto un aborto spontaneo.

Il concerto viene replicato la sera dopo al teatro Valli di Reggio Emilia: stavolta a metà serata sale sul palco Don Luigi Ciotti, fondatore dell'associazione Libera. I proventi delle due serate sono stati infatti interamente devoluti alla campagna «Una collina di vigne e ulivi per una terra LIBERA dalla mafia», per sostenere la realizzazione di un oliveto di duemila piante e di un vigneto di diciotto ettari sui terreni confiscati alla criminalità organizzata e assegnati alla cooperativa Pio La Torre – Libera Terra.

Luciano e Don Ciotti si erano conosciuti il 26 luglio in occasione del concerto a Palermo: quel giorno il Liga aveva piantato simbolicamente il primo ulivo sulle terre di San Giuseppe Jato devastate, poco tempo prima, da un incendio di origine dolosa. Durante il concerto al Valli, Don Ciotti ammonisce: «Sei venuto a piantare un ulivo per dare un segno ai mafiosi che il diritto e la legalità vincono, ma dobbiamo ricordarci che la mafia in questo paese non morirà mai se non cambia il modo di fare politica».

Nei due mesi successivi ai concerti all'Asioli e al Valli, Luciano dedica molto tempo alla famiglia e agli amici del «borgo», ristabilendo anche contatti con persone che aveva perso di vista da un po', per esempio i componenti degli OraZero, la band che aveva vissuto con lui i primi «sogni di rock'n'roll». Il 15 febbraio partecipa a *Nomadincontro 2009*, che si svolge al teatro Tenda di Novellara, dove Beppe Carletti gli consegna il Tributo speciale Augusto Daolio. In quell'occasione Luciano propone anche una sua versione voce, chitarra e armonica di *Ho difeso il mio amore*.

Sempre in quel periodo, cominciano a circolare le prime indiscrezioni su un nuovo tour. Qualche giorno dopo arriva l'ufficializzazione da parte di LigaChannel: a fine maggio Luciano fa quattro concerti in Europa: il 23 al Razzmatazz di Barcellona, il 25 al Forum di Londra, il 28 al Paradiso di Amsterdam e il 30 all'Olympia di Parigi. A suo fianco c'è una volta ancora la formazione che lo ha accompagnato nel tour del 2008. E se questa per i fan è una notizia ghiotta, lo è ancora di più l'annuncio che a settembre ripeterà l'esperienza di Verona: altri sette concerti in Arena con accompagnamento dell'orchestra. «Sai com'è,» dice Claudio Maioli, che ha vissuto tutta la luminosa carriera del Liga nella doppia veste di amico e di manager «quell'esperienza a Luciano è piaciuta da matti. Così quando abbiamo saputo che c'era la possibilità di replicarla ci è sembrata un'occasione da non perdere.» «Cosa dovrei aggiungere?» chiosa Luciano. «Ho già parlato della straordinarietà del contributo dell'orchestra, della magia dell'Arena... E poi chiunque mi conosca sa che per me salire su un palco è una ragione di vita.»

28

(APPENDICE 1)
VASCO E IL LIGA SI INTERVISTANO

L'idea venne a Marco Ligabue: perché non far «incontrare» telefonicamente Vasco e suo fratello Luciano? Grazie alla collaborazione del fan club ufficiale del Blasco, e in particolare del suo coordinatore Arturo Bertusi, l'idea fu messa in pratica. Così nel 1995 «Bar Mario», la fanzine del Ligabue Fan Club, pubblica un bell'articolo: è il fedele resoconto di quella lunga chiacchierata telefonica tra il Liga e Vasco Rossi. Ci sono spunti molto interessanti ed è un'ulteriore dimostrazione che Vasco e Luciano si sono sempre stimati e rispettati.

Liga: Pronto!
Vasco: Ehi!
Liga: Oh!
Vasco: Carissimo!
Liga: Come stai?
Vasco: Sto bene, e te?
L: Anch'io... son qua... sono in un bar con i ragazzi con i quali...
V: Devi suonare?
L: Massì stiamo facendo delle prove... adesso andiamo a fare una puntatina in Svizzera... perché io non ne

posso più: c'ho voglia di suonare! Facciamo cinque date nei club a metà febbraio.

V: Ti capisco, ti capisco, anch'io avrei voglia di andare a suonare un po'...

L: C'hai voglia eh? Hai sempre voglia te...

V: Sì perché, più che altro, a stare a casa mi annoio un po'...

L: Oh senti, la settimana scorsa ho visto Bellei... (*Riccardo Bellei, una delle colonne di Punto Radio, n.d.a.*) è venuto a casa mia... secondo me voleva farmi sentire dei pezzi.

V: Ah be', è chiaro...

L: Però mi ha detto che voleva sentire della gente che era rimasta attaccata a Punto Radio, e lì mi ha toccato sul vivo... ti ricordi che te ne avevo parlato quando ci siamo visti lì a Bologna? Be', insomma te l'avevo già detto: per me Punto Radio è stata un'esperienza formativa importantissima, nel bene e nel male chiaramente... parlandone con Bellei abbiamo ricordato cose bellissime, anche lui si stupiva delle responsabilità che avevate voi già all'epoca perché... io poi tra l'altro, i primi anni, quando sentivo parlare di Vasco Rossi dicevo «il dj»! Tu eri già la rockstar là dentro... mi ricordo che dicevano «è arrivato Vasco, è arrivato il bello della radio...». Eri già il figo della situazione...

V: ...c'era poca concorrenza!

L: ...tu facevi «Sound on sound» il pomeriggio e spesso la sera ti tirava dietro Bellei a fare «Spazio aperto».

V: Esatto, quello era il bello...

L: ...il pomeriggio mettevi della disco, mentre la sera veniva fuori una roba clamorosa!

V: Sì, lì analizzavamo le canzoni, capito? «Spazio aperto» era un programma che starebbe bene anche se lo facessero adesso... studiare le canzoni dopo averle sentite era una pratica interessantissima e divertente...

L: Ma sai perché? Perché in quegli anni Settanta, quando tutti dovevano essere «impegnati» con le ideologie e via dicendo, a Punto Radio venivano fuori delle storie originali ma anche divertenti, leggere. Mi ricordo che frequentavo le medie, e tante volte mi ritrovavo con gli amici a commentare il programma della sera prima! Le cose che ci facevate ascoltare voi, le vostre interpretazioni, le vostre riflessioni... non credo che capiti più adesso...

V: No, anche perché non lo fanno proprio, non lo fanno da nessuna parte... sarebbe bello tornarlo a fare. Noi trasmettevamo le canzoni dei cantautori, era il loro periodo, quello di ... De Gregori, Venditti...

L: Bellei si vestiva anche come Venditti!

V: Sì, Bellei era un vendittiano clamoroso, cantava anche come lui! Adesso invece è molto meglio... e noi parlavamo dei testi, cercando di capire cosa volessero dire... studiavamo frase per frase e ne discutevamo anche con gli ascoltatori... pensa farlo adesso, con gli autori d'oggi... pensa analizzare anche le tue canzoni!? Le canzoni d'autore dico io, eh?

L: Eh, adesso la gente non c'ha mica un cazzo di tempo di star lì a capire cosa vuol dire «quella» canzone!

V: Pensa quanti mondi ci sono dentro una canzone, come ci si può allargare la mente... parlando di tutte le cose che in realtà ci sono tra le righe delle canzoni!

L: Ce ne sono miliardi! Perché poi man mano che gli dedichi tempo ne vengono fuori a getto continuo, una più profonda dell'altra!

V: Noi dobbiamo rifarlo un programma del genere, solo che io non ho più voglia di fare un cazzo!

L: Eh, eh!

La redazione: C'intromettiamo un attimo: visto che state parlando di un mezzo di comunicazione fantastico, la radio, ci volete dire cosa ne pensate della televisione? Voi ne parlate spesso, direttamente o indirettamente, nelle vostre canzoni. I giovani che vi seguono sono praticamente nati con la televisione in casa. Ma, insomma, la televisione come si deve «consumare»? Siamo arrivati al punto di doversi disintossicare dalla tv?

V: Io penso che si debba cercare di disintossicarsi, sono proprio convinto che bisogna togliere la televisione dalla camera da letto, ad esempio io l'ho tolta. Bisogna cercare di guardarla di meno, perché non c'è possibilità sennò di evitare di essere plagiati... anche perché noi non ci accorgiamo sempre che sta accadendo, eppure avviene, piano piano, lentamente... e noi siamo lì davanti, fondamentalmente passivi, e le ore passano. Quindi è meglio allontanarla fisicamente, capito?

La redazione: Allora bisognerebbe toglierla anche dalla sala da pranzo, dalla cucina: sempre più spesso in famiglia, quando si è a pranzo o a cena, invece di parlare si sta zitti, e si guarda il telegiornale...

V: Questo sì, è vero... più che altro sarebbe bello tenerla spenta dopo e fare qualcosa insieme: pensa a un dopo cena in famiglia con la tv spenta! E comunque anche durante il giorno bisognerebbe tenersene lontano... basterebbe accendere la radio, quella ti tiene compagnia senza rincoglionirti... non so la mattina, appena svegli... una volta io accendevo la tv, adesso no... mi sintonizzo su RadioRai e sto bene, ci sono delle trasmissioni interessantissime, si parla di tante cose... insomma, quando la mattina ci si sveglia e si ha l'anima pulita pulita non sporchiamola con quelle stronzate di filmetti uno uguale all'altro tipo *Chips*, *Tricks* e via dicendo!

L: Sì, 'sta roba qua non dovrebbe diffondersi, non si dovrebbe trasmettere. Facendo però un discorso personale posso dire questo: se tu non passi sul video la gente non crede che stai facendo una cosa importante! Il problema è questo qua: la tua credibilità passa attraverso la consacrazione di un modello televisivo... è spaventoso tutto ciò!

V: Scusa se t'interrompo, ma giusto all'inizio è così... dopo puoi farne anche a meno... è una questione di scelte...

L: Ah beh, certo, tu ormai non hai di questi problemi... puoi anche non farti vedere. La cosa antipatica è che spesso ti mortifichi a partecipare a delle trasmissioni che non ti piacciono, e quindi controvoglia, ma che diventano necessarie per far sapere in giro quello che stai facendo!

V: Esatto, io posso permettermi di non farlo più, capito? E me ne sto per i cazzi miei, fuori da questi giri...

L: Eh, lo so e t'invidio molto! Andare in televisione a me crea spesso imbarazzo... qualche volta poi ci sono contesti un po' più piacevoli e... vabbe'! Da Red Ronnie mi sono trovato bene, ma in altre occasioni ti ritrovi davanti a una persona, a un conduttore, che non sa un cazzo di niente, che ti fa la domanda più ovvia e cretina e tu bene o male sei costretto a stare al gioco... sì perché la televisione si regge tutta sui tempi e sugli indici d'ascolto, il programma deve essere sempre interessante, deve «ripartire» ogni trenta secondi sennò il telespettatore cambia canale... e allora tu che sei l'ospite devi recitare una parte «idiota» e «superficiale» simile a quella del conduttore e che alla fine non è comunque la tua! Insomma, la televisione di per sé non è il bene o il male, ma è il meccanismo che la regola a essere deleterio, cioè il fatto di «tenere vivo» il programma a ogni costo (usando quindi anche la stupidità) per evitare che il telespettatore passi su un'altra rete... è un meccanismo infernale, con ritmi assurdi e contenuti che sono delle cagate...

V: Sì, e poi non hanno rispetto secondo me per il cantante e la canzone... la televisione in sé non ha rispetto... sono pochi i conduttori capaci... a me non dispiace Fiorello, lo vedo bene perché lui «riconosce» l'artista e lo apprezza... gente come Pippo Baudo invece è abituata a usarti, si vede benissimo... ti ricordi quando a Bono (*Alessandro Bono, morto il 15 maggio 1994, a soli trent'anni, per Aids, n.d.a.*), il cantante morto purtroppo l'estarte scorsa, quando a Sanremo gli disse «ma cosa c'hai in bocca?» e lui c'aveva un chewingum e allora Baudo disse rimproverandolo «sputa!»... una cosa allucinante! Pensa fare un numero del genere con Madonna! Oppure con me... perché io glielo sputo in faccia! Capisci? Queste sono cose assurde... io noto questo disprezzo...

L: ...sì Vasco, secondo me in quei casi si vogliono far valere le proprie posizioni di potere, cioè uno dice «tu, cantante, ringraziami perché io ti invito nella mia casa dove ci sono virtualmente milioni di persone che ti guardano e ti ascoltano».

V: Esatto, è proprio quello lì il discorso.

L: Fiorello, ad esempio, l'ho citato nell'ultimo pezzo (anche se mi sta tutto sommato simpatico) perché sono rimasto colpito dal fatto che durante la trasmissione *Karaoke*, in una piazza gremita (roba da settantamila persone! Ti rendi conto?!) si fossero verificati degli incidenti... e tutto per vedere il culo di Fiorello...

V: ...quello è il grande potere della *Televisiùn*!!

L: È una distorsione preoccupante. Guardiamo la tv con ironia e cerchiamo di non misurare la grandezza di un personaggio in base al numero delle sue apparizioni sul video, altrimenti non abbiamo capito un cazzo! Altrimenti Berlusconi sarà sempre Presidente del Consiglio! ...io, onestamente, spero che questa ipotesi non stia in piedi.

V: È chiaro, noi stiamo vivendo un po' nel... medioevo dell'informazione, diciamo così. Ancora, nonostante se ne parli tanto, non ci siamo resi conto della potenza della tv. La continuano a gestire così come capita, senza regole, senza leggi... E ciò vale anche per il mondo dell'informazione dove non c'è nessuna responsabilità da parte del giornalista: uno può scrivere che tu sei un idiota e poi, quando si scopre che non è vero, di certo non scrive «scusate mi sono sbagliato...»; no, tu sei sputtanato e lui continua a scrivere il cazzo che vuole... Ma per quanto riguarda la tv il problema è ancora più serio, siamo ancora nella giungla, nel caos... ancora si discute se la tv conta o non conta, pensa un po'! Prendi Berlusconi: lui non ha vinto le elezioni solo perché ha le tv e i rispettivi telegiornali, non voglio affrontare questo aspetto, voglio dire che lui è un personaggio che senza le tv non sarebbe esistito.

L: E poi secondo me la gente guardando la tv si accontenta, smette di scegliere... questo è il problema. È molto più comodo stare in casa e guardare qualcosa che al limite neppure ci piace piuttosto che decidere di andare fuori a vedere un bel film al cinema, uno spettacolo interessante a teatro, un concerto e stare in mezzo agli altri, in compagnia... anche perché poi uno crede che la vita reale sia quella che passa sul video e invece non è un cazzo vero!

V: Hanno visto «bene» gli albanesi... sintonizzati sui nostri canali vedevano un mondo che non c'era... tutti quei programmi con le belle fighe, i balletti, i sorrisi e i quiz dove si vincono cento milioni rispondendo a delle cagate... e allora hanno attraversato l'Adriatico cercando di raggiungere un paradiso inesistente... la realtà è un'altra cosa e di questo tutti devono rendersene conto. La massa purtroppo è indifesa... anch'io spesso sto in casa...

L: ...sì, ma tu Vasco devi fare i conti con altre cose... la popolarità, il fatto di non poter passare inosservato, di non poter camminare tranquillamente per la strada...

V: Sì, ma questo riguarda poche persone. Prendiamo invece la massa, che problemi di questo genere non ne ha. Io adesso non voglio offendere nessuno, ma la massa è abbastanza ignorante, nel senso buono...

La redazione: Scusate ancora se ci intromettiamo, ma dovremmo anche pensare alle alternative alla televisione che ci vengono proposte. La maggior parte della popolazione non vive in città come Roma, Milano, Bologna dove l'offerta di spettacoli e situazioni interessanti da seguire ci sono, ma vive in paesini di provincia dove si fa ben poco per stimolare l'intelligenza e la curiosità della gente. Spesso e volentieri oltre al bar in piazza e al cinema a luci rosse non c'è niente: il vuoto più assoluto.

L: Sì, però dipende molto anche da noi, noi cittadini. Perché invece di adeguarsi a quello che passa il convento la gente non s'incazza con chi ha il potere e il dovere di proporre cose nuove? Allora nulla cambierà. I concerti, i film, gli spettacoli sportivi e culturali passano sempre di più sul video invece che nei cinema, nei teatri, negli stadi, nei palazzetti, nei club, con la gente reale che applaude, fischia, partecipa direttamente… Ci dovrebbe essere una sana indignazione.

V: L'appiattimento culturale esiste, è vero, soprattutto in provincia, anche se ci sono delle eccezioni che fanno ben sperare. Penso però che «lavorando» su qualche buona idea si possano inventare delle cose belle anche lontano dalle metropoli… noi vent'anni fa «inventammo» la radio, ed eravamo a Zocca, non a Milano, e fummo fra i primi in Italia! Noi ci costruivamo sempre delle cose da fare, non stavamo mai fermi… con la testa intendo, capito?

La redazione: Volete a questo punto svelarci una curiosità? Abbiamo parlato del vivere quotidiano, della televisione, un oggetto che c'è in quasi tutte le case… ecco: la casa. Qual è il luogo che preferite della vostra casa?

L: Io ho messo a posto la mia casa di Correggio, abito ancora lì, e mi sono ricreato uno spazio mio dove ho messo delle cose tipo un biliardaccio e un biliardino perché quelli comunque sono oggetti che ho condiviso da sempre con i miei amici al bar, capisci? Per cui tutto sommato è come mantenere una situazione che ci piaceva, alla quale sono legato. Questo spazio l'ho adattato in modo da poter frequentare gli amici, facendo delle cene… ritrovarsi a cena è sempre un modo, forse molto emiliano, per stare insieme…

V: Noi abbiamo fondato la compagnia della Forchetta!

L: Esatto, che è una compagnia molto ben frequentata fra l'altro… e, ti dicevo, ho poi un posto mio dove mi rintano, dove ho tutta la musica che ho comprato, dischi e cd, e che voglio ascoltare e poi tengo chiaramente l'ampli, una chitarra e una tastiera (anche se non la so suonare) e quindi lì passo un sacco di tempo perché, per fortuna, sono ancora iper-innamorato del mio mestiere... questo è un fatto di culo più che altro.

V: Ma per me, adesso, con la scelta di fare un figlio è cambiato completamente il mio rapporto con la casa. Prima avevo anch'io una casa come la tua, con uno spazio dedicato alla musica dove suonavo a qualsiasi ora del giorno e della notte, sai vivevo in un capannone... invece ora la casa è cambiata... la famiglia ha le sue esigenze, il bambino cambia completamente tutto e allora... c'è stato come uno scontro, grosso, dentro di me... però, d'altra parte voglio tenerla in piedi l'idea della famiglia! Adesso voglio costruirmi uno spazio mio personale che non ho più... il salotto dove ascoltavo la musica non ce l'ho più in realtà... il padrone di casa adesso è Luca, è chiaro, tutto gira attorno a lui, ai suoi tempi, ai suoi bisogni... non puoi certo metterti a suonare di notte, quindi ci vuole uno spazio separato, riservato... ne stavo parlando anche con Laura, ne ho proprio bisogno anche psicologicamente. Per il momento ho risolto il problema facendo dei periodi di «stages», li chiamo io, cioè andando via con due o tre amici tipo Riva, Tullio... andiamo in una sala, ci chiudiamo per una settimana e suoniamo, ci divertiamo... La casa adesso la vivo un po' a metà, un po' fuori e un po' dentro... Non so dove ricaverò questo mio spazio personale, se vicino a casa o un po' più distante... ma a tal proposito mi viene in mente una frase di Jack Nicholson quando dice che «si può vivere insieme a una donna però bisogna che tra le due camere da letto ci siano almeno venti miglia di distanza!». Secondo me questa è la visione moderna della coppia! Ecco può darsi che io stia andando proprio alla ricerca delle fatidiche venti miglia!

La redazione: Introduciamo un altro argomento: che musica state ascoltando in questo periodo?

V: Io continuo ad ascoltare i Pearl Jam, i Red Hot Chili Peppers, gli Energy, i Nirvana un po' più rispetto al passato quando mi piaceva solo un pezzo... adesso invece ho comprato l'unplugged che è bellissimo, le canzoni sono proprio belle, faceva davvero delle cose stupende questo Kurt...

L: Vero, eh? L'unplugged conferma che loro facevano veramente delle cose notevoli, mentre altri devono ancora dimostrare il proprio valore...

V: Poi ho fatto una lista di dischi che ascoltavo e che non ho più. Io ho solo dischi nuovi, in realtà, invece voglio riprendere a risentire tutti quei gruppi, quei musicisti che ascoltavo in passato, negli anni '70... io non ho ad esempio i dischi dei Genesis, dei King Crimson, dei Van der Graaf Generator... penso di aver bisogno di risentire quella musica... Ascolto comunque anche la musica italiana, quel genere un po' pop, così che mi capita... ad esempio ascolto anche L.!

L: Oh, bravo!

V: Ho sentito l'altro giorno «quella del mago»... molto carina... sono delle belle «fotografie» anche le tue. Sono un tuo estimatore fin dall'inizio, lo sai.

L: È una cosa ricambiata alla grande... vabbe' apriamo questa parentesi di stima reciproca: l'anno scorso, cioè nel '93, sono venuto a sentirti a Bologna... era un po' che non andavo a vedere un concerto italiano e ho visto uno spettacolo della madonna... complimenti.

V: Grazie... ma il concerto dio bono... il concerto... io sono contento del concerto: è il concerto la mia parte più «pesante»... ma tu cosa ascolti?

L: Mah, ti dico, gli album che ho ascoltato di più l'anno scorso sono stati i Soundgarden su tutti, Neil Young che secondo me ha fatto un Lp tristissimo, malinconico, cupo ma bellissimo, con quel capolavoro che s'intitola *Pezzo di merda* (*Piece of crap*)... sai quello con il video strano che poi non è neppure un video vero e proprio, infatti l'hanno ripreso a sua insaputa mentre ascoltava un pezzo in studio... vabbè, mi piace abbastanza quello dei R.E.M. ma perché sono un loro fan, loro mi piacciono sempre anche se il disco ha delle canzoni un po' meno buone nel complesso rispetto agli ultimi due, e poi anch'io seguo i Red Hot Chili Peppers e i Pearl Jam, anche se l'ultimo dei Pearl Jam mi sembra involuto rispetto al primo, *Ten*, che era fresco... adesso devono cercare solo di non essere commerciali a tutti i costi e ogni tanto si fanno delle seghe di troppo! Più o meno è questo qui il genere che ascolto.

V: Ok Luciano, posso dirti che a me ha fatto molto piacere sentirti, ti auguro naturalmente un in bocca al lupo per tutto e... basta, vai avanti così che vai bene!

L: Io dico altrettanto, gli auguri te li faccio anch'io sebbene tu non ne abbia bisogno...

V: ...Vai tranquillo che ne ho bisogno, e infatti mi tocco le palle!

29

(APPENDICE 2) ALBERTINO INTERVISTA IL LIGA

Nel 1997, in occasione della pubblicazione della raccolta di racconti *Fuori e dentro il borgo*, chiesi ad Albertino di Radio DeeJay di intervistare il Liga per «Max».

Quell'intervista uscì sul numero di luglio. Ve la ripropongo.

Di Albertino

È uno dei tanti pomeriggi dopo *DeeJay Time* a *Radio DeeJay*, l'ora della merenda. A dire il vero negli ultimi tempi di merende ne ho fatte poche perché andavo a registrare *I fanatici del libro*, il programma in onda su *RaiDue* che mi ha dato la possibilità di incontrare i più brillanti scrittori italiani viventi. Pensavo che l'avventura fosse finita, quando mi telefonano e mi dicono che c'è da intervistare qualcuno che di solito non scrive libri, ma riempie gli stadi: bella lì si va dal Liga!

I tuoi racconti sembrano embrioni di canzoni. Non ti bastava più esprimerti con la musica?

«È vero, la canzone ti impone alcuni limiti, anche se

ha numerosi pregi che altre forme di comunicazione non hanno. Però la melodia ha le sue regole, non puoi usare tutti i vocaboli che vorresti. Non puoi usare parole che non siano molto comunicative, altrimenti la canzone non sta in piedi. Quindi ho approfittato della forma racconto per parlare di cose che mi stanno a cuore. Ad esempio per dire come ci si sente a fare questo mestiere: uno cerca di lavorare più che può sui suoi equilibri, cerca di fare in modo che niente cambi se non con moderazione. Invece la gente ti vede in maniera diversa rispetto a quello che sei. Questo a lungo andare può incrinare la tua fermezza e piano piano rischi di assomigliare sempre più a quello che la gente ti proietta addosso... Nel libro si parla anche di questo. Altri racconti sono invece le classiche storie da bar: per protagonisti personaggi bizzarri che io ho conosciuto davvero, persone che hanno deciso di vivere la vita così come viene.»

Che cosa leggi di solito?

«Quello che capita. L'ultimo libro che ho letto è stato *Lupo* di Jim Harrison. Mi piacciono molto Tom Robbins, Faulkner e Hemingway».

C'è un libro che ti ha cambiato la vita?

«Diciamo che ce ne sono stati parecchi che mi hanno insegnato qualcosa. Uno è *Delitto e castigo* di Dostoevskij, cioè la miglior rappresentazione possibile del senso di colpa, uno dei temi con cui dobbiamo sempre fare i conti. Ho anche vissuto un periodo "kafkiano", nel senso che mi piacevano molto i suoi romanzi. Ancor oggi penso che abbia scritto cose bellissime, però prendo le distanze, altrimenti rischi di perdere la speranza e di credere che tutto è una follia.»

In Italia si legge poco. Il tuo è un tentativo per avvicinare i ragazzi alla lettura?

«Questa è una responsabilità che non mi voglio prendere. Ho scritto un libro perché ne avevo voglia e basta. Chiaramente mi solletica l'idea di essere entrato in punta di piedi in un mondo molto serioso, a un livello più alto rispetto alla cultura della canzonetta, che è vissuta come cultura bassa, anche se in realtà talvolta ha raggiunto vette altissime... Vittorio Tondelli per me è stato una grande fonte di ispirazione per le canzoni: era uno scrittore di Correggio. Nel 1980 scrisse un libro straordinario, *Altri libertini*, un libro che venne sequestrato e che io lessi per semplice curiosità. Leggendolo tutto quello che avevo intorno, all'apparenza molto normale, molto piatto, per nulla interessante, prendeva una luce diversa: le cose di cui stava parlando all'improvviso diventavano mitiche. Il segreto era guardarle con interesse, con curiosità.»

Che storie sono quelle che racconti del borgo?

«Sono storie di persone che vogliono vivere una vita un po' diversa, che non vogliono vivere nella cultura del pettegolezzo, del sospetto, della diffidenza. È un borgo di 20.000 abitanti, popolato da emiliani che hanno una caratteristica di fondo: la capacità di sdrammatizzare gli eventi della vita. Io invidio molti di loro, quelli che con una buona dose di ironia sono ancora lì pronti a chiederti "come va?". Dietro c'è una domanda seria: vogliono saperlo, sono interessati davvero! Naturalmente se vivi nel borgo hai poche opportunità di fare qualcosa la sera. Quindi ci sono dei pro e dei contro: il borgo non è un paese ideale, è un posto. E come tale va raccontato, come possono essere raccontati la Bovisa o i Navigli a Milano.»

Guccini ha definito la tua terra "tra la Via Emilia e il West". Che cosa c'è di vero in questa definizione?

«Guccini con questa definizione ha scatenato un putiferio bestiale, perché la si tira in ballo in continuazione. Sicuramente c'è voglia di mito lungo la Via Emilia: questa strada solca un paesaggio piatto, che sembra senza fine. Non vedi mai l'orizzonte e quindi ti può ricordare i grandi spazi. In più c'è la voglia di giocare con il sogno americano: l'epopea del Far West, la corsa all'oro... Però nessuno di noi, anche se gioca a vestirsi da americano, in realtà vuole mitizzare un paese così contradditorio. Non abbiamo a che fare con la pesantissima condizione razziale con cui devono fare i conti loro, non abbiamo a che fare con le grandi contraddizioni tra ricchissimi e schiere di poverissimi. I nostri problemi sono altri, forse non meno gravi, però sicuramente diversi.»

Hai detto che il mitico Bar Mario sta scomparendo, ucciso dalla tv. Secondo te la tv cosa ci sta rubando?

«La tv sta uccidendo la comunicazione. Il Bar Mario, invece, è un posto frequentato da gente vera. Sono sempre gli stessi, quindi si conoscono molto bene e sanno tutto gli uni degli altri. Ovviamente il Bar Mario di cui parlo io è un luogo della memoria, un posto ideale. Però è lì che si comunica davvero, che ci si confronta. È lì che si sparano le cazzate più grandi del mondo, le stesse che poi diventano piccole leggende di paese. La tv invece che cosa ti offre? Derrick, un telequiz, opinioni che non sono le tue. Può permetterselo perché costa pochissimo: devi soltanto schiacciare un pulsante. Così la gente la guarda, anche se in realtà non gliene frega un cazzo... Secondo me bisognerebbe riattivare altri meccanismi: il tempo che abbiamo è troppo prezioso per spenderlo in cose che non ci interessano.»

Mi parli della tua passione per il calcio?

«È una grande passione e come tutte le passioni è difficile parlarne in maniera lucida. Sotto questo aspetto sono un po' puttana, nel senso che giocherei con chiunque; cosa ovviamente poco gradita alla squadra in cui milito regolarmente. Mi impongo di rimanere lontano da un campo di calcio solo in periodi particolarmente densi di impegni professionali come questo, perché ho il dovere di salvare gambe e testa... Comunque il gioco del calcio l'ho sempre vissuto così: per due anni ho giocato in Promozione. È stato un periodo sufficiente per capire che più di tanto non potevo fare, perché madre natura mi ha dotato di molta determinazione, ma di scarsi mezzi tecnici.»

Che eri un bravo cantante l'hai capito abbastanza tardi.

«Me ne sono reso conto soltanto dopo la prima esibizione, dove non credo di avere cantato: devo avere urlato. Avevo 27 anni. Quando ho capito che quella cosa mi regalava sensazioni clamorose, ho deciso di dedicarmici a tempo pieno.»

Nelle tue canzoni, così come nei tuoi racconti, si parla spesso di amore, sesso e puttane. Come si vive, secondo te, il sesso oggi?

«Per fortuna ognuno lo vive come gli pare. Personalmente ho l'impressione che lo si viva come una forma di comunicazione, forse una delle ultime rimaste. Poi è vero che nella testa dei ragazzi ci sono molte componenti che non permettono di vivere il sesso con quella purezza che meriterebbe: la prestazione, l'orgoglio, il senso di colpa che deriva dall'educazione cattolica. Per non dire che poi oggi il sesso bisogna farlo con le dovute precauzioni...»

A proposito di ragazzi, a me girano le palle quando leggo qualche inchiesta su di loro scritta da persone che non conoscono affatto la loro realtà...

«Sì, troppo spesso si usano a sproposito parole come "giovani", "pubblico", "generazione". Io cerco di prendere per il culo chi lo fa. Una mia canzone, *I ragazzi sono in giro*, parla proprio di questo tema.»

Dunque è un argomento che fa incazzare anche te?

«Molto. Perché non è possibile capire l'universo giovanile con un'inchiesta. E non mi vengano a parlare di "indagini a campione": penso che i sondaggi siano assolutamente inutili, se non addirittura dannosi. Ognuno ha la sua storia, le sue esperienze, quindi al massimo è possibile raccontare singole storie, che però non sono certo rappresentative di una generazione.»

Tu sei una persona felice?

«Lo sono a sprazzi. Forse un po' più di prima. Ma non ho certo risolto tutti i miei problemi. Sono molto orgoglioso di ciò che faccio, anche se ogni tanto ci tengo a far sapere che non è questa la strada che aiuta a raggiungere la tanto sospirata "Isola della Felicità". Le risposte sono altre, e sono quelle che derivano dal sapersi guardare dentro e soprattutto dal non lasciarsi sfuggire l'occasione giusta... C'è poi la ricerca di un Dio, che però non è quello che decide il tuo destino, ma che è davvero dentro te. Le risposte in realtà sono sempre le stesse, anche se alcune possono apparire nuove. Io credo che l'unica ricetta buona sia di una semplicità sconvolgente: più sei leggero e meglio stai!»

Adesso parliamo di musica: qual è il tuo pensiero su questo uso sempre più massiccio della tecnologia, fatto anche da gruppi molto importanti come gli U2? Tu sei molto legato alla tradizione...

«In effetti è così: io sono interessato a esplorare fino in fondo le possibilità di un suono a misura d'uomo. Credo che ci sia ancora molto da scoprire. Il mio attuale gruppo, ad esempio, mi sta facendo scoprire una vasta gamma di possibilità che non pensavo esistessero. Naturalmente la tecnologia non è il diavolo: se ben usata, può aiutare la musica a evolversi. Però in questo momento è una strada che non mi interessa seguire. Pensa che per i concerti che faremo negli stadi non useremo computer o suoni campionati. Suoneremo seguendo solo il nostro istinto.»

Una scelta fatta con il cuore...

«Una scelta un po' azzardata, forse, visto che ti presenti armato con una rivoltellina quando tutti quanti hanno i cannoni... Però è una scelta che ti fa vivere le emozioni in una maniera un po' diversa. Fino a oggi mi ha appagato: spero sia così anche per questi quattro concerti.»

DISCHI, DVD, LIBRI, FILM

GLI ALBUM

LIGABUE (Wea)
Pubblicato: maggio 1990
Produttore: Angelo Carrara
Registrato allo Studio Psycho di Milano nel gennaio 1990
Mixato da Paolo Panigada
Copertina di Lapislapis, computeristica di Gigi Cavalli Cocchi, foto interne di Daniela Scaramuzza
Track-list: Balliamo sul mondo, Bambolina e barracuda, Piccola stella senza cielo, Marlon Brando è sempre lui, Non è tempo per noi, Bar Mario, Sogni di R&R, Radio radianti, Freddo cane in questa palude, Angelo della nebbia, Figlio d'un cane
Durata: 41'49"
Hanno suonato: Luciano Ligabue (chitarre acustiche e voce), Antonello Aguzzi (tastiere, Hammond e pianoforte, Gigi Cavalli Cocchi (batteria), Max Cottafavi (chitarra), Luciano Ghezzi (basso), Paolo Panigada (sax, Hammond, chitarra e cori)
Ospiti: Stefano De Carli (chitarra slide), Claudio Dentes (chitarra acustica e banjo)

LAMBRUSCO COLTELLI ROSE & POP CORN (Wea)
Pubblicato: settembre 1991
Produttore: Angelo Carrara
Registrato da Paolo Lovat dal 2 al 27 maggio 1991 al Medicina Blanche di Montale Rangone (Mo)
Mixato da Paolo Lovat all'Excalibur di Milano
Progetto grafico di Gigi Cavalli Cocchi e Ligabue, realizzazione grafica di Gigi Cavalli Cocchi, fotografie di Massimo Mantovani
Track-list: Salviamoci la pelle, Lambrusco e pop corn, Camera con vista sul deserto, Anime in plexiglass, Con queste facce qui, Sarà un bel souvenir, Intro, Libera nos a malo, Ti chiamerò Sam (se suoni bene), Urlando contro il cielo, Regalami il tuo sogno
Durata: 43'13"
Hanno suonato: Luciano Ligabue (chitarre acustiche e voce), Gigi Cavalli Cocchi (batteria, percussioni e cori), Max Cottafavi (chitar-

ra elettrica e bottleneck), Luciano Ghezzi (basso e cori), Giovanni Marani (Hammond, pianoforte e cori)
Ospiti: Anchise Bolchi (violino), Franco Borghi (fisarmonica), Massimo Lugli (armonica)

SOPRAVVISSUTI E SOPRAVVIVENTI (Wea)
Pubblicato: gennaio 1993
Produttore: Angelo Carrara
Registrato da Paolo Lovat al Medicina Blanche di Montale Rangone (Mo) dal 12 ottobre al 12 dicembre 1992
Mixato da Paolo Lovat e da Luciano Ligabue
Fotografie di Giansi Campagnoli, assistenza fotografica di Roberto Vacirca
Track-list: Ancora in piedi, A.A.A. Qualcuno cercasi, Ho messo via, Dove fermano i treni, I duri hanno due cuori, La ballerina del carillon, Prezoo, Lo zoo è qui, Piccola città eterna, Walter il mago, Pane al pane, Quando tocca a te, Sopravvissuti e sopravviventi: tema
Durata: 50'11"
Hanno suonato: Luciano Ligabue (voce, chitarra acustica, chitarra a 12 corde e kazoo), Gigi Cavalli Cocchi (batteria e percussioni), Max Cottafavi (chitarra elettrica, chitarre acustiche 6 e 12 corde), Gianfranco Fornaciari (tastiere), Luciano Ghezzi (basso elettrico e basso acustico)
Ospiti: Asioli Jazz Band di Correggio diretta da Angelo Andreoli in *Quando tocca a te*; Giuseppe Barbareschi, contrabbasso in *Sopravvissuti e sopravviventi: tema*; Luca Maggioni, viola in *Sopravvissuti e sopravviventi: tema*; Demo Morselli, tromba in *Ho messo via* e flicorno in *Sopravvissuti e sopravviventi: tema*; Enrico Stabile, violino in *Sopravvissuti e sopravviventi: tema*; Gabriele Zanetti, violoncello in *Sopravvissuti e sopravviventi: tema*

A CHE ORA È LA FINE DEL MONDO? (Wea)
Pubblicato: ottobre 1994
Produttore: Luciano Ligabue
Produzione esecutiva: Valerio Soave per Mescal
Registrato e mixato in parte nella primavera del 1991 da Paolo Lovat a Medicina Blanche, in parte a fine marzo e in parte a fine agosto del 1994 da Paolo Germani al Logic Studio di Milano. Altre parti registrate a fine giugno 1994 allo studio Esagono e mixato al Logic Studio di Milano da Paolo Germani. Il brano *L'han detto anche gli Stones* è stato mixato all'Esagono da Claudio Morselli
Copertina e grafica di Gigi Cavalli Cocchi

Track list: A che ora è la fine del mondo?, Gringo '94, Cerca nel cuore, Fuoritempo, L'han detto anche gli Stones, Male non farà, Gringo '91, Urlando contro il cielo
Durata: 34'59"
Hanno suonato: Gigi Cavalli Cocchi (batteria), Max Cottafavi (chitarra), Gianfranco Fornaciari (tastiere e voce addizionale), Giovanni Marani (piano), Luciano Ghezzi (basso)
Ospiti: Andrea Braido, chitarra in *A che ora è la fine del mondo?;* Jenny Bersola, voce addizionale in *Male non farà*; Negrita in *L'han detto anche gli Stones*: Enrico «Drigo» Salvi (chitarra), Paolo «Pau» Bruni (voce addizionale), Cesare «Mac» Petricich (chitarra), Roberto «Zama» Zamagni (batteria), Franco Li Causi (basso); Rats in *Fuoritempo*: Lor Lunati (batteria), Romi Ferretti (basso), Wilko Zanni (chitarra)

BUON COMPLEANNO ELVIS (Wea)
Pubblicato: settembre 1995
Produttori: Luciano Ligabue e Fabrizio Barbacci
Produzione esecutiva: Valerio Soave per Mescal
Registrato da Claudio Morselli e mixato da Carlo U. Rossi, C. Morselli e F. Barbacci allo studio Esagono di Rubiera (Re) dal 15 maggio al 29 luglio 1995
Mastering: Ian Cooper, Carlo U. Rossi e F. Barbacci allo studio Metropolis di Londra
Progetto grafico: Stefania Giarlotta
Foto di Ligabue: Guido Harari
Track-list: Vivo morto o x, Seduto in riva al fosso, Buon compleanno, Elvis!, La forza della banda, Hai un momento, Dio?, Rane a Rubiera blues, Certe notti, Viva!, I "ragazzi" sono in giro, Quella che non sei, Non dovete badare al cantante, Un figlio di nome Elvis, Il cielo è vuoto o il cielo è pieno, Leggero
Durata: 54'55"
Hanno suonato: Fabrizio Barbacci (chitarra acustica), Roberto Pellati (batteria), Federico Poggipollini (chitarra), Mel Previte (chitarra), Antonio Righetti (basso)
Ospiti: Pippo Guarnera (Hammond), Candelo Cabezas (percussioni), Max Lugli (armonica)

SU E GIÙ DA UN PALCO (Wea)
Pubblicato: maggio 1997 (è il primo album dal vivo di Luciano, inciso durante la tournée estiva del 1996)
Produttori: Luciano Ligabue e Fabrizio Barbacci

Registrato da Amek Ferrari con il White Mobile, tranne *Il giorno di dolore che uno ha* (Esagono, ottobre 1996), *Tra palco e realtà* e *Ultimo tango a Memphis* (Esagono, aprile 1997)
Mixato da Claudio Morselli e Fabrizio Barbacci all'Esagono
Masterizzato da Paul Libson al Profile Studio di Milano
Foto di Michele Stallo. Altre foto di Kei Uesugi, Lorna Clark, Ellen Denuto, Rob Kearney, Brian Whitley, David H. Wells, Protonica tdr.
Artwork di Roberto Battaglia
Track-list: (cd 1) Il giorno di dolore che uno ha, I ragazzi sono in giro, Quella che non sei, Hai un momento Dio?, Un figlio di nome Elvis, Ho messo via, Bar Mario, Salviamoci la pelle, Figlio di un cane, Marlon Brando è sempre lui, Seduto in riva al fosso, Viva!, Urlando contro il cielo, A che ora è la fine del mondo?
(cd 2) Tra palco e realtà, Sogni di rock'n'roll, Buon compleanno Elvis!, Lambrusco e pop corn, Il cielo è vuoto o il cielo è pieno, Bambolina e barracuda, Lo zoo è qui, Piccola stella senza cielo, Vivo morto o x, Certe notti, Non è tempo per noi, Libera nos a malo, Balliamo sul mondo, Leggero, Ultimo tango a Memphis
Durata: 119'37"
Hanno suonato: Luciano Ligabue (voce e chitarra), Roberto Pellati (batteria), Federico Poggipollini (chitarra), Mel Previte (chitarra), Antonio Righetti (basso)
Ospiti: Pippo Guarnera, Hammond in *Il giorno di dolore che uno ha*; Mick Taylor, chitarra in *Hai un momento, Dio?*

RADIOFRECCIA (Wea)
Pubblicato: ottobre 1998 (è un doppio cd, disponibile però anche in versione singola, che comprende tutte le musiche del film. Il secondo cd è una specie di compilation)
Produttore: Luciano Ligabue e Fabrizio Barbacci
Produzione esecutiva: Claudio Maioli
Brani inediti registrati al Southern Tracks Recording di Atlanta (assistente Ryan Williams), allo Zoo di Correggio e all'Esagono di Rubiera e mixato all'Esagono (assistente Andrea Rovacchi), *Siamo in onda* registrato e mixato da Claudio Morselli e Fabrizio Barbacci
Mastering di Tony Cousins al Metropolis di Londra
Foto di Chico De Luigi
Artwork di Artbeat
Track-list: (cd 1) Radiofreccia, Ho perso le parole, Boris, Welcome home Freccia, Bordocampo, Freccia, Metti in circolo il tuo amore, Da Marzia, Bruno, Prima pagina del libro d'oro, Mezzanotte di fuoco, Boris segna il territorio, Pesce-siluro, Siamo in onda, Bonanza,

Can't help falling in love (suonata dalla Banda «Bonifazio Asioli» di Correggio)
(cd 2) Rebel rebel di David Bowie, Werewolves of London di Warren Zevon, The passenger di Iggy Pop, Lord of the starfields di Bruce Cockburn, You ain't seen nothing yet dei Bachman Turner Overdrive, Love is the drug dei Roxy Music, Long train running dei Doobie Brothers, Jessica degli Allman Brothers Band, Vicious di Lou Reed, Sweet home Alabama dei Lynyrd Skynyrd, Willin' dei Little Feat, Run through the jungle dei Creedence Clearwater Revival, Year of the cat di Al Stewart, Sing a song degli Earth Wind & Fire, Incontro di Francesco Guccini, Black Market dei Weather Report
Durata: 103'41"
Hanno suonato: Luciano Ligabue (voce e chitarra), Mel Previte (chitarra), Federico Poggipollini (chitarra), Roberto Pellati (batteria), Antonio Righetti (basso)

MISS MONDO (Wea)
Pubblicato: settembre 1999
Produttori: Luciano Ligabue e Fabrizio Barbacci
Produzione esecutiva e management: Claudio Maioli
Registrato allo Zoo Studio di Correggio da Fabrizio Simoncioni assistito da Stefano Cesca nella primavera del 1999 (archi registrati agli Abbey Road Studios di Londra da Guy Massey, arrangiamento e direzione d'archi di Piero Milesi)
Mixato da David Leonard al Logic Studio di Milano (assistente Gabriele Gigli)
Masterizzato da Stephen Marcussen agli A&M Studios di Los Angeles
Editato da Antonio Baglio allo studio Nautilus di Milano
Il brano *E* mixato da Fabrizio Simoncioni al Logic e masterizzato da Antonio Baglio al Nautilus
Foto di Pierpaolo Ferrari, Chico De Luigi, Photonica
Computer artwork: Artbeat & Antonio Rainone; cover design: Artbeat
Track-list: Si viene e si va, Uno dei tanti, Almeno credo, E, Baby è un mondo super, Una vita da mediano, Da adesso in poi, L'odore del sesso, Kay è stata qui, Qualcuno ha visto per caso il mio cane blu elettrico monofase?, Sulla mia strada, Forse mi trovo, Miss Mondo '99, La porta dei sogni
Durata: 49'14"
Hanno suonato: Luciano Ligabue (voce e chitarra acustica), Roberto Pellati (batteria), Federico Poggipollini (chitarra elettrica, dobro e cori), Mel Previte (chitarra acustica, chitarra elettrica, chitarra a 12

corde e sax), Antonio Righetti (basso), Fabrizio Simoncioni (Hammond, wurlitzer, pianoforte, sintetizzatore e cori)
Ospiti: London session (orchestra diretta da Piero Milesi), Michele Monestiroli (sax), Daniele Moretto (tromba), Gavyn Wright (violino)

FUORI COME VA? (Wea)
Pubblicato: aprile 2002
Produttori: Luciano Ligabue e Fabrizio Barbacci
Produzione esecutiva di Claudio Maioli per Riservarossa srl
Registrato allo Zoo Studio da Fabrizio Simoncioni
Mixato alla Fonoprint da F. Simoncioni e F. Barbacci (assistenza ai mix e alla programmazione tastiere Davide Roveri, assistenza e campionamenti Stefano Cesca)
Masterizzato al Nautilus da Antonio Baglio
Artwork: Marco Ligabue e Cesare Ferioli
Foto di Chico De Luigi, Photonica e Jarno Iotti
Track-list: Nato per me, Tutti vogliono viaggiare in prima, Ti sento, Questa è la mia vita, Tu che conosci il cielo, Il campo delle lucciole, Voglio volere, Eri bellissima, Libera uscita, Tutte le strade portano a te, In pieno rock'n'roll, Chissà se in cielo passano gli Who
Durata: 52'27"
Hanno suonato: Fabrizio Barbacci (chitarra acustica e cori), Roberto Pellati (batteria e percussioni), Federico Poggipollini (chitarra elettrica), Mel Previte (chitarra elettrica), Antonio Righetti (basso), Fabrizio Simoncioni (pianoforte, tastiere e cori)

GIRO D'ITALIA (Wea)
Pubblicato: novembre 2003 (album dal vivo registrato durante il tour *Ligabue in teatro 2003*. Ne esistono due versioni: il doppio cd e il triplo, uscito in edizione limitata)
Produttori: Luciano Ligabue e Fabrizio Barbacci
Produzione esecutiva: Claudio Maioli per Zoo Aperto
Mixato da Fabrizio Simoncioni presso Fonoprint Studio A di Bologna
Masterizzato da Ian Cooper presso Metropolis Mastering di Londra
Foto live: Chico De Luigi e Jarno Iotti
Artwork e foto: Paolo De Francesco per MoltiMedia.it
Track-list: (cd 1) Piccola stella senza cielo, Si viene e si va, Il giorno di dolore che uno ha, Sogni di rock'n'roll, Walter il mago, Vivo morto o x, Camera con vista sul deserto, Miss Mondo '99, Tutte le strade portano a te, Questa è la mia vita
(cd 2) Voglio volere, Sarà un bel souvenir, Una vita da mediano, An-

gelo della nebbia, Ho messo via, Baby è un mondo super, Tu che conosci il cielo, Eri bellissima, Metti in circolo il tuo amore, Tutti vogliono viaggiare in prima, Tra palco e realtà
(cd 3: per l'edizione limitata) Chissà se in cielo passano gli Who, Ti sento, Voglia di caffè, Sulla mia strada, Almeno credo, Nato per me, Baby talkin' blues, Il mio nome è mai più, Dove fermano i treni, Reading Bukowski, Kay è stata qui
Durata: versione 2 cd 107'28", versione 3 cd 152'00"
Hanno suonato: Luciano Ligabue (voce e chitarra acustica), D.RaD degli Almamegretta (elettronica), Mauro Pagani (bouzouki, violino, armonica a bocca, flauto, mandolino), Roberto Pellati (batteria), Federico Poggipollini (chitarra acustica e chitarra elettrica), Mel Previte (chitarra acustica, chitarra elettrica, chitarra a 12 corde e sax), Antonio Righetti (basso), Fabrizio Simoncioni (tastiere)

NOME E COGNOME (Wea)
Pubblicato: settembre 2005
Produttori: Luciano Ligabue, Fabrizio Barbacci e Luca Pernici
Produzione esecutiva e management: Claudio Maioli
Registrato e mixato presso Zoo Studio di Correggio da Fabrizio Simoncioni, assistente di studio Stefano Riccò
Registrazioni addizionali Mirko Cascio. Editing addizionale Paolo Alberta. Settaggio batterie Emanuela Borzi
Masterizzato da Ted Jensen presso Sterling Sound di New York
Editato da Antonio Baglio al Nautilus di Milano
Artwork: Paolo De Francesco per MoltiMedia.it
Foto di Luciano di Alessio Pizzicannella
Raccolta fototessere Jarno Iotti e Paolo De Francesco
Track-list: Intro, Il giorno dei giorni, Happy hour, L'amore conta, Cosa vuoi che sia, Le donne lo sanno, Lettera a G, Vivere a orecchio, Giorno per giorno, È più forte di me, Sono qui per l'amore
Durata: 44'51"
Hanno suonato: Luciano Ligabue (voce e chitarra acustica), Fabrizio Barbacci (chitarra), Niccolò Bossini (chitarra elettrica), Federico Poggipollini (chitarra elettrica), Mel Previte (chitarra elettrica), Antonio Righetti (basso), Fabrizio Simoncioni (tastiera e voce addizionale)
Ospiti: Cesare Barbi (batteria), Alessandro Lugli (batteria in *Cosa vuoi che sia* e *Le donne lo sanno*), Nicola Milazzo (chitarra in *È più forte di me* e *Lettera a G*), Eugenio Mori (batteria in *Happy hour*), Helder Stefanini dei Raw Power (batteria in *È più forte di me*)

PRIMO TEMPO (Wea)
Pubblicato: novembre 2007 (è il primo «best of» di Luciano in vent'anni di carriera: è uscito in un'edizione speciale contenente un cd e un dvd dove ripercorre la sua carriera dal disco d'esordio *Ligabue* (1990) a *Buon compleanno Elvis* (1995), più due brani inediti registrati nel 2007: *Niente paura* e *Buonanotte all'Italia*
Produttori: Luciano Ligabue e Corrado Rustici
Entrambi gli inediti sono stati registrati a San Francisco con la produzione di Corrado Rustici, per la prima volta al fianco di Luciano. Oltre alla produzione, Rustici ha anche suonato e collaborato agli arrangiamenti delle due canzoni)
Hanno suonato nei brani inediti: Corrado Rustici (chitarre, tastiere, trattamenti e programming), Michael Urbano (batteria), Sean Hurley (basso), Frank Martin (piano), Jeremy Cohen, David Balakrishnan, Mads Tolling e Mark Summer (archi), Doug Hull, Robert Ward (corno francese)
Track-list: (cd) Niente paura, Balliamo sul mondo, Certe notti, Urlando contro il cielo, Vivo morto o x, Ho messo via, Viva!, A che ora è la fine del mondo?, Non è tempo per noi, Salviamoci La Pelle, Sogni di rock'n'roll, Libera nos a malo, Bambolina e barracuda, Hai un momento Dio?, Bar Mario, Quella che non sei, Lambrusco e pop corn, Buonanotte all'Italia
Durata: 77'05"
(dvd) Balliamo sul mondo, Marlon Brando è sempre lui, Non è tempo per noi, Libera nos a malo, Lambrusco e popcorn, Sarà un bel souvenir, Urlando contro il cielo, Ancora in piedi, Ho messo via, Lo zoo è qui, A che ora è la fine del mondo?, Cerca nel cuore, Certe notti, Viva!, Vivo morto o x, Leggero

SECONDO TEMPO (Wea)
Pubblicato: maggio 2008 (è la seconda parte del «best of» del Liga. Anche questo contiene sia il cd con le canzoni sia il dvd con i videoclip e racchiude i brani da *Su e giù da un Palco* (1997) a oggi, più 3 inediti: *Il centro del mondo*, *Ho ancora la forza* scritta a quattro mani con Guccini e *Il mio pensiero*)
Produttori: Luciano Ligabue e Corrado Rustici
Hanno suonato nei brani inediti: Roberto Pellati (batteria), Antonio Righetti (basso), Niccolò Bossini (chitarre elettriche), Fabrizio Barbacci (chitarre elettriche e acustiche), Guglielmo Ridolfo Giuliano (tastiere, archi e fiati), Nicola Manzan (violino), Corrado Rustici (chitarre, tastiere, trattamenti e programmazione), Michael Urbano (batteria), Benny Rietvel (basso)

Track-list: (cd) Il centro del mondo, Piccola stella senza cielo, Il mio pensiero, Tra palco e realtà, Questa è la mia vita, Ho perso le parole, Il giorno di dolore che uno ha, Le donne lo sanno, Una vita da mediano, Eri bellissima, Tutti vogliono viaggiare in prima, L'amore conta, Happy hour, Ti sento, L'odore del sesso, Il giorno dei giorni, Metti in circolo il tuo amore, Ho ancora la forza
Durata: 76'13"
(dvd) Il giorno di dolore che uno ha, Tra palco e realtà, Ho perso le parole, Metti in circolo il tuo amore, Una vita da mediano, L'odore del sesso, Almeno credo, Si viene e si va, Sulla mia strada, Questa è la mia vita, Tutti vogliono viaggiare in prima, Eri bellissima, Ti sento, Voglio volere, Piccola stella senza cielo, Il giorno dei giorni, L'amore conta, Le donne lo sanno, Happy hour, Cosa vuoi che sia, Sono qui per l'amore

I DVD

LAMBRUSCO COLTELLI ROSE & POPCORN – LIGABUE DAL VIVO (Warner Strategic Marketing, 1991)
Regia: Gabriele Cazzola
Realizzato da Videorock (Bo)
Dvd authoring: Eclisse Production
Contenuti: Libera nos a malo, Bar Mario, Freddo cane in questa palude, Angelo della nebbia, Marlon Brando è sempre lui, Lambrusco e pop corn, Piccola stella senza cielo, Radio radianti, Sarà un bel souvenir, Bambolina e barracuda, Ti chiamerò Sam (se suoni bene), Anime in plexiglass, Balliamo sul mondo, Non è tempo per noi, Figlio di un cane, Urlando contro il cielo, Sogni di rock'n'roll, Libera nos a malo reprise

UN ANNO CON ELVIS (Warner Music Vision, 1996)
Prodotto da Claudio Maioli
Una produzione Tark film (Mi)
Regia: Alex Orlowski
Montaggio: Fabrizio Rossetti
Grafica: Stefania Giarlotta
Contenuti: Un figlio di nome Elvis, Vivo morto o x, I "ragazzi" sono in giro, Hai un momento Dio?, Viva!, Bar Mario, Marlon Brando è sempre lui, Non dovete badare al cantante, Lo zoo è qui, Piccola stella senza cielo, Sogni di rock'n'roll, Buon compleanno Elvis!, Certe notti, Urlando contro il cielo, A che ora è la fine del mondo?, Quella che non sei, Leggero

LIGABUE A SAN SIRO (Warner Music, 1997)
Prodotto da: Claudio Maioli
Produzione: Filmaster Clip
Produttore: Marco Balich
Regia: Egidio Romio
Dvd authoring: Eclisse Productions
Contenuti: Sogni di rock'n'roll, Buon compleanno, Elvis!, Tra palco e realtà, Hai un momento Dio?, Ancora in piedi, Lambrusco e pop corn, Seduto in riva al fosso, Bar Mario, Ho messo via, Walter il mago, Leggero, Con queste facce qui, Quella che non sei, Vivo morto o x, Certe notti, Il giorno di dolore che uno ha, Urlando contro il cielo, A che ora è la fine del mondo

LIGABUE – IN ARENA (Zoo Aperto/Warner, 2000)
Prodotto da Luciano Ligabue e Claudio Maioli per Zoo Aperto Srl
Regia di Michele Mally
Dvd concept e supervisione tecnica: Antonio Baglio
Mix audio 5.1: Fabrizio Simoncioni all'Excalibur di Milano
Produzione video: Marco Salom per Angel Film
Dvd authoring: Abbey Road Interactive di Londra
Contenuti: Tra palco e realtà, Si viene e si va, Almeno credo, Quella che non sei, Seduto in riva al fosso, Il giorno di dolore che uno ha, Sulla mia strada, Hai un momento Dio?, Miss Mondo '99, Piccola stella senza cielo, Ho perso le parole, Viva!, L'odore del sesso, Vivo morto o x, Sogni di rock'n'roll, Una vita da mediano, A che ora è la fine del mondo?, Non è tempo per noi, Libera nos a malo, Balliamo sul mondo, Leggero, Ho messo via, Urlando contro il cielo, Certe notti, Il mio nome è mai più

FUORI COME VA? TOUR – ROMA STADIO OLIMPICO
(Warner Strategic Marketing, 2 dvd, 2003)
Produzione esecutiva live: Claudio Maioli per Zoo Aperto Srl
Produzione artistica: Fabrizio Barbacci
Produzione video e Dvd: Marco Salom per Angel Film
Contenuti dvd 1: In pieno rock'n'roll, Nato per me, Ho perso le parole, Sulla mia strada, Voglio volere, Eri bellissima, Si viene e si va, Quella che non sei, Ho messo via, Il mio nome è mai più, A che ora è la fine del mondo?, Ti sento, L'odore del sesso, Piccola stella senza cielo, Libera nos a malo, Vivo morto o x, Tema + Non è tempo per noi, Una vita da mediano, Questa è la mia vita, Tutti vogliono viaggiare in prima, Tra palco e realtà, Balliamo sul mondo, Certe notti, Chissà se in cielo passano gli Who

Contenuti dvd 2: Ti sento, Non è tempo per noi, Viva!, Tutti vogliono viaggiare in prima, Tra palco e realtà, Urlando contro il cielo, Event project, Le prove all'Olimpico di «Ho messo via», Liga e la band soundcheck, Prova generale, -2 al concerto, Jimmy Pallas, Gran finale, Perugia, Palermo, Cagliari, Pescara, Lecce, Rimini, Firenze, Reggio Emilia, Napoli, Verona finisce il tour

CAMPOVOLO (Warner Music Vision, 2005)
Il dvd contiene 132 minuti di musica (l'intro del concerto + 24 canzoni), un docufilm di 14 minuti con interviste e riprese inedite e una photogallery con immagini dell'allestimento, delle prove, del backstage e dell'evento. Le riprese del concerto sono state realizzate con 20 telecamere (tra cui una *spacecam* su elicottero) e una regia con nuova tecnologia ad altissima definizione (HD). L'audio in Dolby 5.1 e 2.0
Le riprese sono state prodotte da Marco Salom per Angel Film
Regia: Cristian Biondani
Direttore della fotografia: Aldo Solbiati
Editing: Angelo Poli e Cristian Gandini
Contenuti: Intro, Il giorno dei giorni, I "ragazzi" sono in giro, Hai un momento Dio?, Vivo morto o x, Marlon Brando è sempre lui, L'odore del sesso, A che ora è la fine del mondo?, Sogni di rock'n'roll, Non è tempo per noi, Libera nos a malo, Bambolina e barracuda, Sarà un bel souvenir, Lambrusco e pop corn, Ho messo via, Salviamoci la pelle, Una vita da mediano, Il giorno di dolore che uno ha, Piccola stella senza cielo, Questa è la mia vita, Balliamo sul mondo, Tra palco e realtà, Ho perso le parole, Certe notti, Urlando contro il cielo

NOME E COGNOME TOUR 2006 (Warner Music Vision, box con 5 dvd, 2006)
Questo box set con 5 dvd documenta una tournée incentrata su 4 diversi spettacoli nei club, nei palasport, negli stadi e nei teatri. Complessivamente ci sono 92 esecuzioni di 57 canzoni, per circa 10 ore di materiale audio/video
Il dvd club è stato registrato il 7 febbraio 2006 all'Alcatraz di Milano
Il dvd palasport è stato registrato l'11 aprile 2006 al Mazda Palace di Torino
Il dvd stadio è stato registrato il 27 maggio 2006 a San Siro, Milano
Il dvd teatro è stato registrato l'8 ottobre 2006 al Teatro Verdi di Firenze
Nel dvd extra ci sono 100 minuti di contenuti audio/video
Prodotto da Claudio Maioli
Produzione artistica e musicale di Ligabue, Fabrizio Barbacci e Luca Pernici

Produzione video: G.Battista Tondo
Regia: Angelo Poli
Contenuti dvd 1 – Club: Figlio d'un cane, Cosa vuoi che sia, Happy hour, Una vita da mediano, I duri hanno due cuori, Bar Mario, Walter il mago, Le donne lo sanno, Ho messo via, Salviamoci la pelle, Lettera a G, Freddo cane in questa palude, Angelo della nebbia, Questa è la mia vita, Il giorno dei giorni, L'amore conta, Libera nos a malo, Balliamo sul mondo, Piccola stella senza cielo, Tra palco e realtà, Urlando contro il cielo
Contenuti dvd 2 – Palasport: Vivo morto o x, Tutti vogliono viaggiare in prima, Seduto in riva al fosso, Ti sento, Piccola città eterna, Happy hour, Eri bellissima, Voglio volere, Si viene e si va, Ho perso le parole, Il giorno dei giorni, Sulla mia strada, Metti in circolo il tuo amore, Certe notti, Le donne lo sanno, Piccola stella senza cielo, Tra palco e realtà, Balliamo sul mondo, L'amore conta, A che ora è la fine del mondo?, Urlando contro il cielo
Contenuti dvd 3 – Stadio: Il giorno dei giorni, Tutti vogliono viaggiare in prima, L'amore conta, Quella che non sei, È più forte di me, L'odore del sesso, Il giorno di dolore che uno ha, Lambrusco & popcorn, Happy hour, Il mio nome è mai più, Anime in plexiglass, Bar Mario, Sarà un bel souvenir, Marlon Brando è sempre lui, Viva!, A che ora è la fine del mondo?, Regalami il tuo sogno, Ho messo via, Piccola stella senza cielo, Questa è la mia vita, Le donne lo sanno, Balliamo sul mondo, Tra palco e realtà, Certe notti, Libera nos a malo, Urlando contro il cielo, Leggero
Contenuti dvd 4 – Teatri: (Primo Tempo): Sono qui per l'amore, Sogni di rock'n'roll, Cerca nel cuore, Ho messo via, Reading (poesia), Lettera a G, Il giorno dei giorni, Camera con vista sul deserto, Vivo morto o x, Reading (poesia)
(Secondo Tempo): Giorno per giorno, Ancora in piedi, Reading (poesia), Vivere a orecchio, I ragazzi sono in giro, Reading (poesia), Tutte le strade portano a te, Hai un momento, Dio?, Reading (poesia), Ho perso le parole, Le donne lo sanno, Piccola stella senza cielo, Happy hour, Non è tempo per noi, Reading (poesia), Cosa vuoi che sia, Urlando contro il cielo, Tra palco e realtà
Contenuti dvd 5 – Extra: Giorno per giorno (rockumentario), Su e giù da un palco (dietro, sopra e sotto il palco di San Siro), Soundcheck / jukebox (7 brani provati in un soundcheck: Radio radianti / Camera con vista sul deserto, Ti chiamerò Sam (se suoni bene) / Ancora in piedi / Lo zoo è qui / Uno dei tanti / Libera uscita, I "ragazzi" sono in giro (Banda e ClanDestino in tour), Lo zoo è qui (animali in libertà), Sono qui per l'amore – clip, Galleria fotografica

I LIBRI

Fuori e dentro il borgo: questa raccolta di 43 racconti pubblicata da Baldini e Castoldi il 13 maggio 1997 rappresenta l'esordio come scrittore di Luciano. Ha ottenuto premi prestigiosi come l'Elsa Morante e il Città di Fiesole. Alcuni di questi racconti saranno la base per la sceneggiatura del film *Radiofreccia*. Successivamente il libro è stato ripubblicato da Baldini Castoldi Dalai

La neve se ne frega: ambientato in un futuro remoto, è il primo romanzo del Liga. La prima edizione è uscita il 6 maggio 2004, in coincidenza con l'inaugurazione del Salone del Libro di Torino, per la collana I Canguri della Feltrinelli

Lettere d'amore nel frigo è una raccolta di 77 poesie, pubblicata da Einaudi il 3 ottobre 2006. Alcune di queste poesie Luciano le leggerà durante il tour nei teatri che inizia proprio in quel periodo

I FILM

RADIOFRECCIA Regia di Luciano Ligabue
Con Luciano Federico, Stefano Accorsi, Francesco Guccini, Serena Grandi, Patrizia Piccinini, Enrico Salimbeni, Roberto Zibetti, Cristina Moglia, Alessio Modica, Cosima Coccheri, Paolo Maria Scalondro, Little Taver, Manuel Maggioli, Paolo Cremonini, Ottorino Ferrari, Fulvio Farnetti, Bruno Ardilesi, Alizia Borsari, Vito, Luciano Ligabue, Alessandro Di Giusto, Gianni Fantini, Valentino Farris, Cecilia Fiorani, Gabriele Frisoni, Teresa Guccini, Michele Lazzeri, Marco Morini, Antonella Tambakiotis, Francesco Tonti, Massimo Tonti, Manuel Zanni
Produzione Domenico Procacci per Fandango, distribuzione Medusa Film (1998)
Sceneggiatura: Luciano Ligabue, Antonio Leotti.
Collaboratore alla regia: Antonello Grimaldi. Fotografia: Arnaldo Catinari. Musica: Luciano Ligabue. Montaggio: Angelo Nicolini
Genere drammatico, durata 112 minuti circa

DA ZERO A DIECI Regia di Luciano Ligabue
Con Pierfrancesco Favino, Barbara Lerici, Massimo Bellinzoni, Elisabetta Cavallotti, Stefano Pesce, Stefania Rivi, Fabrizia Sacchi
Produzione Domenico Procacci per Fandango, distribuzione Medusa Film (2001)

Sceneggiatura: Luciano Ligabue. Aiuto regia: Roy Bava. Fotografia: Gherardo Gossi. Musica: Luciano Ligabue. Montaggio: Aurelio Nicolini. Scenografia: Leonardo Scarpa. Costumi: Marina Roberti
Genere drammatico, durata 99 minuti circa

PARTIGIANI
Luciano ha accettato un ruolo come attore in *Partigiani*, un film-documentario girato in modo collettivo da diversi registi (Antonio Leotti, Daniele Vicari, Davide Ferrario, Guido Chiesa, Marco Simon Puccioni) e uscito nel 1997, per pagare un tributo a nonno Marcello, vessato a lungo dai fascisti durante il ventennio, poi diventato una figura importante della Resistenza

HO CONSULTATO ARTICOLI SCRITTI DA:

Luca Angelini, Carlo Angioni, Ernesto Assante, Giorgio Baratto, Roberto Barbolini, Edmondo Berselli, Riccardo Bertoncelli, Stefania Berbenni, Paolo Biamonte, Stefano Bianchi, Maurizio Bianchini, Flavio Brighenti, Enrica Brocardo, Giampiero Cappellaro, Valerio Cappelli, Andrea Carugati, Gino Castaldo, Antonello Catacchio, Vincenzo Cerami, Eugenio Ciccone, Marco Colarossi, Massimo Cotto, Maurizio Crosetti, Alfredo D'Agnese, Paolo D'Agostini, Giorgio De Rienzo, Silvia Fabbri, Tiziana Fedele, Paola Fucilieri, Maria Pia Fusco, Gherardo Gentili, Paolo Giordano, Leonardo Jattarelli, Andrea Laffranchi, Federica Lamberti Zanardi, Massimiliano Leva, Luciano Ligabue, Massimiliano Lussana, Mario Luzzatto Fegiz, Curzio Maltese, Giuseppina Manin, Marco Marozzi, Elena Martelli, Rossella Martina, Claudio Masenza, Giancarlo Messina, Corrado Minervini, Marco Molendini, Andrea Morandi, Riccardo Morante, Carlo Moretti, Massimo Novelli, Marco Mangiarotti, Giuseppina Manin, Vincenzo Mollica, Raffaele Oriani, Raffaele Panizza, Angelo Panzeri, Giacomo Pellicciotti, Elia Perboni, Matteo Persivale, Massimo Pisa, Stefano Pistolini, Fernanda Pivano, Gianni Poglio, Gloria Pozzi, Antonio Priorlo, Michela Proietti, Laura Putti, Alfredo Quarta, Andrea Raimondo, Gigio Rancilio, Lucia Rappazzo, Laura Reggiani, Patrizia Ricci, Paola Righi, Cesare G. Romana, Stefano Ronzani, Andrea Scanzi, Andrea Scarpa, Gian Piero Scevola, Enrico Sisti, Guia Soncini, Daniele Soragni, Tiziano Soresina, Andrea Spinelli, Fabrizio Tavernelli, Fabio Testi, Brunella Torresin, Francesco Velluzzi, Marinella Venegoni, Aldo Vitali, Paola Zanuttini

LIBRI SU LIGABUE:

Certe notti sogno Elvis di Patrizia De Rossi (Giorgio Lucas Editore, 1995)

Su e giù da un palco di Michele Stallo (libro fotografico, Zelig, 1997)

La vera storia di Ligabue di Mattia Settimelli (Gremese, 1998)

Luciano Ligabue - Ho perso le parole (Una vitalità rock dal Bar Mario a Radiofreccia) di Giordano Ginanneschi e Maurizio Macale (Bastogi, 1999)

Una vita da mediano di Riccardo Bertoncelli (Giunti, 1999)

Radiofreccia. La sceneggiatura, le foto e altro ancora di Antonio Leotti, Luciano Ligabue, Chico De Luigi (Fandango Libri, 1999)

Ligabue. 1990-2004. In viaggio tra rock, cinema e letteratura di Eleonora Bagarotti (Editori Riuniti, 2004)

Il cinema di Luciano Ligabue, a cura di Fabio Francione (Falsopiano, 2004)

Hai un momento, Liga? di Pino Casamassima (Zelig, 2005)

Insomma, le cose andavano di Davide Gaido (Lo Vecchio 2005)

Vivere a orecchio. Ligabue si racconta a Riccardo Bertoncelli (Giunti, 2005)

Un giorno da Liga. Campovolo – 10 settembre 2005 di Lorenza Giuliani, Leo Mansueto, Pier M. Romani (Rizzoli Libri Illustrati, 2005)

Luciano Ligabue, urlando contro il cielo di Massimo Cotto (Aliberti, 2005)

Sulla sua strada. In viaggio con Luciano Ligabue di Corrado Minervini e Chico De Luigi (Arcana, 2007)

Ligabue. Parole & canzoni, a cura di Vincenzo Mollica (libro + dvd, Einaudi, 2007)

ALTRI LIBRI CONSULTATI:

Tondelli e la musica. Colonne sonore per gli anni Ottanta, a cura di Bruno Casini (Tosca, 1994)

Perfetto difettoso di Piero Pelù con Massimo Cotto (Mondadori, 2000)

I miei amici cantautori di Fernanda Pivano (Mondadori, 2005)

Pierangelo Bertoli. Un emiliano tragico non è un vero emiliano di Domenico Mangiardi (Giunti, 2006)

Storytellers di Paola Maugeri e Luca De Gennaro (Tea, 2007)

Portavo allora un eskimo innocente. Francesco Guccini si racconta a Massimo Cotto (Giunti, 2007)

Correggio mon amour, Autori vari (Centro Culturale Lombardo Radice, 2008)

UN GRAZIE PARTICOLARE A:

Luciano Ligabue, Claudio Maioli, Albertino, Roberto «Bobby» Bartolucci, Ilaria Bellantoni, Niccolò Bossini, Giansi Campagnoli, Angelo Carrara, Matteo Casali, Gigi Cavalli Cocchi, Roberto Coggiola, Veronica Corno, Max Cottafavi, Enrico De Angelis, Andrea «Briegel» Filipazzi, Lucia Fiore, Gianfranco Fornaciari, Luciano Ghezzi, Fabrizio Giannini, Andrea «Asilorepublic» Giovannetti, Alberto «Imo» Imovilli, Bruno Imovilli, Jarno Iotti, Marco Ligabue, Giovanni Marani, Gloria Massera, Tolmino Menozzi, Nicola '71, Elena Pantera, Bruno «Trico» Pederzoli, Federico «Capitan Fede» Poggipollini, Mel Previte, Antonio «Rigo» Righetti, Lydia Salerno, Fabrizio Simoncioni, Roberto Vincenzo Sindoni, Valerio Soave, Catia Spagnolo, Claudio Trotta, Davide Vincenti, Riccardo Vitanza

INDICE DEI NOMI

INDICE

Finito di stampare nel mese di maggio 2009
presso il Nuovo Istituto Italiano d'Arti Grafiche – Bergamo

Printed in Italy